イラストで見る 外国語

全単元・全時間の授業のすべて

中学校 **1** 年

大城 賢・中村典生 編著

東洋館
出版社

はじめに

　新学習指導要領により、小学校では、これまでの外国語活動が高学年から中学年へ移行され、高学年では教科としての外国語（英語）が導入されました。これは、英語教育の枠組みが変更されたことを意味します。当然、中学校、高等学校も、その対応が求められます。戦後の英語教育の歴史を振り返ってみても、これほど大きな変化はありません。英語教育の大改革が始まったと言えます。

　今回の学習指導要領は、目標や内容が小・中・高と一貫して示されています。全体を俯瞰しながら、それぞれの学校段階の教員が、それぞれの役割を果たす必要があります。小・中・高の連携もこれまで以上に求められます。

　小・中・高に共通した改訂の第1のポイントは、国際基準を参考に、「話すこと」が「やり取り」と「発表」の2領域に分けられ、領域ごとの目標が4領域から5領域に変更されたことです。『中学校学習指導要領（平成29年告示）解説　外国語編』に指摘されているように、これまでの英語の授業では、「発表」形式の活動が強調されがちでした（p.83）。「やり取り」は言語習得の研究からも、その重要性が認められています。また、日常の言語生活においては「発表」の場面よりも「やり取り」の場面が圧倒的に多いものです。実際の場面で英語を使うことを重視した改訂と考えることができます。

　第2のポイントは、外国語の目標が①「知識及び技能」、②「思考力、判断力、表現力等」、③「学びに向かう力、人間性等」に整理し直されたことです。この3つは「思考力、判断力、表現力等」を中心にしながら一体的に育成していくことが求められています。中でも「思考力、判断力、表現力等」が目標として掲げられたことは、単に「知識及び技能」の習得で終わるのではなく、目的や場面、状況に応じて、思考し、判断し、表現する能力の育成が求められていることを意味しています。さらに、「主体的に学習に取り組む態度」は単にコミュニケーションへの積極性について述べたものではなく、「知識及び技能」や「思考力、判断力、表現力等」を育成する過程で、学習の見通しを立てたり、振り返ったりしながら学習を進めることができる資質・能力の育成を求めています。

　第3のポイントは、「言語活動」を充実させるということです。言語活動は目的や場面、状況に応じて自分の気持ちや考えを伝え合う活動です。そして、前述した①〜③の目標は、説明や練習を中心に指導するのではなく、「言語活動を通して」指導することが求められています。これは、学習（文法や語彙など）を個別に扱うのではなく、英語を使うことを通して指導することを意味しており、私たちに指導観の変更を迫るものです。

　最後に、中学校から小学校へ移行された指導事項や、逆に高等学校から中学校へ移行されたものもあります。小学校で学習したことを繰り返し扱いながら、高等学校から移された内容も扱うことになります。当然、中学校は負担が大きくなることが予想されます。

　そのような中、教科書を使って新学習指導要領に対応した授業をどのように創っていけばよいかを示したのが本書です。扱う教科書は New Horizon（東京書籍）ですが、他の教科書を使っている先生方にも十分にご活用いただけるものと思います。

　本書発行に当たり、コロナ禍の多忙な中、原稿をお寄せいただいた現場の先生方、また、各学年を担当された中村典生先生（第1学年）、鈴木渉先生（第2学年）、巽徹先生（第3学年）に感謝するとともに、本書が全国の先生方の外国語の授業づくりのお役に立つことを願っています。

令和4年3月吉日

大城　賢

本書活用のポイント

　本書は、全単元の1時間ごとの授業づくりのポイント、学習活動の進め方と板書のイメージなどがひと目で分かるように構成されています。各項目における活用のポイントは以下の通りです。

本時の目標・準備する物

　教科書の指導案に示されている目標を参考にしながらも、各執筆者が生徒の実態に応じて本単元で身に付けたい力を目標として設定しています。さらに本時で必要な教材・教具、ワークシート、掲示物等を記載しています。

本時の言語活動のポイント

　毎時間、コミュニケーションを行う目的や場面、状況などを明確にした言語活動を行うことになります。ここでは、本時における中心となる言語活動をどのような意図をもって行うかについて述べています。単元のゴールにつなげるためにも、どのような内容を相手や他者に伝えたらよいか、そのことを伝えるために、単元で慣れ親しんだ、あるいは既習の語句や表現から何を取捨選択したらよいかや、話すことの順を入れ替えるなどの工夫を生徒が自分で考え、判断し、表現する場を設定する際のポイントを解説しています。

評価のポイント

　本時の授業でどのような生徒の姿を見取り、評価していくかについて解説しています。「指導に生かす評価」を行うのか、「記録に残す評価」を行うのかを各領域に焦点を当てて詳述しています。

第5時　Part 3

普段の行動について、たずねたり答えたりしよう

本時の目標

　ペアを組んだクラスメイトと、普段の行動について、即興でたずねたり答えたりすることができる。

準備する物

・振り返りシート
・ワークシート🗊

【指導に生かす評価】

◎本時では、記録に残す評価は行わないが、目標に向けて指導を行う。時間があるときにすることについて、即興で関連する質問を考えることができるよう、よい例を取り上げ共有させていく。

本時の展開 ▷▷▷

1 本文の内容を確認し、たずねる表現と答える表現を知る

Now, you are Ms. Cook. And I have two questions. The first question is "How do you come to school?" The second one is "What do you have for breakfast?" Let's listen to the dialog.

　生徒たちがクック先生であると仮定し、通学手段や朝食についてたずねることや、本文のリスニング、リーディングを通して、たずねる表現や答える表現に気付かせる。

Unit 2／Our New Teacher
058

2 たずねる表現と答える表現の口頭練習をする

How do you come to school?

I walk to school.

　通学手段や朝食についてたずねる表現、答える表現を板書し、それらについて、教師がたずねて生徒が答える、生徒がたずねて教師が答える、生徒同士でたずねて答えるというように変化のある繰り返しで口頭練習を行い、表現に慣れさせる。

授業の流れ

　本時の主な活動について、そのねらいや流れ、指導上の留意点をイラストとともに記しています。その活動のねらいを教師がしっかりと理解することで、言葉かけや板書の仕方、教材の使い方も変わってきます。この一連の活動で、自分の考えや気持ちを表現し、生徒同士でやり取りをするといった目指す姿が見えてきます。

※本書の編集に当たっては、令和3年発行の東京書籍の外国語教科書を中心に授業を構成しています。各Unitの時数を確認し、学習指導要領に即した指導事項や関連する言語活動を確かめてください。

本時の中心となる活動・板書・ワークシート

本時の目標を達成するための中心となる活動を取り上げ、指導のポイントや流れをイラストとともに記しています。また、板書例は50分の流れがひと目で分かるように構成されています。ワークシートについては、赤字が生徒の記入例になっています。

3 普段の行動について、インタビュー活動を行う

活動のポイント：十分に音声に慣れた表現に加え、相手が答えた内容に対して、即興で関連したことをたずねたり答えたりできるようにする。

S1）How do you come to school?
S2）I walk to school.
S1）What do you have for breakfast?
S2）I have rice, miso soup, grilled fish and natto.
S1）What do you do in your free time?
S2）I read comic books.
S1）What is your favorite comic book?
S2）It's ONE PIECE.
S1）Who is your favorite character?
S2）Luffy is.

時間があるときにすることについて、即興で関連する質問を考えたずねたり、それに対して答えたりすることができるよう、繰り返し活動する中でそのような力の定着を図る。

| Unit 0 |
| Unit 1 |
| Unit 2 |
| Unit 3 |
| Unit 4 |
| Unit 5 |
| Stage Activity 1 |
| Unit 6 |
| Unit 7 |
| Unit 8 |
| Unit 9 |
| Stage Activity 2 |
| Unit 10 |
| Unit 11 |
| Stage Activity 3 |

3 普段の行動について、インタビュー活動を行う

生徒は自分のワークシートに通学手段や朝食、時間があるときにすることなどを記入し、隣の生徒とペアを組み、お互いの普段の行動についてインタビュー活動を行う。前後の生徒、斜めの生徒とペアを替え、繰り返し活動に取り組ませることで、表現に慣れさせる。

4 言語材料の整理、新出語句の音読練習をする

教科書のKey SentenceでPart 3の言語材料を整理し、その後New Wordsの音読、意味の確認をする。言語材料を整理する際は、教師の一方的な文法説明とならないよう、本時の活動を振り返り、生徒とのやり取りの中で疑問詞how, whatについて確認する。

第5時
059

特典ワークシート

本書で紹介するワークシートは東洋館出版社ホームページ内にある「マイページ」からダウンロードすることができます。配付用のワークシートと、生徒の記入例入りのワークシートを収録しています。何も記載されていないワークシートを実際の指導で活用ください。形式はPDFデータになります。入手方法の手順はP.289を参照ください。
※本書内において、⬇️マークで示されているワークシートがダウンロードできます。

単元計画ページ

各単元の冒頭には、「単元の目標」「単元の評価規準」「単元計画」を記載したページがあります。上段右には、「指導のポイント」「評価のポイント」を記載しています。さらに、単元計画の枠下には、単元終了後に行う授業について記載しています。

イラストで見る全単元・全時間の授業のすべて

外国語 中学校 1年
もくじ

外国語教育における
授業のポイント

コミュニケーションを行う目的、場面、状況など を明確にした言語活動を！

1 中学校　外国語の改訂の概要

中学校外国語における改訂の概要は、以下の通りです。

⑴　4領域から「話すこと」が［やり取り］と［発表］に分けられ5領域となります。

⑵　外国語の目標において「知識及び技能」「思考力、判断力、表現力等」「学びに向かう力、人間性等」のように、育成を目指す資質・能力が整理し直されています。

⑶　「互いの考えや気持ちなどを外国語で伝え合う言語活動を通して」指導することが明記されています。

⑷　「授業は外国語で行うことが基本」と明記されています。

⑸　「大文字、小文字」及び「終止符、コンマ」は小学校へ移行されました。

⑹　3学年間で指導する語は、改訂前の1200語～1600語から、小学校で学習した600～700語に1600語～1800語程度の新語を加えた語数になります。

⑺　言語材料については、発達の段階に応じて、生徒が受容するものと発信するものとがあることに留意して指導することが示されています。

⑻　以下の文法項目が高等学校から移行されています。

　・感嘆文のうち基本的なもの

　・主語＋動詞＋間接目的語＋ ｛that で始まる文 /what で始まる文｝

　・主語＋動詞＋目的語＋原型不定詞

　・主語＋ be 動詞＋形容詞＋ that で始まる節

　・現在完了進行形

　・仮定法のうち基本的なもの

以上のことを十分に確認し、指導に当たることが必要となります。

2 「言語活動を通して」求められる資質・能力を育成する

⑴　言語活動とは

　『中学校学習指導要領(平成29年告示)解説　外国語編』(以下、「学習指導要領解説」) では「言語活動は、『実際に英語を使用して互いの考えや気持ちを伝え合うなど』の活動を基本とする (p.85)」と記されています。従来は、言語材料についての理解や練習も言語活動と称していましたが、これからは、それらの活動は「言語活動」とは区別されることになります。それは、従来の「言語活動」が理解や練習だけで終わっていたことが多かったためです。言葉の本来の役割は「自分の考えや気持ち」を伝え合うことです。外国語といえども言葉に変わりはありません。したがって、互いの考えや気持ちを伝え合う活動を基本とする言語活動は、言葉の本来の役割を授業においても体験させることを意味します。

⑵　目的、場面、状況等を明確にした言語活動とは

　従来の英語の授業では「目的や場面、状況等」を明確にしないまま、英語の文が導入されることが多くありました。例えば、You have money. の疑問文は Do you have money? ですが、この Do you have money? は「目的や場面、状況」によっては「(すみませんが) お金を貸してくれませんか」にもなりますし、強盗が暗やみで一人歩きの女性に言うときは「金を出せ」という意味になります (和

泉伸一；2014年の沖縄での講演で言及）。「目的や場面、状況等」が示されない限り、言葉は何のために発せられたのか分かりません。もちろん音声に出して発話する場合は「目的や場面、状況等」が示されないと、どのような調子で発話すればよいかも分かりません。

　言葉を学ぶには、言語形式（文法、語彙等）や意味（言語形式で表される意味）のほかに言語機能（目的、場面、状況等によって決定される言葉の機能）を学ぶ必要があります。ですから、「目的や場面、状況等」を明確にして言葉を学ぶ必要があるのです。実際のコミュニケーションでは必ず「目的や場面、状況等」があります。今回の学習指導要領において「目的や場面、状況等を明確にした言語活動」が明示されたことによって、授業は実際に英語を使うことを想定したものに変更することが求められていると考えることができます。

⑶　「言語活動を通して」指導するとは

　従前の学習指導要領は、目標や内容を示すことが中心となっていました。しかし、改訂された学習指導要領では、教師の指導法にも具体的に踏み込んでいます。「言語活動を通して」という記述もその１つです。これは、従来のように理解や練習を中心とするのではなく、言語活動（実際に自分の考えや気持ちを伝え合う）を通して指導することを求めています。「学習指導要領解説」には、以下のように記されています。

> 外国語学習においては、語彙や文法等の個別の知識がどれだけ身に付いたかに主眼が置かれるのではなく、児童生徒の学びの過程全体を通じて、知識・技能が、実際のコミュニケーションにおいて活用され、思考・判断・表現することを繰り返すことを通じて獲得され、学習内容の理解が深まるなど、資質・能力が相互に関係し合いながら育成されることが必要である。(p. 7)

　ここでは、個別の知識がどれだけ身に付いたかに主眼が置かれるのではなく、言語活動を通して知識・技能を習得させていくことが大切であると示されています。従来の指導においては、十分に知識として理解し、練習を重ねた上で、実際に使ってみるという指導観があったように思います。筆者はそのような指導観を単線型の指導観と呼んでいます。「言語活動を通して学ぶ」ということは、「使いながら学ぶ、学びながら使う」という複線型の指導観に転換することを求めています（下図参照）。この指導観に立つことが学習指導要領の求めている指導法に沿うことになると筆者は考えています。

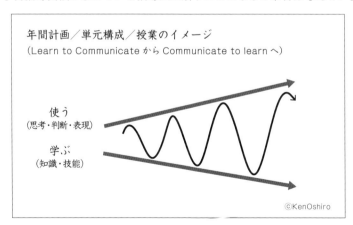

図　年間計画／単元構成／授業のイメージ

⑷　「言語活動」の設定に際して留意すべきこと

　「言語活動」の設定に際して留意すべき点を挙げます。１点目は「言語活動を通して」指導すると

いっても学習（理解や練習）が全く不要だということではないということです。レディネスが形成されていないと、「言語活動を通して」と言われても難しいものです。生徒の実態を把握しながら課題を設定することがポイントとなります。

　2点目は、「間違いを恐れるな」という気持ちを生徒にもたせることは大切ですが、間違いが定着することは避けなければなりません。ですから図に示しているように、「使う」と「学ぶ（理解と練習）」を「行きつ戻りつ」しながら使う能力（思考力、判断力、表現力）を高め、学び（知識・技能）を深めていくことが大切です。

　3点目は、「読む書く」の場合は別ですが、「聞く話す」においては即興的な対応力が求められます。ですから「授業は英語で行うことを基本とする」ということが求められるのです。授業を英語で行い、自分の考えや気持ちを伝え合う対話的な言語活動を行わない限り、即興的な能力を生徒に付けることは難しいものとなります。

　4点目は、「言語活動」においては「既習表現」を繰り返し活用できるように指導計画を立てるということです。従来の授業は、「既習表現」が単元内や、よく言っても学年内に限定されていたことが多かったように思います。「学習指導要領解説」には、「小学校第3学年から第6学年までに扱った簡単な語句や基本的な表現などの学習内容を繰り返し指導し定着を図る」というように学校種を越えて「繰り返す」ことを記しています。これからは、「既習表現」をもっと広い範囲で捉えた上で、単元や学年を越えて、「既習表現」を繰り返し活用させるような手立てが必要です。

　最後に、言語活動においては、伝えたいという気持ちを十分に育むことが大切です。伝えたいという気持ちがない限り、言語活動は成功しないどころか、成り立ちません。サヴィニョン（2009）は「私たちはコミュニケーションをしたいという気持ちと、コミュニケーションの経験があって初めて、文法を習得することができる」と述べています。伝えたいという気持ちを育むために、生徒の興味・関心のある話題を取り上げ、他教科等や学校行事とも関連させながら課題を設定し、対話的な言語活動を進めることが大切です。

③ 主体的・対話的で深い学びによる授業改善

　「学習指導要領解説」では、「主体的・対話的で深い学び」は1単位時間の授業の中で全てが実現されるものではないことを記し、以下のような視点に立って授業改善を進めることを求めています。

> ①主体的に学習に取り組めるよう学習の見通しを立てたり学習したことを振り返ったりして自身の学びや変容を自覚できる場面をどこに設定するか。
> ②対話によって自分の考えなどを広げたり深めたりする場面をどこに設定するか。
> ③学びの深まりをつくりだすために、生徒が考える場面と教師が教える場面をどのように組み立てるか。（P.83（数字は筆者による））

　①は単にコミュニケーションの積極性を述べたものではありません。見通しをもって粘り強く取り組み、自らの学習を調整する力を育成することが求められます。②は生徒同士の対話をはじめ、あらゆる人や書物等の考えを手掛かりに自らの考えを広げることができる力の育成を求めています。授業の場面ではペアやグループ学習等も効果的な活動となります。③は習得・活用・探究という学びの過程の中で、各教科等の特質に応じた「見方・考え方」を働かせながら知識を相互に関連付けたり、情報を精査して考えを形成したり、問題を見いだして解決策を考えたり、思いや考えを創造したりすることです。

　筆者はこの3つの能力を育むためには、外国語の特質に鑑みて「言語活動を通して学ぶ」という

ことを基本にすることが大切だと考えています。つまり、対話が他教科等のように日本語でなされてはあまり意味がありません。英語の対話を通して「対話的な学び」が起こるように仕組むことが大切です。また、「主体的な学び」は、英語で自分の考えや気持ちを伝え合うからこそ、英語特有の「見方・考え方」を働かせ、解決策を考え、思いや考えを創造することができます。そして、実際に英語を使っていく中で、気付きが起こり「深い学び」につながると考えています。

4 学習評価のポイント

⑴ 外国語における評価の観点

　学習指導要領が改訂され、目標や内容が再構成されたことに伴い、当然評価もそれに合わせて変わることになります。従前の評価は、①コミュニケーションへの関心・意欲・態度、②表現の能力、③理解の能力、④言語や文化についての知識・理解の4つの観点で構成されていました。これらの4つの観点は明確に区別することができました。

　今回は、①知識・技能、②思考・判断・表現、③主体的に学習に取り組む態度の3観点で評価します。それらの3つは一体的に指導し育成されることになっています。先ほどの言語活動の項で述べたように、従来の指導は単線型とも言えるものでした。つまり指導においても「言語や文化についての知識・理解」の部分、「表現（話す書く）・理解（聞く読む）の能力」の部分、そして、「コミュニケーションへの関心・意欲・態度」というように、どちらかというと指導においても区別することができました。ですから、それぞれの指導に合わせて評価も比較的容易に区別することができました。ところが今回は3つの観点を一体的に指導していきます。言い換えると言語活動を通して3つの資質・能力を育成することになります。図でも示したように、授業は「知識・技能」と「思考・判断・表現」の部分が「行きつ戻りつ」しながら、指導は連続的に行われることになります。したがって、それぞれの領域を明確に区別することが難しくなります。

　さらに、今回の学習指導要領では5領域と3観点の目標が別々に示されています。ということは、5領域と3観点のマトリックスを作成し、評価データを集める必要があります。例えば「聞く」領域においては、「知識・技能」「思考・判断・表現」「主体的に学習に取り組む態度」の3観点に分けて評価する必要があります。つまり、合計「5領域×3観点＝15スロット」の評価データを集めることになります。

　これらの評価を行うには、学期末や学年末に一気にやることなど不可能です。年間計画を作成する際に、しっかりと評価計画を立て、満遍なく評価データを集める必要があります。

⑵ 評価を行う際の留意点

　⑴に述べたことは評価規準（のりじゅん）のことです。実際に評価を行う際は、評価規準ごとに、a、b、cの段階を決める評価基準（もとじゅん）を作成しなければなりません。同じ学校で複数の教師が授業を担当している場合は、担当者同士で評価基準を共有しておく必要があります。そうでないとクラス間でばらつきが起こり、生徒は不公平感をもつことになります。また、評価基準は生徒と共有し、生徒も自らの学習に役立てることができるようにすることが大切です。当然、指導者も自らの授業改善に役立てることが大切です。 （大城　賢）

【引用文献】
・サンドラ・サヴィニョン［著］（草野ハベル清子／佐藤一嘉／田中春美［訳］）『コミュニケーション能力』、法政大学出版局、2009

1　第 1 学年における指導内容

⑴　小学校で学んできたこと

　2017年の学習指導要領の改訂に伴い、2020年度より小学校 3・4 年で外国語活動が必修化され、5・6 年生で外国語が教科化されました。今後は 3・4 年生で70単位時間、5・6 年生で140単位時間、合計210単位時間の授業を受けて中学校に入学してくることになります。小学校で扱う語数は600〜700語と定められ、教科である 5・6 年生は教科書を使って学び、数値による評価も行われています。以前の 5・6 年でのみ外国語活動を年間35単位時間実施していた時代とは、様相が一変したと言ってもいいでしょう。

　実際、2021年度から使用されている新学習指導要領に準拠した中学校の教科書を見てみても、これまでの教科書との違いは一目瞭然です。210単位時間小学校で英語に触れていることも踏まえ、中学校で学ぶべき語彙数が増え、文も長くなっています。特に、1 年生の教科書においては、小学校とのつなぎの部分が圧倒的にこれまでの教科書と比べて長くなっています。

　このように、小学校での学びを中学校の学びにどのようにつなげ、活かしていくかが、今後のポイントとなることが分かります。例えば、実際に小学校で行った活動を採り入れたり、小学校で使ったことのある教材を改めて使いながら、中学校との違いを示していくことも考えられます。小学校からの学びが中学校につながっていると「生徒が」意識できることが重要です。以下に、これから中学校英語の教師が注意しておくべきことまとめてみました。

> **1. 中学校でやるべきことを**
> ・小学校でやったと思い込んで指導しないままにしていないか
>
> **2. 中学校でやる必要がないことを**
> ・小学校でまだやっていないと思い込んでまた繰り返してはいないか
>
> **3. 中学校の指導方法・指導内容等と**
> ・小学校の指導方法・指導内容等で、何が同じで・違うかを理解しているか

⑵　知識・技能偏重の指導からの脱却

　今回の学習指導要領の改訂のポイントの 1 つに、知識・技能の偏重を改め、その知識をどう活かすかに係る、思考力・判断力・表現力等の育成を大きく掲げたことがあります。この流れはすでに様々な場面で現実のものとなっています。

　例えば、2021年から実施された大学入学共通テストの問題傾向は、これまでの大学入試センター試験のそれとは大きく様変わりしました。何か 1 つの単語や表現、あるいは文法などを知っているか・知らないかによって正解・不正解が決まるような問題は影を潜め、ほとんどが身に付けた力を総合的に使って判断するような問題になりました。この傾向は、2019年度に実施された全国学力・学習状況調査の英語の問題でもすでに垣間見られました。実際、2019年度の全国学力・学習状況調査の解説資料には、「(前略)基礎的な『知識・技能』を測ることに加え、それらを実際のコミュニケーションの場面においても効果的に使える状況まで活用できる『思考力・判断力・表現力等』も測ることを重視している。」と明記されています。このように、知識・技能はあくまでも「生きて働く」、使える知識・技能であり、一時代前のただ覚えて頭の中にしまっておくような、タンス預金のようなものにならないように注意が必要です。

⑶　音声から文字へ

　小学校では音声を中心に英語を学んできています。「学習指導要領解説」の冒頭には、これまでは
この音声から文字への接続に大きな問題があったことが指摘されています。小学校では高学年の教科
化に伴い、読むこと、書くことについても扱うようになりましたが、70単位時間という限られた時
数では文字技能の指導に割ける時間はわずかです。小学校でどこまで読むこと・書くことを学んでい
るかを踏まえ、特に中学校１年生では音声から文字へとつなぐ、丁寧な指導が求められます。

⑷　気付きからメタ認知へ

　小学校では「百聞は一見に如かず」を合い言葉に、音声を中心にとにかくやって見せて「気付き」
を促します。文法的な説明などは基本的にはしません。しかし、中学校では小学校と同じように気付
きを促すだけで終わってしまってはいけません。生徒自身が何を知っているのかを認知し、その知識
を自ら操作できるものへと昇華する指導が必要になります。

⑸　場面から表現へ

　今回の教科書改訂で大きく変わったことに、目的や場面・状況と表現をセットにすることに重きが
置かれたことがあります。一昔前は、例えば「受動態を学べばこんなことが言える（食物連鎖：
Swallows eat worms, but swallows are eaten by eagles. など）という方向でしたが、今回の改訂では
「こんなことを表現するために必要だから受動態を学ぶ」という「向き」になり、ほとんどの教科書
でこれが徹底されています。

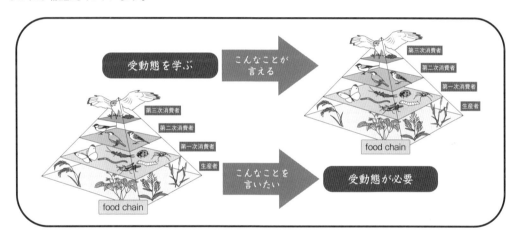

　このような「向き」になると、ある目的や場面・状況ではどのような言葉遣い（言語材料の使用）
がふさわしいか、ということを、これまで以上に綿密に吟味し、示す必要が出てきます。例えば、こ
の目的や場面・状況では "What do you like?" と "What would you like?" のどちらがふさわしいかと考
える必要があるということです。

2　5領域の指導と評価

　目標を立て、指導をし、評価をする。指導をしていないものは評価することができません。この一
連の流れについて改めて学習指導要領と『「指導と評価の一体化」のための学習評価に関する参考資
料』をもとに考えます。以下は、5領域ごとに「目標（上段）」「指導（言語活動）（中段）」「評価
（下段）」を1つにまとめた表です。特に言語活動では、思考・判断・表現に重点を置いて、ポイン
トを示すことにします。

〔聞くこと〕

聞くこと	ア　はっきりと話されれば、日常的な話題について、必要な情報を聞き取ることができるようにする。 イ　はっきりと話されれば、日常的な話題について、話の概要を捉えることができるようにする。 ウ　はっきりと話されれば、社会的な話題について、短い説明の要点を捉えることができるようにする。	
	ア　日常的な話題について、自然な口調で話される英語を聞いて、話し手の意向を正確に把握する活動。 イ　店や公共交通機関などで用いられる簡単なアナウンスなどから、自分が必要とする情報を聞き取る活動。 ウ　友達からの招待など、身近な事柄に関する簡単なメッセージを聞いて、その内容を把握し、適切に応答する活動。	
	[知識] 英語の特徴やきまりに関する事項を理解している。 [技能] 実際のコミュニケーションにおいて、日常的な話題や社会的な話題について、はっきりと話された文章等を聞いて、その内容を捉える技能を身に付けている。	[思考・判断・表現] コミュニケーションを行う目的や場面、状況などに応じて、日常的な話題や社会的な話題について、はっきりと話される文章を聞いて、必要な情報や概要、要点を捉えている。	[主体的に学習に取り組む態度] 外国語の背景にある文化に対する理解を深め、話し手に配慮しながら、主体的に英語で話されることを聞こうとしている。

　小学校では「ゆっくりはっきりと話されれば…」という書き出しでしたが、中学校では「ゆっくり」が削除されています。また小学校では話題として身の回りのことしか扱っていませんが、中学校では日常的な話題に加え、社会的な話題についても扱うことになります。大事なことは知識・技能と思考・判断・表現をどのように指導し、評価するかという点です。実際に聞こえたことについて問う場合は知識・技能の発問、実際に聞こえたことから類推して必要な情報を紡ぎ出すよう促す場合が思考・判断・表現の発問です。音声を聞かせる前に発問するか、あるいは後にするか、また映像などの視覚要素を最初から提示するか否かでも聞かせ方が違ってきます。繰り返し何度も集中し、問題意識をもって聞かせるために発問を工夫しましょう。また、最初から情報を与え過ぎると思考が生じないことがあるので注意が必要です。

〔読むこと〕

読むこと	ア　日常的な話題について、簡単な語句や文で書かれたものから必要な情報を読み取ることができるようにする。 イ　日常的な話題について、簡単な語句や文で書かれた短い文章の概要を捉えることができるようにする。 ウ　社会的な話題について、簡単な語句や文で書かれた短い文章の要点を捉えることができるようにする。	
	ア　書かれた内容や文章の構成を考えながら黙読したり、その内容を表現するよう音読したりする活動。 イ　日常的な話題について、簡単な表現が用いられている広告やパンフレット、予定表、手紙、電子メール、短い文章などから、自分が必要とする情報を読み取る活動。 ウ　簡単な語句や文で書かれた日常的な話題に関する短い説明やエッセイ、物語などを読んで概要を把握する活動。	
	[知識] 英語の特徴やきまりに関する事項を理解している。 [技能] 実際のコミュニケーションにおいて、日常的な話題や社会的な話題について書かれた短い文章等を読んで、その内容を捉える技能を身に付けている。	[思考・判断・表現] コミュニケーションを行う目的や場面、状況などに応じて、日常的な話題や社会的な話題について書かれた短い文章を読んで、必要な情報や概要、要点を捉えている。	[主体的に学習に取り組む態度] 外国語の背景にある文化に対する理解を深め、書き手に配慮しながら、主体的に英語で書かれたことを読もうとしている。

　小学校では、読むことの目標として「ア　活字体で書かれた文字を識別し、その読み方を発音することができるようにする。」「イ　音声で十分に慣れ親しんだ簡単な語句や基本的な表現の意味が分かるようにする。」が掲げられています。イは語尾が「分かるようにする」となっており、唯一定着までは求めない目標（慣れ親しみで留める）となっています。つまり、読むことのイが小学校では一番難易度が高い目標です。これより、小学校では初見で英文が読めるところまでは求めていないことが分かります。また、発音と綴りの関係は中学校で学ぶこととなっていますので、小学校では指導を行っていません。中学校1年生ではこれを踏まえ、丁寧な指導が求められます。また言語活動としては他領域との効果的な統合を意識するなどして、より必然性の高い活動を行うことを心がけます。

　話すこと［やり取り］の領域は、言語活動で最も扱いやすい領域です。目的や場面・状況をしっかり設定し、表現する必然性をもたせる必要があります。しかし一方で、あまりにも言語活動に至るまでに繰り返し練習をしすぎて、結局覚え込んだものを話しているだけ、という場面もよく見かけます。これでは思考が生じません。重要なことは、ある程度の即興性をもたせて挑戦をさせるということです。そこで初めて立ち止まって考え、どうしたら相手により伝わるか、知らない言葉をどうやって補うかというような思考や判断が生じると考えられます。

〔話すこと［やり取り］〕

<table>
<tr><td rowspan="11">話すこと［やり取り］</td><td>ア</td><td colspan="3">関心のある事柄について、簡単な語句や文を用いて即興で伝え合うことができるようにする。</td></tr>
<tr><td>イ</td><td colspan="3">日常的な話題について、事実や自分の考え、気持ちなどを整理し、簡単な語句や文を用いて伝えたり、相手からの質問に答えたりすることができるようにする。</td></tr>
<tr><td>ウ</td><td colspan="3">社会的な話題に関して聞いたり読んだりしたことについて、考えたことや感じたこと、その理由などを、簡単な語句や文を用いて述べ合うことができるようにする。</td></tr>
<tr><td>ア</td><td colspan="3">関心のある事柄について、相手からの質問に対し、その場で適切に応答したり、関連する質問をしたりして、互いに会話を継続する活動。</td></tr>
<tr><td>イ</td><td colspan="3">日常的な話題について、伝えようとする内容を整理し、自分で作成したメモなどを活用しながら相手と口頭で伝え合う活動。</td></tr>
<tr><td>ウ</td><td colspan="3">社会的な話題に関して聞いたり読んだりしたことから把握した内容に基づき、読み取ったことや感じたこと、考えたことなどを伝えた上で、相手からの質問に対して適切に応答したり自ら質問し返したりする活動。</td></tr>
<tr><td colspan="2">［知識］
英語の特徴やきまりに関する事項を理解している。
［技能］
実際のコミュニケーションにおいて、日常的な話題や社会的な話題について、事実や自分の考え、気持ちなどを、簡単な語句や文を用いて伝え合う技能を身に付けている。</td><td>［思考・判断・表現］
コミュニケーションを行う目的や場面、状況などに応じて、日常的な話題や社会的な話題について、事実や自分の考え、気持ちなどを、簡単な語句や文を用いて、伝え合っている。</td><td>［主体的に学習に取り組む態度］
外国語の背景にある文化に対する理解を深め、聞き手、話し手に配慮しながら、主体的に英語を用いて伝え合おうとしている。</td></tr>
</table>

〔話すこと［発表］〕

<table>
<tr><td rowspan="11">話すこと［発表］</td><td>ア</td><td colspan="3">関心のある事柄について、簡単な語句や文を用いて即興で話すことができるようにする。</td></tr>
<tr><td>イ</td><td colspan="3">日常的な話題について、事実や自分の考え、気持ちなどを整理し、簡単な語句や文を用いてまとまりのある内容を話すことができるようにする。</td></tr>
<tr><td>ウ</td><td colspan="3">社会的な話題に関して聞いたり読んだりしたことについて、考えたことや感じたこと、その理由などを、簡単な語句や文を用いて話すことができるようにする。</td></tr>
<tr><td>ア</td><td colspan="3">関心のある事柄について、その場で考えを整理して口頭で説明する活動。</td></tr>
<tr><td>イ</td><td colspan="3">日常的な話題について、事実や自分の考え、気持ちなどをまとめ、簡単なスピーチをする活動。</td></tr>
<tr><td>ウ</td><td colspan="3">社会的な話題に関して聞いたり読んだりしたことから把握した内容に基づき、自分で作成したメモなどを活用しながら口頭で要約したり、自分の考えや気持ちなどを話したりする活動。</td></tr>
<tr><td colspan="2">知識］
英語の特徴やきまりに関する事項を理解している。
［技能］
実際のコミュニケーションにおいて、日常的な話題や社会的な話題などについて、事実や自分の考え、気持ちなどを、簡単な語句や文を用いて話す技能を身に付けている。</td><td>［思考・判断・表現］
コミュニケーションを行う目的や場面、状況などに応じて、日常的な話題や社会的な話題について、事実や自分の考え、気持ちなどを、簡単な語句や文を用いて、話している。</td><td>［主体的に学習に取り組む態度］
外国語の背景にある文化に対する理解を深め、聞き手に配慮しながら、主体的に英語を用いて話そうとしている。</td></tr>
</table>

　話すこと［発表］の領域については、小学校では即興性を求めません。つまり、小学校ではどのように聞き手に伝わるのか、という準備の段階にこそ思考が生じ、それを評価することに重きを置きます。一方中学校では上段アにあるように、やり取り同様の即興性が発表にも求められます。したがって、中学校では準備段階に加え、発表のその場で聞き手に分かりやすいように話し方を変えたり、説明を加えたりといった部分が求められ、これも評価の対象になります。なお、発表準備段階で指示をしすぎると、かえって思考の妨げになるので注意が必要です。

〔書くこと〕

<table>
<tr><td rowspan="8">書くこと</td><td>ア</td><td colspan="3">関心のある事柄について、簡単な語句や文を用いて正確に書くことができるようにする。</td></tr>
<tr><td>イ</td><td colspan="3">日常的な話題について、事実や自分の考え、気持ちなどを整理し、簡単な語句や文を用いてまとまりのある文章を書くことができるようにする。</td></tr>
<tr><td>ウ</td><td colspan="3">社会的な話題に関して聞いたり読んだりしたことについて、考えたことや感じたこと、その理由などを、簡単な語句や文を用いて書くことができるようにする。</td></tr>
<tr><td>ア</td><td colspan="3">簡単な手紙や電子メールの形で自分の近況などを伝える活動。</td></tr>
<tr><td>イ</td><td colspan="3">日常的な話題について、簡単な語句や文を用いて、出来事などを説明するまとまりのある文章を書く活動。</td></tr>
<tr><td>ウ</td><td colspan="3">社会的な話題に関して聞いたり読んだりしたことから把握した内容に基づき、自分の考えや気持ち、その理由などを書く活動。</td></tr>
<tr><td colspan="2">［知識］
英語の特徴やきまりに関する事項を理解している。
［技能］
実際のコミュニケーションにおいて、日常的な話題や社会的な話題などについて、事実や自分の考え、気持ちなどを、簡単な語句や文を用いて、またはそれらを正確に用いて書く技能を身に付けている。</td><td>［思考・判断・表現］
コミュニケーションを行う目的や場面、状況などに応じて、日常的な話題や社会的な話題などについて、事実や自分の考え、気持ちなどを、簡単な語句や文を用いて、書いている。</td><td>［主体的に学習に取り組む態度］
外国語の背景にある文化に対する理解を深め、聞き手、読み手、話し手、書き手に配慮しながら、主体的に英語を用いて書こうとしている。</td></tr>
</table>

　小学校段階の書くは、厳密には書き写すことです。アルファベットの読み書きはできますが、例えば自由な英作文のようなことまでは求められていません。中学校ではこれを受け、発音と綴りの関係、主語・動詞・目的語等の語順も含め、丁寧な書くことの指導が求められます。また、他領域との統合を意識し、より必然的な文脈で書かせる工夫も必要です。

（中村典生）

生徒の「繰り返しの活動の中で本気を引き出す」を大切にする

NEW HORIZON 1 / Unit 6

1 自分と相手以外の人について伝える表現への意識と正確さを高める

活動のポイント：生徒とやり取りをしながら、自分と相手以外の人を紹介する表現の使用の正確さを高めることができるようにする。

T) Where does Takuya live?
S) He ...live...in Ce...bu...?
T) Yes! He lives in Cebu.
   Do you know where Cebu is?
S) Philippines?
T) That's right. Cebu is in the Philippines.
   You can say, "He lives in Cebu, the Philippines.

内容理解の確認から表現させる際に、教師は意図的にターゲットとなる文で答えさせる発問をする。生徒の答えの間違いを正すのではなく、教師が正しい文で繰り返したり、強調したりして発話することで、生徒自身に間違いに気付かせる。また、生徒の発話から語彙を広げて表現させる工夫をする。

「目的や場面・状況」を大切にする

　言語活動を行う際には、目的・場面・状況の設定が重要となります。活動の際使用する表現に、その目的や場面・状況がマッチしていることも大切です。また、言語活動は必ずしも単元終末のみに設定するのではなく、例えば伝える相手の設定を変えてみたり、場面設定を変えてみたりして、繰り返し行うことも考えていきます。

「本気になれる」話題を選ぶ

　例えば "Where do you want to go?" "I want to go to 〜." のような文を用いてやり取りをする際、海外のどこどこに行くという設定もよいのですが、生徒がより本気になれるのはもっと身近な設定、例えば修学旅行でどこに行くか、というような活動設定が大切です。学校行事のような話題を使うことも工夫の1つとなります。

言語活動を行う上での留意事項

　その言語活動が思考を伴う活動であるかどうかが重要です。繰り返し練習して覚えた型通りの言葉を、復唱しているだけでは言語活動とは言えません。必ず挑戦的な即興性のある要素を含ませておき、生徒に考えさせる場を作ることを心がけましょう。また、言語活動は本番（日本語が通じない相手との英語でのコミュニケーション）のための練習試合と捉えます。練習試合でうまくいかなければ、どんな練習が足りないかが分かり、その後の練習にも必然性が生じます。そしてまた、言語活動を繰り返し行う正の連鎖も生まれてきます。

効果的な領域統合のために

3「あなたは今、何をしているところか？」をたずね合うワークシート

ワークシートは、「ワークシートA」「ワークシートB」の2種類作成し、ペアにそれぞれ違うシートを配付するQ & A をする際には、ワークシートの各番号に書かれている名前の人物になって質問に答えるようにさせる。

意図をはっきりさせて

　ワークシートにもいろいろあります。文法の整理を意識したもの、教科書本文の流れを確認するもの様々です。なぜそのワークシートを使う必要があるのか、生徒のどんな力を育てたいのか、その意図をはっきりさせることが重要です。特に、生徒の思考を促し、考えをまとめたり、伝え方を考えたりするような場面にも活用しましょう。

学習の足跡となるように

　ワークシートの利点の1つは、学習の記録が残るという点です。生徒が学習を振り返ることができる資料になるとともに、教師にとっても大事な評価の資料ともなります。特に、知識・技能面だけではなく、例えばマインドマッピングのように、生徒の思考の足跡が残るような工夫をすることも考えましょう。

ワークシート活用の留意事項

　音声領域から文字領域への統合を考える際、ワークシートはとても有効です。例えば、聞いたものをメモする、論理立てて話すための準備をするなどです。しかし一方で、話す活動をする前に、その内容をワークシートに全部書くような作業などを入れてしまうと、実際の活動ではずっとワークシートを読んでいるということにもなりかねません。これでは話す活動とは言えません。このように、ワークシートはどこでも使えばいいというものではなく、適材適所で使うことが重要です。

イラストで見る
全単元・全時間の授業のすべて
外国語　中学校１年

Unit 0

【中心領域】読むこと、書くこと、話すこと［発表］、話すこと［やり取り］

Welcome to Junior High School 〔2時間〕

✛ 学び方コーナー① 〔1時間〕

単元の目標

友達や先生のことを知るために、互いの名前や好きなもの、入りたい部活動などについて、小学校で学んだ英語表現を用いて伝え合うとともに、教師の英語での指示やアルファベットの名前と音を聞き取ったり、大文字・小文字、単語のはじめの音を聞き取ったり書いたりすることができる。

単元の評価規準

※本単元は小学校外国語科の評価規準による。生徒の実態把握に努める。

知識・技能	思考・判断・表現	主体的に学習に取り組む態度
・小学校で学んだ英語表現の意味・用法、アルファベットの名前と音、大文字・小文字などについて理解している。 ・アルファベットの名前と音、大文字・小文字の理解をもとに、教師の英語での指示や単語のはじめの音を聞き取ったり、互いの名前や好きなもの、入りたい部活動などについて伝え合ったりする技能を身に付けている。	・新たに出会った友達や教師のことをより詳しく知るために、互いの名前や好きなもの、入りたい部活動などについて、必要な情報を聞き取ったり、小学校で学んだ英語表現を用いて伝え合ったりしている。	・新たに出会った友達や教師のことをより詳しく知るために、互いの名前や好きなもの、入りたい部活動などについて、必要な情報を聞き取ろうとしたり、小学校で学んだ英語表現を用いて伝え合おうとしたりしている。

単元計画

第1時（小学校の学習を振り返る）

1．互いのことを知るために、好きなものや入りたい部活動などを伝え合おう

①先生の自己紹介を聞く

英語の教師やALTの自己紹介を聞いて、小学校で学んだ場面や英語を思い出しながら、質問をする。

②教科書の場面中の英語を読む

教科書の様々な場面のやり取りを聞いたり、類推して自分で英語を読んだりすることを通して、小学校で学んだ英語を思い出す。

③先生の指示に合わせて動く

授業でよく使われる英語の指示を聞いて、その通りに動いたり、イラストの動作をペアで確認し合ったりする。

④新たに出会った友達と、互いのことをより詳しく知るためにやり取りをする

新たに出会った友達のことをより詳しく知るために、互いの名前や好きなもの、入りたい部活動などについて伝え合う。

Part 1 は、はじめての授業で互いのことをより詳しく知るために、小学校で学んだ英語表現を用いてやり取りをする。初対面のあいさつをして、名前、好きな食べ物・色・スポーツ、入りたい部活動についてやり取りすることを通して、自分の本当の考えや気持ちなどを伝え合う活動としたい。また、自分と同じ考えや気持ちの友達、自分とは異なる考えや気持ちの友達に出会うことを通して、新たな気付きや相手を受容する態度を養い、誰とでもやり取りすることができる雰囲気を大切にしたい。

Part 2 は、自分で単語を音声化することができるようになるための大切な活動である。アルファベットの名前読みと音読みについては小学校で学習しているが、中学校最初の授業でも扱う。生徒たちの出身小学校と連携して、小学校で使っていた関連教材を使って指導することもできる。聞き取った文字を書いたり単語や文を書き写したりする活動は、教師が思っている以上に生徒にとっては難しく時間がかかる場合があるので、生徒個々の様子を観察しながら進める。

評価のポイント

第1時のそれぞれの場面でのやり取りでは、生徒たちがペアで伝え合う様子を評価する。また、やり取りして分かった情報や、どのような工夫をしてやり取りしたのかを、振り返りとして記述させる。具体的には、気持ちのよいやり取りにするために、アイコンタクトや表情、ジェスチャーやリアクションなどの工夫ができたかどうかである。また、相手の発話に対して話を広げたり深めたりするような工夫ができたかどうかも見取りたい。第2時のアルファベットについても、小学校の学習内容の復習を行った後、実態把握のための簡単なテストを行う。いずれの時間も、中学校に入学したばかりの生徒個々の学習到達状況を考慮しつつ、継続して必要な指導や丁寧な支援を行う。

第2時（小学校の学習を振り返る）

2．大文字・小文字、単語のはじめの音を聞き取ったり書いたりしよう

①アルファベットの音と名前を確認する
　アルファベットの大文字・小文字の読みを確認し、音読みと名前読みを確認する。また、文字の正しい発音を練習する。

②文字の読み方の違いを確認する
　文字とイラストを見比べながら、1つの文字に複数の読み方があることに気付き、実際に声に出して読んで確認する。

③音の足し算をして、音を聞き取る
　アルファベットの音読みができれば、単語を自分で読んだり書いたりすることに役立つことを体感する。また、2文字で1つの音を成す場合を知る。

④単語や文の書き方を確認する
　アルファベットの形や高さなどを確認しながらなぞり書きする。また、例示された単語や文を見てルールを思い出しながら書き写す。

学び方コーナー①：1時間

※ Unit 0の全ての授業終了後に、学び方コーナー①（1時間）を行う。

Part1
互いのことを知るために、好きなものや入りたい部活動などを伝え合おう

本時の目標

互いのことをより詳しく知るために、好きなものや入りたい部活動などについて、小学校で学んだ英語表現を用いて伝え合うことができる。

準備する物

・振り返りシート
・ピクチャーカード(可能なら小学校のもの)
・先生の自己紹介グッズ(画像や具体物など)

【指導に生かす評価】

◎本時では、記録に残す評価は行わないが、生徒の実態把握と目標に向けての指導を行う。特にやり取りはローテーションで行い、できるだけ多くの生徒のやり取りを聞くようにする。

本時の言語活動のポイント

本時の最初の活動である教師の自己紹介では、教師が自分のことを話したり生徒に質問したりしながら進める。すでに教師について知っていることもあるかもしれないが、それらをあえてクイズにしてたずねることで、生徒は安心して答えることができ、さらに詳しく知り合うことができる。生徒から答えが出にくいときは、答えを選択形式にして手を上げさせたり、周りの生徒と答えを相談させたりすることで、全員が参加できる活動にする。教師が一方的に話すのではなく、生徒とのやり取りの中で自己紹介を進める。また、視覚教材を示して音声と意味がつながるようにして、全員が取り組めるようにする。以上の活動を、生徒の様子を観察しながら進める。なお、自己紹介でどんな英語を使って、どんな内容を話すかについては、できるだけ生徒に考えさせるようにする。

本時の展開 ▷▷▷

1 先生の自己紹介を聞く

教師の自己紹介をクイズ形式で行う。生徒が興味をもち、答えやすいような身近なテーマを質問にして、視覚教材を示して全員が安心して取り組めるように工夫する。教師は、小学校で学習したテーマを事前に確認して、質問や使用単語を吟味しておく。

2 教科書の場面中の英語を読む

教科書の様々な場面のやり取りを聞いたり、視覚情報などをよりどころに自分で英語を読んだりすることを通して、小学校で学んだ英語を思い出しながら内容を予想して聞かせる。全てが分からなくてもあきらめずに、初頭音をヒントに粘り強く読むように指導する。

1 先生の自己紹介を聞こう（クイズ！○○先生！）

活動のポイント：教師の自己紹介を通して、身の回りの英語を聞いたり英語を話したりさせる。

T ： Hello, my name is ...

Ss ： Kato sensei!

T ： Yes, my name is Kato Aya.
I am from ...Osaka? Kobe? Kyoto?

Ss ： Osaka! / Kobe! / Kyoto!

（手を上げさせたり周りで相談させたりする）

T ： What sport do you like?

Ss ： I like baseball. / I like tennis.

（質問するように促す）What sport do you like?

T ： I like （ラケットを見せながら） …

Ss ： Table tennis!

T ： Yes, I like table tennis.

積極的に発言する生徒が中心になりがちだが、全ての生徒の様子に留意して活動を進めるようにする。

Unit
1

Unit
2

Unit
3

Unit
4

Unit
5

Stage
Activity
1

Unit
6

3 先生の指示に合わせて動く

授業でよく使われる英語の指示を聞いて、その通りに動くゲームをする。○月生まれの人、○○小学校の人などの条件を与えて何度か行い、聞こえた英語と動作の意味内容のつながりを確認させる。また、イラストの動作をペアで確認し合ったりもさせる。

4 新たに出会った友達と、互いのことをより詳しく知るためにやり取りをする

新たに出会った友達のことを知るために、互いの名前や好きなもの、入りたい部活動などについてやり取りする。その際、最初に行った教師の自己紹介や小学校で学んだ内容を思い出させる。やり取りをフィードバックしながら、内容を広げさせる。

Unit
7

Unit
8

Unit
9

Stage
Activity
2

Unit
10

Unit
11

Stage
Activity
3

大文字・小文字、単語の はじめの音を聞き取っ たり書いたりしよう

本時の目標

アルファベットの名前と音を聞き取ったり、大文字・小文字、単語のはじめの音を聞き取ったり書いたりすることができる。

準備する物

・小学校のデジタル教科書（チャンツ）
・アルファベットカード
・アルファベット絵カード
・小文字短冊カード（音の足し算用）

【指導に生かす評価】

◎本時では、記録に残す評価は行わないが、生徒の実態把握と目標に向けての指導を行う。文字を扱う時間は生徒の負担に特に配慮しつつ、学習状況を確認する。

本時の学習活動のポイント

アルファベットの名称読みと音読みの後の活動である。今後、自分で単語を読むための知識・技能を身に付けさせたい。

ポイントとして、教科書に示されている単語の他に、小学校で取り扱われている単語も複数示して、文字の音の違いに気付かせるようにする。また、できるだけ英語でやり取りしながら活動を進めるようにする。

留意点は、全体での活動の中で、個々の生徒が1つの文字の読み方の違いをどの程度理解しているのかどうかを把握することである。また、本時で全てを定着させるのではなく、機会を捉えてその都度継続して1つの文字の音の読み方を意識させるような指導を行いたい。例えば、apple, apron や egg, evening のように複数の単語を列挙して共通部分や異なる部分を意識させて聞いたり、読んだりするような指導である。

本時の展開 ▷▷▷

1 アルファベットの音と名前を 確認する

導入として、小学校のデジタル教科書のアルファベットチャンツを聞かせて、アルファベットの名称読みと音読みを思い出させる。その後、教科書のアルファベットの名称と音を確認する。特に音は、初頭音を意識して発音を聞かせたり実際に発音させたりする。

2 文字の読み方の違いを確認する

教科書の単語の下線部の音の違いに注意しながら、単語を声に出して発音させる。教科書の例以外にも単語を用意しておき、下線部の音の違いを見付けさせるような活動を行う。その際、必ずイラストと単語を一緒に示すようにして、単語を読むヒントにする。

2 文字の読み方の違いを理解する

> **活動のポイント**：1つの文字に複数の読み方があることを理解して、様々な単語の中の１つの音の読み方に注目させる。

T ：（文字のみ見せて）Can you read this word?

Ss ：A...ap...apple!（イラストも示す）

T ：Yes, apple. How about this one?

Ss ：A...ap...ron? アプロン？（イラストも示す）

Ss ：ああ！エプロン！

T ：エプロン？　In English, it's an a–a–apron.
（a サウンドを強調する）

Ss ：Apron!

T ：OK. How about this?（イラストも示す）

Ss ：Game!

T ：What's this sound?（a を指して）

Ss ：A!

T ：How about this?（イラストも示す）

Ss ：Cat!

文字を読むことへの負担を考えつつ、イラストと文字を別々に見せたり同時に見せたりしながら、１つの文字の読み方の違いを理解させる。

---

3 音の足し算をして、音を聞き取る

　小文字短冊カードをそれぞれの音読みを確認した後、３文字で成り立っている単語の読み方を確認する。さらには、カードを１枚入れ替えるとどう読むのかを考えさせる。その後、初頭音の聞き取りを行う。黒板には **2** の活動のイラストと単語を示したままにする。

4 単語や文の書き方を確認する

　教科書のアルファベットの大文字と小文字をなぞらせる。その際、書き順は複数あることや文字の高さに留意すること等に触れる。その後、例示を比較しながら単語や文を書くときのルールを確認する。最後にアルファベットの大文字と小文字のテストを行う。

Unit 0
Unit 1
Unit 2
Unit 3
Unit 4
Unit 5
Stage Activity 1
Unit 6
Unit 7
Unit 8
Unit 9
Stage Activity 2
Unit 10
Unit 11
Stage Activity 3

本単元の Key Activity

第2時　音の足し算をして、音を聞き取る

活動の概要

　第2時において、小学校の学習内容を振り返り、改めてアルファベットの音と単語の綴りの関係を指導する活動（**3**の活動）として、アルファベットの音読みを確認したり、小文字短冊カードを組み合せたものを全体で読んだりする。さらに、小文字短冊カードセットをペアやグループ毎に持ち、3文字の組み合わせをつくって読む。つくった組み合わせはペアやグループ同士等や全体で発表して、学び合う場としたい。その後、初頭音の聞き取りに取り組む。

活動をスムーズに進めるための3つの手立て

①小文字と音の一致	②文字入り絵カード	③小文字短冊カード
はじめに小文字の名前読みと音読みの確認を全体やペアで行う。	Step 1・2で使った文字入り絵カードを黒板に残して音読みのヒントにする。	手元でカードを自由に動かして並べて、読み方を考える（母音と子音は別色）。

活動前のやり取り例

JTE：Now, let's read small letters together. Can you read them?　　Ss：Yes!
（順番通りやランダムに小文字を発音させる）
JTE：Now, let's read the sounds of each letter. Can you read them?　　Ss：Yes!
（順番通りやランダムに小文字を発音させる）
JTE：Next, let's play the pointing game. Please open your textbook to page 6.　　Ss：OK!
ALT：Are you ready?　　Ss：Yes!
ALT：Let's start. A – a– a. （生徒は小文字の音を聞き取って教科書上の文字を指さす）
（JTE は ALT が発音した小文字カードを示して、音だけでなく視覚でも確認する）
ALT：Good. The next sound is ...e–e–e.　（以下、繰り返し）

活動後のやり取りのポイント

アルファベットの名称読みと音読みを混同している場合があるかもしれないので、生徒の実態を把握しながら指導する。

Unit 0／Welcome to Junior High School
028

　まず、全体で小文字短冊カードを3枚並べたものを読む活動を行う。はじめは、小学校で聞いたり読んだりしたことがある単語を取り上げ、次第に未知語を示す。まずは個で考えさせ、ペアで相談した後に発音を全体で確認する。その際、意味の確認も忘れずに行う。この活動を通して、アルファベットの音が分かれば自分で読むことができることを体験させ、自分で単語を読んでみようという意欲を育成したい。

JTE：Let's play a sound game. What's the sound of this letter?　　Ss：P!
JTE：Right. How about this?　　Ss：E!
JTE：OK. How about this?　What's the sound?　　Ss：Uh...
JTE：N–n–name. N–n–net.　　Ss：N!
JTE：That's right! So, P–p–p, e–e–e, n–n–n...
（カードを指しながら一緒に言わせる）　　Ss：Pen!
JTE：Good!　Now, I'll take a "p" card away, and put this card. Can you read this？
Ss　：Ten!
JTE：OK. How about this?（e を o に変える）　　Ss：Uh...T–o–n?　Ton?
JTE：Ton? Yes, it's ton! How about this?　　（n を p に変える）

小文字短冊カードをペアやグループ毎に持たせて、3文字の組み合わせをつくって読ませる。文字の音読みが分かれば単語を自分で読むことができることを体験させることがねらいであるが、英語には存在しない語ができる可能性もあるので、読み方だけではなく、意味の確認も随時行う。また、全ての語に発音の規則性があるのではなく、読めないこともあることも伝える。

【学び方コーナー①】
辞書の使い方①

本時は学び方コーナー全4時間の最初の時間である。自律した学習者になるために、辞書の使い方に慣れ、活用できるようにすることを目指して継続的に指導する。ワークシートでは、day という単語を取り上げる。小学校外国語科において、曜日をたずねる表現や曜日を表す語の語尾で慣れ親しんだ day であるが、それ以外の意味を辞書で発見することで、単語のもつ面白さにつなげたい。

実際の活動では、調べて分かったことをペアで交流したり教え合ったりさせる。また、調べたりメモしたりするスピードには個人差があるので、辞書を引く速さを競わせることのないようにする。自律した学習者を育成するために、辞書で必要な情報を調べる態度と技能を身に付けさせることを目標とした指導を心がける。巻末の資料「基本的な発音の仕方」も活用する。

本時の目標

今後の自律的な学習のために、英和辞書・和英辞書の基本的な使い方を理解し、その利点を実感しながら実際に英単語の意味や英語での言い方を調べることができる。

準備する物

・ワークシート🔽
・英和辞書・和英辞書
・振り返りシート

【指導に生かす評価】

◎本時では、記録に残す評価は行わないが、生徒の実態把握と目標に向けての指導を行う。実態把握のために、辞書で調べた内容をワークシートに記入させ、振り返りを記入させる。

本時の展開 ▷▷▷

1 英和辞書・和英辞書の特性や活用方法を理解する

英和辞書・和英辞書に触れる前に、国語辞書でどんなことができたかを自由に挙げさせる。その後、英和辞典・和英辞典のページを実際にめくりながら、気付いたことや調べられること等を出し合わせ、それぞれの辞書の特性や活用方法を確認させる。

2 実際に単語を調べて、分かったことをメモし、交流する

STEP に沿って、共通の単語の意味を調べさせ、辞書側面のアルファベットを見てページを開き、その後は辞書上部端の単語や単語の2文字目以降を目印に調べることを体験させる。教科書巻末の Word List や電子辞書、インターネットでの検索方法も紹介する。

○　dayを英和辞書で調べてみましょう。

1　5つ調べて意味を書きましょう。

① 日中　昼間

② 一昼夜　日

③ 一日

④ 記念日　祝日　祭日

⑤ 時代　時世　時期

2　dayの発音記号を書き写しましょう。

[　déɪ　　　　　　　　　　　]

3　dayを使った英文例を書き写して意味も書きましょう。

English	Japanese
Have a nice day!	いい一日を！

3 Let's Try
辞書の使い方に慣れる

単語が辞書に出てくる順番を理解したり、指定された単語を辞書で引き、1番目の意味を書いたりする活動を行う。ある程度時間を与えて、まずは自力で取り組ませる。さらに慣れるためにワークシートに取り組ませる。その後ペアで意味などを確認させる。

4 Unit 1で出合う単語の意味や
情報などをノートにまとめる

次の Unit 1で出合う単語を辞書で調べて、意味や情報（品詞や発音など）をノート等にまとめさせる。生徒用の ICT 端末や教科書に二次元コードがあれば、発音を音声で確かめさせて、自律学習の1つの方法として紹介する。

Unit
0

Unit
1

Unit
2

Unit
3

Unit
4

Unit
5

Stage
Activity
1

Unit
6

Unit
7

Unit
8

Unit
9

Stage
Activity
2

Unit
10

Unit
11

Stage
Activity
3

New School, New Friends (6時間)

単元の目標

互いのことをよりよく知るために、好きなものや普段よくすること、できることなどについて、簡単な語句や文を用いて即興で伝え合うことができるとともに、メモなどを見ながら、まとまりのある英語で相手に分かりやすく自己紹介をすることができる。

単元の評価規準

知識・技能	思考・判断・表現	主体的に学習に取り組む態度
・be 動詞と一般動詞、助動詞 can を用いた文の形・意味・用法を理解している。 ・be 動詞と一般動詞、助動詞 can を用いた文の理解をもとに、互いの名前や好きなもの、できることなどを伝え合ったり話したりする技能を身に付けている。	・互いのことをよりよく知るために、好きなものや普段よくすること、できることなどについて、簡単な語句や文を用いて即興で伝え合っている。また、メモなどを見ながら、まとまりのある英語で相手に分かりやすく自己紹介をしている。	・互いのことをよりよく知るために、好きなものや普段よくすること、できることなどについて、簡単な語句や文を用いて即興で伝え合おうとしている。また、メモなどを見ながら、まとまりのある英語で相手に分かりやすく自己紹介をしようとしている。

単元計画

第1・2時（導入）	第3・4時（展開①）
1．登場人物の自己紹介を聞いて、自分の好きなものなどについて伝え合おう 　教科書の登場人物の自己紹介を聞いて、小学校で学んだ英語を思い出し、自分の名前や今の気分、好きなものについて伝え合う。 　場面を理解して、メグが話した自己紹介の内容を聞き取った後、音と文字・意味を確かめながら音読する。 **2．メグにならって自己紹介したり、話したことを書いたりしよう** 　メグの自己紹介文の英語を活用して、ここまで行った自己紹介に新たに学んだ英文を加えて、互いに自己紹介をし合う。 　その後、教科書に自分の名前、年齢、好きなものを表す英文を書く。さらに、辞書などを使いながらメグにならって自己紹介文をワークシートに書く。	**3．海斗とメグの会話を聞き取って、理解した内容を表現できるように音読しよう** 　教科書 P.14の表中の誰かになりきって、ペアで質問し合い、誰になりきっているのかを当てる。 　海斗とメグの話している内容を聞き取った後、音と文字・意味を確かめながら音読する。 **4．互いのことをさらによく知るために、学んだ英語を用いて話を広げよう** 　好きなスポーツについて、Are you ～?, Do you ～? を用いて、相手に配慮しながら伝え合ったり、既習表現を用いて話題を広げたりする。 　**記録に残す評価【話（や）】 思 態** 　新出語句や本文の意味と文字を確かめて、英語や英文を書くときのルールを意識しつつ、発音しながら覚えるように書く。

Part 1 は、小学校で学んだ英語を思い出せるように、登場人物の自己紹介を理解したり、互いの名前や好きなものなどについて伝え合ったり、教科書にある自己紹介文を活用して自分のことについて話したりする活動を行う。

Part 2 は、これまで音声で慣れ親しんできた be 動詞と一般動詞の文構造の違いを理解したり、まとまりのある英語のやり取りを聞いて内容を理解して音読したりする活動を行う。

Part 3 は、互いのできることは何かを伝え合う活動を行う。まとめとして、本単元で扱ったやり取りのトピックを自己紹介ポスターにして、ポスターのイラストやメモを見ながら話す活動を行う。

いずれのやり取りも、小学校で学んできた Small Talk を、ペアを替えて行いながら徐々にやり取りの内容を高めるように指導する。また、読んだり書いたりする活動や言語材料の文構造への理解も、小学校外国語科の指導を踏まえながら、本単元のみで定着を図るのではなく、繰り返し指導する。

評価のポイント

Part 1 の学習では、生徒の実態を把握しつつ、記録に残す評価は行わない。Part 2 の学習では、Unit 0 に続けて、やり取りを徐々に積み重ねるように増やしていくような指導を行い、会話の継続や広がり、相手に配慮したコミュニケーションを図ることができているかなどを評価する。Part 3 の学習では、メモなどを見ながらある程度まとまりのある英語を、相手に分かりやすく話すことができるかどうかを評価する。単元の学習後には、「書くこと」の知識・技能のテストや「話すこと [発表]」のパフォーマンステストを行い、一人ひとりの学習到達状況を把握し、今後の指導に生かしたい。なお、パフォーマンステストは、指導した内容そのままではなく、少し設定を変えて身に付けた力の汎用力を見取りたい。

第5時（展開②）	第6時（まとめ）
5．どんな特技があるのかを想像して、たずね合おう 　教科書の動作や小学校のときに学んだ動作について、Teacher's Talk を聞いた後、友達がそれらをできるかどうかを予想して質問し合う。 　朝美とメグが話している内容を聞き取った後、音と文字・意味を確かめながら音読する。 　本時の振り返りでは、自分のことや友達に質問して分かったこと等を書く活動を行う。	**6．まとまりのある英語で自己紹介をしよう** 　これまでやり取りした表現や教科書で新たに学んだ表現を用いて相手に分かりやすく自己紹介するために、ポスターをつくる。 　原稿は書かずに、ポスターにあるイラストを見ながら話す順番を考えて自己紹介し合う。自己紹介する様子を ICT 端末で撮影し合わせ、撮影した動画を見返して、チェックポイントに沿って確認して何度か撮影し直させる。 　**記録に残す評価【話（発）】** 思 態

登場人物の自己紹介を聞いて、自分の好きなものなどについて伝え合おう

中学校に入学して初めてまとまった量の英語を読む。自己紹介は生徒にとって馴染みのある場面だろう。メグの自己紹介を聞かせた後で、分かったことを個→ペアで確認する。その後、全体で生徒と生徒のやり取りをさせながら内容理解を進める。意味の分からない単語があったら、文脈から意味を推測させたり辞書で調べさせたりするなどして、単元のゴールとなる活動につながるような指導を行う。

詳細理解ができたら、メグの自己紹介を音読させる。まずは自力で読ませたい。「今は自分で読めなくてもこれから少しずつ読めるようにしていこう」と励まし、音と文字・意味を確かめさせながら音読できるようにする。教科書の二次元コードをスキャンして繰り返し音声を聞いたり友達と教え合ったりさせてもよい。音読できるようになったら暗唱させたい。

本時の目標

互いのことをよりよく知るために、自分の名前や今の気分、好きなものについて伝え合うことができる。

準備する物

・登場人物紹介に関する絵カード
・今の気分カード　・振り返りシート
・食べ物カードと飲み物カード

【指導に生かす評価】

◎本時では、記録に残す評価は行わないが、目標に向けて指導を行う。「聞くこと」の力を把握するために、自己紹介で聞き取った内容をワークシートに記入させて回収してもよい。

本時の展開 ▷▷▷

1 登場人物の自己紹介を聞き取る

Unit 0 で行った教師の自己紹介を生徒とのやり取りで再度行った後、教科書の登場人物の自己紹介を聞かせる。登場人物の自己紹介で使われる単語をあらかじめ絵カードと文字で示しながら復習して、生徒が安心して答えることができるように支援する。

2 Enjoy Communication 好きなものなどを伝え合う

「自分のことをよく知ってもらうために、新しく出会った先生に英語で自己紹介する」を単元のゴールにすることを伝え、Enjoy Communication を行う。巻末のリストで単語を復習しながら、相手に配慮したやり取りになるように中間評価を入れながら指導する。

Unit
0

Unit
1

Unit
2

Unit
3

Unit
4

Unit
5

Stage
Activity
1

Unit
6

Unit
7

Unit
8

Unit
9

Stage
Activity
2

Unit
10

Unit
11

Stage
Activity
3

3 メグの自己紹介を聞き取る

活動のポイント：生徒とやり取りをしながら内容理解を進める。

JTE：Do you remember her name?（メグの画像を見せて）

Ss ：Meg!

JTE：Yes, she is Meg. She has a longer name.（「長い」とジェスチャーしながら）

Ss ：Mar... えっとなんだっけ？

JTE：OK.（黒板に名前を書いて読ませる） Mar-ga-ret B-row-n.

Ss ：ああ！ Margaret Brown!

JTE：Right. Where is she from? From Japan?

Ss ：No! Australia!

JTE：Yes, SHE IS FROM（繰り返して言わせるように）Australia.
　　　How old is she? She is a new student at Midori JHS.

Ss ：Twelve!

JTE：OK. SHE IS...

Ss ：She is twelve.

JTE：Are you twelve? Or thirteen?（数字を指で示して）

Ss ：Twelve! / Thirteen!

JTE：She likes ...

自己紹介の内容を確認するために、生徒とやり取りしながら進める。

ICT を用いてスライドを見せながら進めるとより分かりやすい。

生徒の発話を言い直させたり、さりげなく誤りを訂正したりしたい。

3 メグの自己紹介を聞き取って、音読する

　メグが日本に来た場面を理解させた後、ポイントを示してメグの自己紹介を聞かせる。詳細を理解した後、音と文字・意味を確かめながら音読させる。まずは自力で英文を読むことに取り組ませる。教科書の二次元コードで音声を聞いたり友達と教え合ったりさせてもよい。

4 本時の振り返りをする

　本時にできたことや分かったこと、疑問に思ったこととともに、「単元のゴールに向けて、本時で学んだことをどう生かすか」という視点で振り返らせる。振り返りシートは毎時間記入させ、教師がコメントを返すとよい。家庭学習として、教科書本文の音読を課す。

Part 1

メグにならって自己紹介したり、話したことを書いたりしよう

本時の目標

初めて会う人に自分のことを正しく伝えるために、例文を活用して、自己紹介したり話したことを書いたりすることができる。

準備する物

・メグの自己紹介カード（またはICT画像）
・自己紹介アウトラインカード
・自己紹介記入ワークシート
・振り返りシート

【指導に生かす評価】

◎本時では、記録に残す評価は行わないが、目標に向けて指導を行う。自己紹介を書かせたり、ICT端末に音読を録音させたりするなどして、学習状況を把握したい。

本時の板書のポイント

中学校に入学して初めてまとまった量の英語を書く活動であろう。小学校では、文字をなぞったり書き写したりしながら少しずつ書き進めていたので、生徒によっては難易度の高い活動であることが予想される。本時は、これまで学んだ「単語や文を書くときのルール」を、例を示しながら考えさせたりより適切なものを選ばせたりしながら確認する。ワークシートは、全文自分で書くパターン、ところどころ英語が書いてあるパターンをつくり、いずれかを選択させる。書き終わったら、教科書P.8の「文を書くときのルール」を見ながら自己チェックさせる。自分のミスに気付けるような力を徐々に身に付けさせたい。

なお、自己紹介する相手は学校の実態に応じて、ALTや新しい先生などに設定することもできる。できるだけ必然性のある活動にしたい。

本時の展開 ▷▷▷

1 メグの自己紹介を音読する

メグについて、生徒とのやり取りを通して自己紹介の内容を再確認する。絵カードや電子黒板にヒントを示しながら進める。その後、家庭学習で読んできた教科書の本文を様々な方法で音読させる。自力で英文を読めるように指導する。個々の学習状況を見取るようにする。

2 自己紹介をバージョンアップする

この文を使って自分のことを話すには…

メグの自己紹介文の英語を活用して自己紹介文を考えさせる。前時に初めて習った英文もあるが、まずは自力で即興的にやらせてみる。その後、ペアで自己紹介させ、数名発表させるなどして全体で確認する。さらにペアを替えて、できるだけ多くの友達と自己紹介し合わせる。

Unit 1 New School, New Friends

目標　メグの自己紹介にならって
　　　読み手に正しく伝わるように自己紹介文を書くことができる。

・正しく伝えるためには？
　単語や文を書くときの
　ルールを守る。

S̲aito␣A̲sami　（人名）
大文字　1文字　大文字

J̲apan　（国名、地名）

Ilovesushi.　┐
　　　　　　　├ どちらが見やすい？
I␣love␣sushi.　┘
1文字　　　　　ピリオド（文の終わりに）

S u s h i　┐
sushi　　　├ どれが見やすい？
sushi　　　┘

☆クラスのみんなに向けての自己紹介

Hello, everyone.

I'm ＿＿＿＿　　Call me ＿＿＿＿

I'm from ＿＿＿＿　　I'm ＿＿＿＿

I like ＿＿＿＿

I ＿＿＿＿

教P.8を見て、自分で確かめよう！
自分のミスに気付けるようになることも大切！

---

3 自分の名前、年齢、好きなもの
などを表す自己紹介文を書く

Do you remember the rules of writing English ?

　教科書の記入欄に自分の名前、年齢、好きなものを表す英文を書かせる。さらに、辞書などを使いながらメグにならって自己紹介文をワークシートに書かせてもよい。書かせる前に、英文を書くルールを全体で確認しておくとよりスムーズに書けるだろう。

4 本時の振り返りをする

Hello, everyone. I'm...

　3 で書いた自己紹介の英文を、ペアやグループで読み合わせたり、チェックポイントをもとに正確さをチェックさせたりした後、本時の振り返りをする。読むこと（音読）や書くことは中学校入学直後の生徒にとっては負担が大きいので、時間をかけて指導する。

Unit 0
Unit 1
Unit 2
Unit 3
Unit 4
Unit 5
Stage Activity 1
Unit 6
Unit 7
Unit 8
Unit 9
Stage Activity 2
Unit 10
Unit 11
Stage Activity 3

Part 2

海斗とメグの会話を聞き取って、理解した内容を表現できるように音読しよう

本時の目標

be動詞と一般動詞の文構造の違いを理解し、それらを含むやり取りを聞いて、その内容を表現できるように音読することができる。

準備する物

・スポーツの絵カード
・海斗とメグのやり取り絵カード
・動詞カード　・振り返りシート

【指導に生かす評価】

◎本時では、記録に残す評価は行わないが、目標に向けて指導を行う。振り返りとして、be動詞と一般動詞の文構造の知識を問うテストを行うが、生徒の学習状況把握のためである。

本時の言語活動のポイント

書かれた内容を表現できるように音読するために、書かれた意味内容を正しく理解し、その意味内容にふさわしく音声化する必要がある。これまで生徒は、自分自身のことについて友達と英語でやり取りしてきた。本時は、登場人物の立場を理解して、その人物らしく工夫して音声表現をする必要がある。そのため、海斗とメグの気持ちや話の流れなどを想像させながら、どのように強弱を付けて読むか考えさせたい。「強く読む」「ゆっくり読む」などの技能ははじめからうまくできるものではないと思われる。教師がいくつかの読み方を聞かせて比べさせたり、教科書の二次元コードをICT端末でスキャンして繰り返し聞かせたりするなどして、徐々にできるように指導する。音読は「話すこと」「書くこと」との統合にもつながるので、大切にしたい。

本時の展開 ▷▷▷

1 Enjoy Communication なりきりゲームをする

様々なスポーツの絵カードを示し、Teacher's Talkを行う。その後、教科書の例にならって教師が誰になりきっているかを生徒に当てさせる。ゲームのルールを「自分と同じ人になりきっている人を見付けよう」等と設定して行うと、活動に変化をもたせることができる。

2 海斗とメグの会話の内容を聞き取って、音読する

Part 1の場面の続きであることを理解させた後、リスニングポイントを示して海斗とメグのやり取りを聞かせる。概要を理解した後、音と文字・意味を確かめながら音読させる。やり取りの内容を踏まえて、強調すべき語を考えさせながら音読するように指導する。

Unit
0

Unit
1

Unit
2

Unit
3

Unit
4

Unit
5

Stage
Activity
1

Unit
6

Unit
7

Unit
8

Unit
9

Stage
Activity
2

Unit
10

Unit
11

Stage
Activity
3

2 海斗とメグの会話を音読する

活動のポイント：２人の会話の内容を踏まえて、強調すべき語などを考えさせながら音読するように指導する。

① ２人の会話を踏まえたやり取り

JTE : I have a question for you.
Are you from **Australia**?

Ss　: No. I'm from **Japan**.

②強調すべき語を考えさせるための問いかけ

JTE : OK. **Australia**. **Japan**.（強調して読む）
So, "Are you from Sydney?"（フラットに読む）
Is this OK？

Ss : No. "Are you from **Sydney**?（Sydneyを強く読む）

例えば、上記のように実際のやり取りを通して、どの語を強調して読むのかを考えさせてもよい。また、教科書下にある Beat by Beat! や Sounds and Letters を活用して、豊かな音声表現のための知識・技能を身に付ける活動もできる。

3 be 動詞と一般動詞の文構造を理解する

「あなたは〜ですか」は Are you 〜？ だね

「あなたは〜を好きですか」は Do you 〜？だね

教科書の be 動詞と一般動詞を含む英文を取り上げて、どのような場面で使われているのかを確認する。また、２つの動詞がどのように使い分けられているのかを、個々で考えた後、ペアで話し合わせる。Unit 2 末の Grammar for Communication も参照させたい。

4 本時の振り返りをする

テスト例
(Are / Do) you from Tokyo?　(Are / Do) you like soccer?
Yes, I (am / do).　Yes, I (am / do).

be 動詞と一般動詞についての知識を問う簡単なテストを行い、個々の学習状況を把握する。その後、本時の振り返りをする。be 動詞と一般動詞については、分かったことに加えて疑問に思ったことなども書かせて、次時に生徒の疑問に答えたい。

互いのことをさらによく知るために、学んだ英語を用いて話を広げよう

本時の目標

　互いのことをさらによく知るために、学んだ語句や文を用いて、好きなスポーツについて即興で伝え合うことができる。

準備する物

・やり取りのテーマカード
・英文カード　・スポーツ絵カード
・振り返りシート

【話すこと [やり取り] の記録に残す評価】

◎互いのことをさらによく知るために、学んだ語句や英文を用いて、好きなスポーツについて即興で伝え合っている。／伝え合おうとしている。（思・態）（行動観察・振り返りシート）

本時の板書のポイント

　1で振り返った「これまでのやり取り」を板書の左側に残して、2の活動に入る。実態に応じて、やり取りの最初に今の気分や名前などを伝え合ってもよい。目標に向けて、まずは好きなスポーツについてやり取りさせる。そしていくつかのペアのやり取りを全体に聞かせる。よかった点やさらによく知るためにはどのようにすればよいのかなどについて交流する。板書の右側には、生徒のやり取りを聞きながら英語を書き加えていく。また、板書ばかり見てやり取りしないように、生徒が表現に慣れてきたら消す。生徒が発話しそうな英語表現を短冊カードなどで準備しておくとテンポよく進めることができる。その際は、発話を想定しておくことが大切である。中間評価後は、ペアを替えてさらにやり取りを進めさせる。なお、スポーツが好きでない生徒もいると思われるので、そのときは「好きな〇〇」でやり取りさせたい。

本時の展開 ▷▷▷

1 これまでのやり取りを振り返る

　Part 1、2の音読をさせた後、教科書 Unit 0 から順にページをめくって確かめさせながら、これまでどんなやり取りをしたのかを振り返る。どんなテーマでどんな英語表現を使ったのかをペアで出し合わせて、黒板にまとめる。

2 好きなスポーツについて、学んだ英語を用いて話を広げる

　好きなスポーツについてやり取りさせる。やり取りを徐々に積み重ねるように増やしていくような指導を行う。会話の継続や広がり、相手に配慮したコミュニケーションを図ることができているかなどを評価する。

Unit 0
Unit 1
Unit 2
Unit 3
Unit 4
Unit 5
Stage Activity 1
Unit 6
Unit 7
Unit 8
Unit 9
Stage Activity 2
Unit 10
Unit 11
Stage Activity 3

板書のポイント：次の活動のヒントとして、生徒の発言をまとめながらこれまで学んだことを可視化する。

Unit 1 New School, New Friends

目標　互いのことをさらによく知るために学んだ英語を用いて話を広げることができる。

名前、呼び方	I'm 〜. Call me 〜.
出身地、年齢	I'm from 〜. I'm 〜.
好きな食べ物、飲み物 色 スポーツ	What 〜 do you like? I like 〜.
入りたい部活動	I want to join the 〜 club.
弾ける楽器	I can play the 〜.

☆好きなスポーツについて

What sport do you like?
Do you like sport? ──→ Yes, I do. / No, I don't.
　　　　好きじゃない人もいるかも…

┄┄> I like tennis.
　　　I want to join the tennis club.

リアクション
Me, too.
Really?
Oh, nice!

How about you?
あなたはどう？

Can you play tennis well? 広げる

I like Nishikori Kei.

---

3 教科書の新出語句や本文を発音しながら書く

Are you from...
Are you from...

　Part 1の新出語句や本文を発音しながらノートに書かせる。初めてまとまった量の英語を書き写させるので、モデルノートを配付するなどして時間をかけて指導する。発音しながら書くこと、丁寧に文字を書くこと、自分でノートづくりができるようになることを意識させる。

4 本時の振り返りをする

友達とどんなやり取りをしたのか具体的に書きましょう。どんなことに気を付けてやり取りしましたか

　好きなスポーツについてやり取りをさせた後、会話の継続や広がり、相手に配慮したコミュニケーションを図ることができたかどうかを振り返らせる。家庭学習として、Part 2のノートづくりと音読を課す。

Part 3

どんな特技があるのか を想像して、たずね合 おう

本時の目標

どんな特技があるのかを想像して、友達にたずねたり答えたりすることができる。

準備する物

- ・小学校の動作絵カード
- ・朝美とメグのやり取り絵カード
- ・ワークシート（友達のできること）⤓
- ・振り返りシート

【指導に生かす評価】

◎本時では、記録に残す評価は行わないが、目標に向けて指導を行う。**1** **2**の活動での生徒のやり取りの内容や、**4**のワークシートの記入状況で学習状況を把握する。

ワークシート活用のポイント

本時の前半でやり取りした内容を書かせる。「話したことを書く」という流れを大切にしたい。この順序が逆になると、ワークシートを見ながら話す可能性があるので注意する。書くことによって、得た知識・技能を確かなものにするように指導する。友達の名前をローマ字で書くことが難しい場合は、教科書末のローマ字表を調べて書かせたい。生徒の学習状況を机間指導しながら把握して、必要に応じて単語や文を書くルールを全体で確認したり個に応じた支援を行ったりする。

ワークシート後半にある「自分のできることを書く」については、5つの特技例以外にも自由に書かせたい。辞書を使って調べたり友達と教え合ったりさせる。「自分にはできることはない」という生徒もいるかもしれないが、自分を前向きに捉えて自信をもって I can～. と言える気持ちをもたせたい。

本時の展開 ▷▷▷

1 教師のできることやできない ことを聞き取る

小学校で学んだ動作カードを示しながら Teacher's Talk で導入する。活動 **2** につながるように、生徒に予想させて Can you～? と質問させながら進めるとよい。人それぞれできることもできないこともあるという視点を忘れないようにする。

2 Enjoy Communication できることを伝え合う

Enjoy Communication にある特技について、友達がそれらをできるかどうかを予想して質問し合う。Can you～? 以外にも、関連する質問や Yes/No に1文加えて答えることを促す。中間評価を入れて、どのようにやり取りを広げるのかを共有したい。

4 友達のできることを書く

指導のポイント

Asami and Kota can play tennis.
Meg can ski and swim.
のように表すこともできる。上記のような記述があれば全体に紹介したい。

または教師から、
Asami can run fast.
Kota can run fast, too. →？
と投げかけて一文で表現するように考えさせることもできる。

目標：友だちとやり取りしたことや自分のできることを書くことができる

cook curry　play the piano　run fast　ski　swim
（　　　）（　　　）（　　　）（　　　）（　　　）

（例）Asami can play the piano.
　　Kota can cook curry.

ABCDEFGHIJKLMNOPQRSTUVWXYZ　abcdefghijklmnopqrstuvwxyz

①友達のできることを書きましょう。
　Mana can cook curry.

　Rio and So can play the piano.

　Ryu can run fast.

　Jun can ski.

　Shun and Ryo can swim fast.
P.144にローマ字表があります。名前の表し方を確かめましょう。

②自分のできることを書きましょう。
　I can play the piano well.

---

3 朝美とメグの会話の内容を聞き取って、音読する

どんなことが話題になっていますか。メグはどれくらい日本語ができますか

Part 1・2の場面の続きであることを理解させた後、リスニングポイントを示して朝美とメグのやり取りを聞かせる。概要を理解した後、音と文字・意味を確かめながら音読させる。やり取りの内容を踏まえて、強調すべき語を考えさせながら音読するように指導する。

4 友達のできることを書いて、本時の振り返りをする

速く走れて、陸上部に入りたいと分かったよ

Your Turn に取り組ませた後、ワークシートに友達のできることをさらに書かせる。本時の振り返りでは、友達に質問して分かったことやそれ以外に話したことを書かせる。また次時の自己紹介活動について伝える。家庭学習として、Part 3のノートづくりと音読を課す。

Unit 0
Unit 1
Unit 2
Unit 3
Unit 4
Unit 5
Stage Activity 1
Unit 6
Unit 7
Unit 8
Unit 9
Stage Activity 2
Unit 10
Unit 11
Stage Activity 3

Part 3

まとまりのある英語で自己紹介をしよう

中学校では小学校のときよりも多くの情報を自己紹介に入れて、まとまりのある英語を話すことができるようになることを目指す。まず、「自分のことをよく知ってもらうために」という目標を確認して、お互いのことについてこれまでどんなテーマでやり取りしたのかを振り返らせながら、自己紹介に入れる情報例を板書で列記する。ICT 端末があれば、プレゼンテーションソフトのスライド 1 枚に自己紹介用の画像を貼り付けて作成させる。自己紹介で伝えたいことを事前に集約しておき、必要な画像（プリントアウトしておく）を用意しておき、生徒に配付して自己紹介ポスターに貼り付けさせてもよい。また、ポスターのフォーマットを示して家でつくってくるようにさせてもよい。時間を取ることができれば、イラストを描かせてポスターをつくらせることも考えられる。

本時の目標

自分のことをよく知ってもらうために、プレゼンテーション素材を見せながらまとまりのある英語で自己紹介をすることができる。

準備する物

・自己紹介用のイラスト（事前に用意する）
・自己紹介ポスター（デジタルスライド）
・ICT 端末（生徒用） ・振り返りシート

【話すこと［発表］の記録に残す評価】

◎自分のことをよく知ってもらうために、メモなどを頼りにしながらまとまりのある英語で自己紹介をしている。／しようとしている。（思・態）（撮影動画、振り返りシート）

本時の展開 ▷▷▷

1 自己紹介用ポスターをつくる（またはデジタルスライド）

話す順を考えてイラストを貼ろう

これまでやり取りした表現や教科書で新たに学んだ表現を全体で出し合わせながら、それらを用いて自己紹介するためのポスターをつくる。ポスターには名前のみ英語で示して、他はイラストで示す。デジタルでスライド 1 枚にまとめれば時間短縮することができる。

2 まとまりのある英語で自己紹介をする

I'm Mai.
I'm from Momiji Elementary School.

原稿は書かずに、ポスターにあるイラストを見ながら話す順番を考えて自己紹介し合う。ペアを替えながら何度か自己紹介させた後、数名の自己紹介を聞かせ、よかったところや気付いたことなどを全体交流する流れを繰り返し、よりよい自己紹介へと改善させる。

2 自己紹介ポスター（デジタルスライド）をつくる（生徒の作品例）

Unit 0
Unit 1
Unit 2
Unit 3
Unit 4
Unit 5
Stage Activity 1
Unit 6
Unit 7
Unit 8
Unit 9
Stage Activity 2
Unit 10
Unit 11
Stage Activity 3

3 自己紹介を撮影し合う

　自己紹介する様子を ICT 端末で撮影し合わせる。撮影した動画を見返して、チェックポイントに沿って確認して何度か撮影し直させる。友達に自分の動画を見せて評価してもらうと、客観的視点が加わるだろう。

4 本時の振り返りをする

　2 で出し合わせた気付きや改善点などについて振り返らせる。**1** が終わった後、自分のことをよく知ってもらうためにどんな自己紹介にしたいのかを書かせておくと、活動前後の気持ちを比較することができる。自己紹介を書いてくることを家庭学習とする。

第6時

まとまりのある英語で相手に分かりやすく自己紹介をする

活動の概要

本単元のまとめとして、原稿を見ることなく、まとまりのある英語で相手に分かりやすく自己紹介をする。生徒は「自己紹介用ポスター（または ICT 端末上のスライド）」を見せながら、自分のことをよく知ってもらうために自己紹介をする。ペアを替えながら何度か自己紹介した後、1〜2名が発表する。よかったところや気付いたことなどを全体交流する流れを繰り返し、よりよい自己紹介へと改善する。最後に ICT 端末で撮影し、さらに改善を促す。

活動をスムーズに進めるための3つの手立て

①文のまとまり（順序）
ポスター上にあるイラストについて、何から紹介するのかを考える。

②相手への配慮
自分のことをよく知ってもらうために、どんな伝え方をするのかを共有する。

③中間指導
自己紹介を聞いて、全体で振り返りながら自分の自己紹介の改善に生かす。

どの順に話そうかな。好きなものはまとめて話そうかな

伝えたい語を強調して話したいな

ポスターばかり見ずに相手を見て話すといいよ

What are his good points?

ジェスチャーがよかったです

みんなのほうを見て、すらすら言えていました

活動前のやり取り例

JTE：Now, ○○ sensei will talk about himself. ○○ sensei, please.
ALT：OK. Look at this. This is about myself. I am ○○ . Call me ○○ sensei.
　　　I am from Australia. My birthday is January 12. I like rugby. I can play rugby well.
　　　I like sushi and yakiniku. I want to enjoy English with you.（拍手）
JTE：Well, do you have any questions for him?
Ss ：Thank you, ○○ sensei. I have a question. I like sports, too. I like baseball.
　　　Do you like baseball?
ALT：Yes, but I don't play baseball. I like watching baseball games.
JTE：Now, it's your turn.

活動前のやり取りのポイント

ALT や教師の自己紹介はすでに終えている時期だが、生徒と同じ形での自己紹介を改めて聞くことで、実際の場をイメージさせたい。自己紹介を聞いた後、聞いた内容に関連する質問をするデモンストレーションを行うことで、相手の英語をより注意して聞くように意識させる。

活動のポイント

　活動前に「新しく出会った先生に英語で自己紹介する」という目標を改めて共有し、自分のことをよく知ってもらうための伝え方を工夫しようという意欲を高めたい。使用表現や話す内容については、過度に指定しすぎないようにする。クラス内でペアを替えながら、できるだけ多く自己紹介させたい。自己紹介を聞いた後、質問をすることも指示する。ペアづくりは、生徒の実態を配慮しつつ、短時間でできるようにローテーションを決めて教師が指示するほうがスムーズに進むだろう。

全体交流の流れ例

生徒同士が自己紹介をしている間、教師は生徒の自己紹介を聞いて回りながらよいところや全体に考えさせたいことなどを整理する。ペアを替えながら数回自己紹介をさせた後、よい例として1〜2名の自己紹介を全体に聞かせる。生徒は、どんな点がよかったのかを発表する。また気付いたこともあれば併せて共有する。改善したほうがよい例については、教師がよくない例を演じて気付かせたい。このような授業展開に生徒たちは小学校のときに慣れていることが期待される。なお、生徒からは次のような意見を挙げさせたい。
・相手に聞き取りやすい声と笑顔で話していた。
・イラストを指さしながら、ジェスチャーやアイコンタクトをして話していた。
・伝えたい言葉を強くはっきり、そしてすらすら言っていた。
・似たような内容がまとまっていて、話す順番が分かりやすかった。

全体交流後のポイント

再び、違うペア同士での自己紹介を何度か行わせる。ときどき止めて、相手へ配慮のある話し方になっているかを確認する。また、支援が必要な生徒への個々の声かけも行うようにする。自己紹介後に質問をすることは本単元の目標ではないが、聞いたことに自ら関わる態度を身に付けさせたい。本単元学習後に、類似課題で生徒個々のパフォーマンスを評価するテストを行うとよい。

Our New Teacher （6時間）

✚ Grammar for Communication ① （2時間）／学び方コーナー② （1時間）

単元の目標

クラスメイトに対して、分かりやすく身近な人を紹介するために、その人について、簡単な語句や文を用いて話したり、お互いのことをよりよく知るために、クラスメイトのお気に入りの人やもの、普段の行動などについて、簡単な語句や文を用いて、即興でたずねたり答えたりすることができる。

単元の評価規準

知識・技能	思考・判断・表現	主体的に学習に取り組む態度
・This［That、He、She］is、疑問詞 what や who、how を用いた文の形・意味・用法を理解している。 ・身近な人についてや、クラスメイトのお気に入りの人やもの、普段の行動などについて、This［That、He、She］is….の文や疑問詞 what、who、how を用いて話したり、たずねたり答えたりする技能を身に付けている。	・クラスメイトに対して、分かりやすく身近な人を紹介するために、その人について、簡単な語句や文を用いて話している。 ・クラスメイトに対して、お互いのことをよりよく知るために、クラスメイトのお気に入りの人やもの、普段の行動などについて、簡単な語句や文を用いて、即興でたずねたり答えたりしている。	・クラスメイトに対して、分かりやすく身近な人を紹介するために、その人について、簡単な語句や文を用いて話そうとしている。 ・クラスメイトに対して、お互いのことをよりよく知るために、クラスメイトのお気に入りの人やもの、普段の行動などについて、簡単な語句や文を用いて、即興でたずねたり答えたりしようとしている。

単元計画

第1・2時（導入）	第3・4時（展開①）
1．クラスメイトを紹介しよう 　JTE による「学級担任の紹介」を通して、小学校で学んだ他者を紹介する表現を確認する。 　「プロフィールカード」を作成し、ペアを作ってパートナーとカードを交換する。別のペアとグループを作り、そのペアにパートナーを紹介する。聞き手に伝わるように、声の大きさ、速さ、アイコンタクト、ジェスチャー、表情を意識して発表する。 　課題として、次時に紹介する「自分の身近な人（家族や教科担任、部活動顧問、友人など）」の写真を、ICT 端末等を使って撮影してくることと、その人のプロフィールカードを作成してくる。 **2．自分の身近な人を紹介しよう** 　聞き手に伝わるように、自分の身近な人について、撮影してきた写真を ICT 端末等で見せながら、プロフィールカードを参考に、グループ内で紹介し合う。 　　　　　記録に残す評価【話（発）】 知 思 態	**3．お気に入りの人やものについて、たずねたり答えたりしよう** 　JTE による「ALT へのインタビューの動画」を視聴する。動画には質問に対する回答のみが撮影されており、生徒はそれらの回答からどのような質問がされたのかを推測することを通して、人やものをたずねる表現を確認する。 　「My Favorites」を作成し、ペアを作ってパートナーとお互いのお気に入りの人やものについて、たずねたり答えたりする。 **4．あいづちを交え、お気に入りの人やものについて、たずねたり答えたりしよう** 　Unit1 Part 3、Unit2 Part 1〜2 の本文で使われている「理解・驚き・同意・感想」などのあいづち表現を確認する。 　確認したあいづち表現を使って、前時のお気に入りの人やものについて、たずねたり答えたりする活動を行う。

本単元は、ALT のクック先生と生徒たちが初めて出会い、その中で第三者に紹介したり、身の回りの人やもの、普段の行動についてたずねたり答えたりする場面が扱われている。

言語材料は、This［That］is や He［She］is の文、what、who、how の疑問文である。

Unit 2 の Part 1 では、クラスメイトや家族、教科担任、部活動顧問、友人などを紹介する活動を通して、関心のある事柄について、簡単な語句や文を用いて話す力を養う。Part 2、Part 3 では、クラスメイトのお気に入りの人やもの、普段の行動をたずねたり答えたりする活動を通して、関心のある事柄について、簡単な語句や文を用いて即興で伝え合う力を養う。それぞれの活動において、生徒が相手意識や目的意識を念頭に置いて活動するよう配慮する。

本単元での活動が Unit 6 の Mini Activity のインタビュー活動や Unit Activity「友達の紹介スピーチをしよう」につながるよう見通しをもって指導していく。

評価のポイント

第 2 時の活動で、話すこと［発表］の「簡単な語句や文を用いて話すこと」ができているかを見取り、記録に残す評価とする。また、第 6 時の活動で、話すこと［やり取り］の「簡単な語句や文を用いて即興で伝え合うこと」ができているかを見取り、記録に残す評価とする。どちらの時間も生徒同士で撮影した動画を評価の資料とする。ただし、第 6 時の活動については、生徒同士でうまくやり取りができない場合も考慮し、後日パフォーマンステストを実施し、JTE と生徒によるやり取りも記録に残す評価の資料とする。

第 5 時（展開②）	第 6 時（終末）
5．普段の行動について、たずねたり答えたりしよう JTE と生徒による「インタビューのデモンストレーション」を通して、通学手段や朝食、時間があるときに何をするのかについて、たずねたり答えたりする表現を確認する。 ペアを作ってパートナーとお互いの普段の行動について、必要に応じて Word Room を使いながら、たずねたり答えたりする。	**6．クラスメイトの紹介プリントを作ろう** JTE と生徒 2 人による「インタビューとその録画のデモンストレーション」と JTE による「紹介プリント」の作成の手順の説明を通して、本時の課題を把握する。 3 人 1 組で、生徒 A はたずねる人、生徒 B は答える人、生徒 C は撮影する人を担当する。生徒 A は紹介プリントを作成するために必要な情報を生徒 B へのインタビューによって得る。生徒 C はその 2 人の様子を、ICT 端末等を使って録画する。役割を替えながら、全員が全ての役割を担当する。 インタビューによって得た情報を整理し、紹介プリントを作成する。 **記録に残す評価【話（や）】** 知 思 態 **Grammar for Communication ①**：2 時間 **学び方コーナー②**：1 時間

※ Unit 2 の全ての授業終了後に、Grammar for Communication ①（2 時間）、学び方コーナー②（1 時間）を行う。

Part 1

クラスメイトを
紹介しよう

本時の目標

　ペアを組んだクラスメイトを、分かりやすく他のクラスメイトに紹介することができる。

準備する物

・振り返りシート
・プロフィールカード（本時用と課題用）⤓
・学級担任の写真とプロフィールカード
　　　　　　　　　　（モニター提示用）

【指導に生かす評価】

◎本時では、記録に残す評価は行わないが、目標に向けて指導を行う。紹介活動中、生徒の英語使用の誤りを個別に訂正しながら、必要に応じて全体で確認し、正確な発話を促していく。

Unit **2** プロフィールカード（本時用）

第1時 Class(　　) No.(　　) Name

・下の表に自分の情報を記入しよう。

1	Name	Tomoyuki
2	Birthplace	Kushiro
3	Age	13
4	Good at	baseball
5	Can do	ski
6	Fan	a Fighters fan
7	Not good at	math
8	Can't do	swim

本時の展開 ▷▷▷

1 教師による学級担任の紹介を聞き、本時の活動を把握する

　教師が、授業を行う学級担任の画像とプロフィールカードをモニターに映し、紹介する。生徒はその紹介を聞いて、小学校で学んだ他者紹介の表現を思い起こすとともに、本時の活動を把握する。

2 プロフィールカードを作成し、1回目の紹介活動を行う

He is good at soccer.

　生徒は自分のプロフィールカードに名前、年齢等を記入し、隣の生徒同士でペアを組み、カードを交換する。前後のペアで4人のグループを作り、それぞれのペアが、それぞれのパートナーを紹介する活動を通して、他者紹介の表現に慣れさせる。

3 聞き手により伝わるように工夫し、2回目の紹介活動を行う

> **活動のポイント**：繰り返し活動を行う中で十分に音声に慣れさせるとともに、聞き手により
> 伝わるよう工夫させ、相手意識のある発表ができるようにする。

S) This is Taro.
　　He is my classmate.
　　He is from Kushiro.
　　He is thirteen.
　　He is good at soccer.
　　He can run fast.

紹介する人と紹介される人は立って発表する。
1人の発表が終わったら、紹介を聞いていた
ペアから聞き手に伝えるためのポイントにつ
いてフィードバックしてもらう。
時間に余裕がある場合は、グループ内でペア
を替えたり、違うペアと新しいグループを作
ったりし、繰り返し活動をさせる。

---

3 聞き手により伝わるように工夫し、
2回目の紹介活動を行う

〈ポイント〉
・声の大きさ　・アイコンタクト
・話す速さ　　・ジェスチャー
・伝える内容の順序

　1回目の紹介活動の後、聞き手に伝えるた
めのポイントとして、伝える内容の順序、声の
大きさ、話す速さ、アイコンタクト、ジェス
チャー、表情を確認する。生徒はそれらを意識
し、2回目の紹介活動を1回目と同じグルー
プで行う。発表後に、工夫について交流する。

4 次時までにやってくる課題を確認
する

次の時間までに、
身近な人の写真を
撮ってきましょう

　次時までに、次時に紹介する「自分の身近な
人（家族や教科担任、部活動顧問、友人など）」
の写真を、ICT 端末等を使って撮影してくるこ
とと、その人のプロフィールカードを作成して
くることを伝える。

Unit 0
Unit 1
Unit 2
Unit 3
Unit 4
Unit 5
Stage Activity 1
Unit 6
Unit 7
Unit 8
Unit 9
Stage Activity 2
Unit 10
Unit 11
Stage Activity 3

自分の身近な人を紹介しよう

本時の目標

自分の身近な人を、分かりやすくクラスメイトに紹介することができる。

準備する物

・振り返りシート
・プロフィールカード（課題用）⬇
・ICT 端末

【話すこと［発表］の記録に残す評価】

◎身近な人を紹介するために、クラスメイトに、その人について、簡単な語句や文を用いて話しているかを録画した動画で見取る。（知・思・態）

本時の言語活動のポイント

本時は、前時から練習している他者を紹介するまとめの時間である。プロフィールカードに書いてある情報を見ながら、相手意識をもった発表を行うことがねらいなので、プロフィールカードに発表原稿を書かせてそれを読む発表になってしまったり、暗記させて発表させたりという活動にならないように配慮する必要がある。

発表場面を録画する際には、1回のみの発表ではなく、「1人3分間の中であれば何度でも撮り直してもよい」とすることで、生徒はよりよい発表となるよう繰り返し挑戦する。その中で、発表内容を整理することや正確な発話、相手意識のある発表を身に付けることが期待される。

本時の展開 ▷▷▷

1 聞き手に伝わるように工夫し、身近な人を紹介する

5分程度時間を与え、個人で準備してきたプロフィールカードを参考に紹介する練習をさせる。その際、前時に確認した聞き手に伝えるためのポイントをしっかりと意識し練習させる。

2 聞き手に伝わるように工夫し、自分の身近な人を紹介する

3～4人でグループを作り、ICT 端末等で紹介する人の画像を見せながら、準備してきたプロフィールカードを参考に紹介する。グループ内で発表する人、発表を聞く人、発表を録画する人の役割を交替しながら活動する。

2 聞き手に伝わるように工夫し、自分の身近な人を紹介する

> **活動のポイント**：前時の活動を踏まえ、自分の身近な人について、聞き手に伝わるように工夫しながら、相手意識のある発表ができるようにする。

3 言語材料の整理、新出語句の音読練習、本文の内容を理解する

　教科書の Key Sentence で Part 1 の言語材料を整理する。その後、New Words の音読、意味の確認をし、Story の内容について、英問英答しながら理解を図る。その際、教師がPart 1 の言語材料を用いてたずねたり、生徒がそれらを用いて、答えたりするよう工夫する。

4 本時を振り返り、振り返りシートに記入する

　本時でできるようになったことや、できるように工夫、意識したこと、さらに今後工夫、意識しようと思うことを振り返りシートに記入させる。これにより身に付いた力を認識させるとともに、今後の学びに主体的に取り組もうとする意欲をもたせる。

Unit 0
Unit 1
Unit 2
Unit 3
Unit 4
Unit 5
Stage Activity 1
Unit 6
Unit 7
Unit 8
Unit 9
Stage Activity 2
Unit 10
Unit 11
Stage Activity 3

Part 2

お気に入りの人やものについて、たずねたり答えたりしよう

本時の目標

　ペアを組んだクラスメイトと、お互いのお気に入りの人やものについて、たずねたり答えたりすることができる。

準備する物

・振り返りシート
・ワークシート「My Favorites」 ⬇
・ALTへのインタビュー動画

【指導に生かす評価】

◎本時では、記録に残す評価は行わないが、目標に向けて指導を行う。紹介活動中、生徒の英語使用の誤りを個別に訂正しながら、必要に応じて全体で確認し、正確な発話を促していく。

Unit **2**	My Favorites	

第3時　Class(　　) No.(　　) Name

・下の表に自分のお気に入りを記入しよう。
　5と6は、自分で項目も考え、記入しよう。

1	Food	sushi
2	Subject	math
3	Singer	Kuwata Keisuke
4	Character	Luffy
5	Game	APEX
6	Sport	tennis

本時の展開 ▷▷▷

1 ALTへのインタビュー動画を視聴する

　教師がALTにインタビューした動画の質問に答えている部分だけを視聴させ、どのような質問がされたかを、教師と生徒がやり取りする中で考えさせ、Part 2 の言語材料である疑問詞what、whoを用いた疑問文を導入する。

2 たずねる表現と答える表現の口頭練習をする

　What is your favorite food?　My favorite (food) is pizza. などのたずねる表現や答える表現の口頭練習を、教師がたずねて生徒が答える、生徒がたずねて教師が答える、生徒同士でたずねて答えるというように変化のある繰り返しで行い、定着させる。

3 My Favorites を作成し、インタビュー活動を行う

> **活動のポイント**：繰り返し活動を行う中で十分に音声に慣れさせるとともに、お気に入りの人やものについて、たずねたり答えたりできるようにする。

S1) What is your favorite food?
S2) My favorite (food) is sushi.
（中略）
S1) Who is your favorite singer?
S2) My favorite (singer) is Kuwata Keisuke.
（後略）

ジャンケンで勝った生徒が質問し、負けた生徒が答える。お互いに立って活動し、インタビューが終了したら座る。インタビューは、2分以内。2分が経過するか、全てのペアが座ったら、役割を交替する。ワークシートの5と6は、自分自身で項目を設定し、その項目についてたずねる。ペアを前後の生徒、斜めの生徒と替え、繰り返し活動をさせる中で、たずねたり答えたりする表現の定着を図る。

---

3 My Favorites を作成し、インタビュー活動を行う

　生徒は自分のワークシートにお気に入りの食べ物や歌手などを記入し、隣の生徒同士でペアを組み、お互いのお気に入りの人やものについてインタビュー活動を行う。前後の生徒、斜めの生徒とペアを替え、繰り返し活動に取り組ませることで、表現に慣れさせる。

4 言語材料の整理、新出語句の音読練習をする

　教科書の Key Sentence で Part 2 の言語材料を整理し、その後 New Words の音読、意味の確認をする。言語材料を整理する際は、教師の一方的な文法説明とならないよう、本時の活動を振り返り、生徒とのやり取りの中で疑問詞 what、who について確認する。

Unit 0
Unit 1
Unit 2
Unit 3
Unit 4
Unit 5
Stage Activity 1
Unit 6
Unit 7
Unit 8
Unit 9
Stage Activity 2
Unit 10
Unit 11
Stage Activity 3

あいづちを交え、お気に入りの人やものについて、たずねたり答えたりしよう

本時の目標

ペアを組んだクラスメイトと、お互いのお気に入りの人やものについて、あいづちを交え、たずねたり答えたりすることができる。

準備する物

・振り返りシート
・ワークシート「My Favorites」⬇️
（前時に配付、記入済）

【指導に生かす評価】

◎本時では、記録に残す評価は行わないが、目標に向けて指導を行う。インタビュー活動中、生徒が積極的にあいづちを交えやり取りをするよう促していく。

Unit 2 Our New Teacher
Wed　Apr 26

☆あいづち表現

理解
・I see. (→P.22)
「なるほど」

同意
・Me, too. (→P.16)
「私も」

本時の展開 ▷▷▷

1 本文の内容を理解する

Story の内容について、英問英答しながら理解を図る。その際、教師が Part 2 の言語材料を用いてたずね、生徒が答える中で理解を深められるよう工夫する。

2 あいづち表現を確認し、口頭練習をする

Unit 1 –Part 3、Unit 2 –Part 1、Part 2 の本文から、「理解」「驚き」「同意」「感想」のあいづち表現を探し、発表させる。黒板にそれぞれの項目を書いておき、生徒が発表した表現を教師が各項目の箇所に書いていく。その後、口頭練習をし、表現に慣れさせる。

goal

あいづちを交え、お気に入りの人やものについて、
たずねたり答えたりしよう

驚き

　・Really?（→P. 23）　　・Wow.（→P. 21）
　　「本当に？」　　　　　　「わあ」

感想

　・Good.（→P.16）　　　・Great.（→P.16）
　　「よかった」　　　　　　「いいね」

3 あいづちを交え、インタビュー活動を行う

　前時の活動にあいづちを交え行う。前時同様、隣の生徒、前後の生徒、斜めの生徒とペアを替え、繰り返し活動に取り組ませることで、表現に慣れさせる。活動の途中で、あいづちをうまく交えインタビューを行っている生徒たちに実演してもらい、よい例の共有を図る。

4 本時を振り返り、振り返りシートに記入する

　本時でできるようになったことや、できるように工夫、意識したこと、さらに今後工夫、意識しようと思うことを振り返りシートに記入させる。これにより身に付いた力を認識するとともに、今後の学びに主体的に取り組もうとする意欲をもたせる。

Unit 0
Unit 1
Unit 2
Unit 3
Unit 4
Unit 5
Stage Activity 1
Unit 6
Unit 7
Unit 8
Unit 9
Stage Activity 2
Unit 10
Unit 11
Stage Activity 3

Part 3

普段の行動について、たずねたり答えたりしよう

本時の目標

ペアを組んだクラスメイトと、普段の行動について、即興でたずねたり答えたりすることができる。

準備する物

・振り返りシート
・ワークシート ⬇

【指導に生かす評価】

◎本時では、記録に残す評価は行わないが、目標に向けて指導を行う。時間があるときにすることについて、即興で関連する質問を考えることができるよう、よい例を取り上げ共有させていく。

Unit 2	普段の行動について インタビューしよう

第5時　Class(　)　No.(　)　Name

・下の表にあなたの普段の行動について、英語で記入しよう。

	項目	あなた	(　とものゆき　)	(　　　)	(　　　)
1	通学手段	come by bus	walk to school		
2	朝食	have toast	have rice and miso soup		
3	時間があるときにすること	listen to music	read comic books		
4			ONE PIECE		
5			Luffy		
6			also watch YouTube		

※4〜6の空欄には、インタビューする際に、3と関連した質問をして得た情報を記入する。関連した質問が思いつかない場合は他の項目について質問をして得た情報を記入する。

本時の展開 ▷▷▷

1 本文の内容を確認し、たずねる表現と答える表現を知る

生徒たちがクック先生であると仮定し、通学手段や朝食についてたずねることや、本文のリスニング、リーディングを通して、たずねる表現や答える表現に気付かせる。

2 たずねる表現と答える表現の口頭練習をする

通学手段や朝食についてたずねる表現、答える表現を板書し、それらについて、教師がたずねて生徒が答える、生徒がたずねて教師が答える、生徒同士でたずねて答えるというように変化のある繰り返しで口頭練習を行い、表現に慣れさせる。

3 普段の行動について、インタビュー活動を行う

活動のポイント：十分に音声に慣れた表現に加え、相手が答えた内容に対して、即興で関連したことをたずねたり答えたりできるようにする。

S1）How do you come to school?
S2）I walk to school.
S1）What do you have for breakfast?
S2）I have rice, miso soup, grilled fish and natto.
S1）What do you do in your free time?
S2）I read comic books.
S1）What is your favorite comic book?
S2）It's ONE PIECE.
S1）Who is your favorite character?
S2）Luffy is.

時間があるときにすることについて、即興で関連する質問を考えたずねたり、それに対して答えたりすることができるよう、繰り返し活動する中でそのような力の定着を図る。

3 普段の行動について、インタビュー活動を行う

> I read comic books.

　生徒は自分のワークシートに通学手段や朝食、時間があるときにすることなどを記入し、隣の生徒とペアを組み、お互いの普段の行動についてインタビュー活動を行う。前後の生徒、斜めの生徒とペアを替え、繰り返し活動に取り組ませることで、表現に慣れさせる。

4 言語材料の整理、新出語句の音読練習をする

　教科書の Key Sentence で Part 3 の言語材料を整理し、その後 New Words の音読、意味の確認をする。言語材料を整理する際は、教師の一方的な文法説明とならないよう、本時の活動を振り返り、生徒とのやり取りの中で疑問詞how、what について確認する。

Unit 0
Unit 1
Unit 2
Unit 3
Unit 4
Unit 5
Stage Activity 1
Unit 6
Unit 7
Unit 8
Unit 9
Stage Activity 2
Unit 10
Unit 11
Stage Activity 3

Part 3
クラスメイトの紹介プリントを作ろう

ワークシート活用のポイント

　ワープロソフトやプレゼンテーションソフトで作成したワークシートを、ICT端末等で配付する。ワークシートの中央には、インタビューをしたクラスメイトをICT端末等で撮影した写真を貼り付ける。吹き出しには、生徒がインタビューによって得た情報を英語で入力する。Unit 2の段階では、主語が三人称単数で時制が現在の場合の動詞の変化形については未習なので、吹き出し内の主語は本人になりきり、「I」を用いて書くようにする。モニター等を使って実際にワークシートを示し、吹き出し内に英文を入力する様子を見せることで、より課題の把握がしやすくなる。本時のねらいは、このプリントを作成するための「普段の行動などについて、即興でたずねたり答えたりする」部分であることに留意し、指導する。

本時の目標

　お互いのことをよりよく知るために、クラスメイトに普段の行動などについて、即興でたずねたり答えたりすることができる。

準備する物

・振り返りシート　・ワークシート⬇
・前時のワークシート　・ICT端末
・紹介プリント（配付用データ）

【話すこと［やり取り］の記録に残す評価】

◎お互いのことをよりよく知るために、クラスメイトに、普段の行動などについて、簡単な語句や文を用いて、即興でたずねたり答えたりしているかを録画した動画で見取る。（知・思・態）

本時の展開 ▷▷▷

1 デモンストレーションを見て、本時の活動を把握する

　教師と生徒2人による「インタビューとその場面を録画する」というデモンストレーションを見て、本時の活動を把握する。教師が質問をする人を担当し、たずねる表現や答える表現を見ている生徒たちが確認できるように配慮する。

2 紹介プリント作成の説明を聞く

　ICT端末でインタビューした相手の写真を撮り、それをワークシートに貼り付けたり、インタビューを通して得た情報をワークシート内の吹き出しに入力したりする様子を見せることにより、インタビュー後の作業を理解させるとともに、活動の意欲を高める。

4 紹介プリントを作成する

①インタビューした友達の名前を入力する

This is ____Tomoko____.

I walk to school.

My favorite comic book is ONE PIECE.

I have rice and miso soup for breakfast.

My favorite character is Luffy.

I read comic books in my free time.

I also watch YouTube.

③前時のインタビューによって得た友達の普段の行動を入力する

②インタビューした友達の写真を撮って、貼り付ける

---

3 普段の行動について、インタビュー活動を行う

　3人1組のグループを作成し、質問する人、答える人、録画する人の3つの役割を交替しながら全員がそれぞれの役割を担当する。1回の活動は3分以内とする。質問をする人は、前時に使用したワークシートにメモを取りながらインタビューするように指導する。

4 紹介プリントを作成する

　ICT端末に配付されたワークシートにインタビューによって得た情報を入力し、提出させる。提出されたワークシートは後日、教室等に掲示し、生徒たちの目に触れるようにし、相互理解の一助となるよう活用する。

Unit 0
Unit 1
Unit 2
Unit 3
Unit 4
Unit 5
Stage Activity 1
Unit 6
Unit 7
Unit 8
Unit 9
Stage Activity 2
Unit 10
Unit 11
Stage Activity 3

本単元の Key Activity

第6時 クラスメイトの紹介プリントを作ろう

活動の概要

　第6時において、第3時からの中心領域「話すこと［やり取り］」の最終活動として、クラスメイトの紹介プリントを作るために、それに必要な情報をたずねたり答えたりする活動を行う。第5時で使用したワークシートを用いてメモを取りながら、クラスメイトの普段の行動などについて質問をしていく。特に3問目の「What do you do in your free time?」について、即興でたずねたり答えたりしながらインタビューを展開できるようにしたい。

活動をスムーズに進めるための3つの手立て

①掲示物・板書
前時までの活動で学んだ表現を確認しやすいように、黒板にまとめておく。

②デモンストレーション
前時の活動を想起させ、自信をもってやり取りできるようにする。

③中間指導
やり取りでよくできていることやもっと意識するとよいことを共有する。

Aさんのインタビューよかったよ！

活動前のやり取り例

T　：Now, we will show you the activity. Let's start.
　　　○○, how do you come to school?
S1　：I walk to school.
T　：You walk to school. I see. What do you usually have for breakfast?
S1　：I usually have rice, miso soup, grilled fish and natto.
T　：Oh, good. What do you do in your free time?
S1　：I read comic books.
T　：Me, too. What's your favorite comic book?　　S1：It's ONE PIECE. ...

活動前のやり取りのポイント

前時に学習したやり取りの表現だけでなく、第3時に学習した「お気に入りの人やものをたずねたり答えたりする表現」や、第4時に学習した「あいづち表現」を交え、黒板の掲示物や板書を効果的に使いながらデモンストレーションを行い、活動のイメージをしっかりともたせたい。意識させたい部分は、繰り返したり、大げさに言ったりするなど工夫して示す。

　「お互いのことをよりよく知るために」という目的をしっかりと意識させ、インタビューの中で、クラスメイトが普段することについて、即興で質問を考えて掘り下げていき、インタビューが目的達成のための手段となるよう活動させたい。

　一巡目は練習とし、その中でよくできていることやもっと意識することを共有し、二巡目の本番につなげたい。

メイン活動

活動のやり取り例

S1　：○○, how do you come to school?
S2　：I come to school by bus.
S1　：By bus. I see. What do you usually have for breakfast?
S2　：I usually have toast, a fried egg, sausages and milk.
S1　：Sounds good. What do you do in your free time.
S2　：I watch YouTube videos on my smartphone.
JTE：Me, too. Who's your favorite YouTuber?
S1　：I like ○○. ...

活動後のやり取りのポイント

本時では活動後に紹介プリントを作成するため、後日、ALT 来校時に生徒が ALT に質問したり、ALT が生徒に質問したりする中で、本時の活動で身に付けた力を生徒たちにフィードバックし実感させたい。また、そうした活動により今後の活動に対する意欲向上につなげたい。

Grammar for Communication ①

自分や相手、身近なものを説明しよう（第１時）

本時の目標

be 動詞を用いた文の形・意味・用法を復習し、自分や相手、身近なものについて説明することができる。

準備する物

・振り返りシート
・もう１人の自分探しゲーム用の名前カード
・What/Who is this? ゲーム用のモニターに映す画像

【指導に生かす評価】

◎本時では、記録に残す評価は行わないが、目標に向けて指導を行う。間違えやすい表現については全体で共有し、正しい発話を促していく。

本時の学習活動のポイント

名前が書かれた名刺サイズ程度のカードを、１種類の名前につき２枚ずつ用意する。40人の学級の場合は20組のペアが同時にできるので、20種類×２枚のカードが必要である。

まずは生徒を１人選び、その生徒と教師でパターン１、パターン２のデモンストレーションを行う。デモンストレーションを行いながら、他の生徒にも適宜、発話の練習をさせる。

カードに書かれている名前を他の生徒に言ったり、見せたりしないように指示してから、カードを全員に配り、ゲームを開始する。

コミュニケーションを通して、be 動詞 am、are, is の復習ができるよう、楽しい雰囲気作りに配慮する。

本時の展開 ▷▷▷

1 もう１人の自分探しゲームをする

この活動を通して Are you〜? や I am〜. の表現を繰り返し使い、楽しみながら be 動詞 am や are の復習を行う。

2 What / Who is this? ゲームをする

生徒がよく知っている人やものの一部をモニターで見せ、教師が What / Who is this? とたずね、生徒が It's（もの）. / This is（人）. と答える。さらに「人」の場合は、Who is（ひと）？ – He / She is（職業）. とやり取りをする。この活動を通して、be 動詞 is の復習を行う。

1 もう１人の自分探しゲームをする

活動のポイント：活動の中で Are you〜? や I am〜. を繰り返し使い、楽しみながら be 動詞 am、are の復習をする。

教室の中を歩き回り、パートナーを見付けて、じゃんけんをして、勝ったほうが質問をする。

Yeah! We are Momotaro.

パターン１

S1) Are you Momotaro?
S2) Yes, Iam. I am Momotaro.
S1) Oh, you are Momotaro.
S1/S2) Yeah! We are Momotaro.
※自分の席に戻る。

パターン２

S1) Are you Momotaro?
S2) No, I'm not. I'm not Momotaro.
S1) Oh, you are not Momotaro.
S1、S2) See you.
※次のパートナーを探しに行く。

3 教科書 P.26の「Use」と「Form」で使い方と形の確認をする

活動を通して言い慣れた be 動詞について、教科書 P.26の「Use」や「Form」で使い方や形を確認する。教科書にまとめられた内容を確認しながら、活動を振り返り、整理する。

4 教科書 P.26の Let's Try! に取り組む

Let's Try! に取り組ませた後、What word comes to No. ① ? – is. のように生徒とやり取りしながら、答えを確認する。答えの確認後、同じような内容のやり取りを教師と生徒で行い、理解の度合いを確認する。

Unit 0
Unit 1
Unit 2
Unit 3
Unit 4
Unit 5
Stage Activity 1
Unit 6
Unit 7
Unit 8
Unit 9
Stage Activity 2
Unit 10
Unit 11
Stage Activity 3

Grammar for Communication ①

習慣を伝えたり、たずねたり答えたりしよう（第2時）

本時の目標

　一般動詞を用いた文の形・意味・用法を復習し、習慣にしている動作や状態を伝えたり、たずねたり答えたりすることができる。

準備する物

・振り返りシート
・一般動詞スゴロク（ペアで1枚）⬇

【指導に生かす評価】

◎本時では、記録に残す評価は行わないが、目標に向けて指導を行う。間違えやすい表現については全体で共有し、正しい発話を促していく。

Unit **2** 一般動詞スゴロク Grammar for Communication①				
Class（　　）No.（　　）Name				
Student1 Start →	like English	listen to music	read comic books	have rice for breakfast
				see movies
swim	drink coffee	Goal	make dinner	dance
want a computer				
study math	speak English	watch TV	play video games	← Student2 Start

本時の展開 ▷▷▷

1 デモンストレーションを見て、活動を把握する

　教師と生徒が、黒板に書かれた一般動詞スゴロクを用いて活動のデモンストレーションを行う。生徒はそれを見て、本時の活動を把握する。デモンストレーションを行いながら、適宜全体でも発話練習をし、次の生徒同士の活動につなげていく。

2 一般動詞スゴロクをする

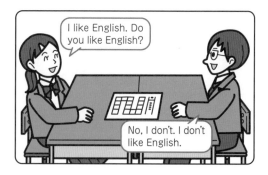

　生徒たちの状況に応じて、スゴロクの各枠の中に書かれているフレーズの音読練習を十分にしてから、生徒同士の活動に入る。

Unit
0

Unit
1

Unit
2

Unit
3

Unit
4

Unit
5

Stage
Activity
1

Unit
6

Unit
7

Unit
8

Unit
9

Stage
Activity
2

Unit
10

Unit
11

Stage
Activity
3

2 一般動詞スゴロクをする

活動のポイント：活動の中で一般動詞を用いた文を何度も言う中で、一般動詞の復習をする。

S1がじゃんけんに勝ち、コマを1マス進めてから、
対話を始める。

S1) I like English. または I don't like English.
　　Do you like English?

S2) Yes, I do. I like English.
　　または No, I don't. I don't like English.

※再度じゃんけんを行い、上記と同様に繰り返す。

①スゴロクのコマには生徒の消しゴムを使わせ
　る。

②じゃんけんで勝った生徒が1マス進む。

③進んだ先のマスに書いているフレーズについ
　て、自分の立場で習慣にしている動作や状態
　を伝え、それから相手にたずね、相手は答え
　る。

④制限時間内にゴール、またはゴールに近いほ
　うが勝ち。

3 教科書 P.27の「Use」と「Form」で使い方と形の確認をする

習慣にしている動作や状態などを
伝えるときは、一般動詞を使います

　活動を通して言い慣れた一般動詞について、
教科書 P.27の「Use」（使い方）や「Form」
（形）で使い方や形を確認する。教科書にまと
められた内容を確認しながら、活動を振り返
り、整理する。

4 教科書 P.27の Let's Try! に取り組む

Do.

What word comes to No. ①?

　Let's Try! に取り組ませた後、What word
comes to No.①? – is. のように生徒とやり取り
しながら、答えを確認する。答えの確認後、同
じような内容のやり取りを教師と生徒で行い、
理解の度合いを確認する。

学び方コーナー②

発音と綴りの関係を理解し、知らない単語の読み方を推測しよう

本時の目標

綴りと発音の関係を理解し、知らない単語の読み方を推測することができる。

準備する物

・振り返りシート
・Sing の歌詞のスライド
・ICT 端末

【指導に生かす評価】

◎本時では、記録に残す評価は行わないが、目標に向けて指導を行う。綴りと発音の関係を理解し、知らない単語の読み方を推測しようとする態度を育てる。

本時の学習活動のポイント

前半の活動の Sing の歌詞から同じ音のかたまりをもっている単語が多いことを知り、そうした音のかたまりを知っていることで、未習の単語の読み方も推測できることに気付かせる。

後半の活動では、実際に子音（群）とライムを組み合わせることでできる単語を確認する。中には読み方は推測できるが意味が分からない単語も出てくるので、ICT 端末等で実際に検索させ、その単語の意味を確認させるのも、生徒の意欲を高めることにつながると考えられる。なお、生徒に詳しく説明する必要はないが、全ての音節（シラブル）は、頭子音（オンセット）・ライム（核母音＋尾子音）の組み合わせでできていることを踏まえて指導する。

本時の展開 ▷▷▷

1 Sing の歌詞（前半）から、ライムとライミングについて知る

似た発音の単語を文の最後に並べることを韻を踏む、ライミングと言います

Sing の歌詞の前半部分をプレゼンテーションソフト等のスライドで生徒に示し、song/strong、bad/sad などの似た発音の単語が文の最後に並んでいることに注目させ、そこからライムとライミングについて指導する。

2 Sing の歌詞（後半）から、韻を踏んでいる箇所を探す

韻を踏んでいる箇所を探そう

教科書 P.18 を開き、歌詞の後半部分から韻を踏んでいる箇所を探し、ライミングについての理解を深める。

3 教科書 P.28 の Let's Try!1 に取り組む

活動のポイント：オンセットとライムの組み合わせからできている 1 音節の単語をいくつか示し、そこから単語の読み方を推測できることに気付かせる。

同じ音のかたまり（ライム）があるんだ！

dine は d-ine ？

3 教科書 P.28の Let's Try! 1に取り組む

k-k-æt

　cat、mat を示し、下線部［æt］を発音させる。次に［k-k-æt］のようにオンセットとライムの組み合わせで発音の練習をする。最後に生徒が自分で作った単語を同様に発音し、教師と正しい発音や意味の確認をする。

4 教科書 P.28の Let's Try! 2に取り組む

　Humpty Dumpty を音読し、韻を踏んでいると思う単語に下線を引かせ、全体で確認する。最後に韻を踏んでいる箇所を意識しながら音読する。

Unit 0
Unit 1
Unit 2
Unit 3
Unit 4
Unit 5
Stage Activity 1
Unit 6
Unit 7
Unit 8
Unit 9
Stage Activity 2
Unit 10
Unit 11
Stage Activity 3

Unit 3

Club Activities 〔6時間〕

+ **Grammar for Communication ②** 〔1時間〕

単元の目標

自分が行ってみたい場所やそこでしたいことを伝えたり、相手が伝えたい場所やしたいことを詳しく知ったりするために、会話の中で場所や時間、数などの主な内容について概要を聞き取ったり、自分が知りたい情報をたずねたりするようなやり取りを行うことができる。

単元の評価規準

知識・技能	思考・判断・表現	主体的に学習に取り組む態度
・疑問詞を用いた疑問文や名詞の複数形の形・意味・用法を理解している。 ・疑問詞を用いた疑問文や名詞の複数形の理解をもとに、場所や時間、数について伝え合ったり、たずねたりする技能を身に付けている。	・自分が行ってみたい場所やそこでしたいことについて伝え合うために、相手が話した内容を聞き取り概要を捉えるとともに、さらに詳しく知るための質問をしたり、答えたりしている。	・自分が行ってみたい場所やそこでしたいことについて伝え合うために、相手が話した内容を聞き取り概要を捉えるとともに、さらに詳しく知るための質問をしたり、答えたりしようとしている。

単元計画

第1・2時（導入）	第3・4時（展開①）
1. 自分のお気に入りの名所について話そう 　教師の「行ってみたい場所」についての話を聞くことを通して、日本や世界の名所について知り、単元のゴールの姿をつかむ。 　自分の気に入った名所について伝え合い、国内外の様々な名所についての関心や、友人の行ってみたい場所について知りたいという意欲を高める。 **2. クラスの友達が普段どこで何をしているのか調べよう** 　実際に住んでいる場所の地図などを用いて友人とやり取りを行い、場所や位置の言い方を復習するとともに、相手がどこで何をするかについてどのように英語でたずねたらよいかを知る。	**3. イベントカレンダーを作成しよう** 　ペアで誕生日をたずね合う活動を通して、月や日にちを表す語句や、イベントや行事の言い方に出合う。また、地域で行われるイベントや、学校行事などがいつ行われるかを調べるために、日時をどのように英語でたずねたらよいかを知る。 **4. 中学校生活で自分がしてみたいことについて発表しよう** 　教師の「今年自分がしたいこと」の話を聞き、自分がしたいことについての表現に出合い、自分が中学校生活で取り組んでみたいことや将来したいことについて、どのように英語で話せばよいか考える。 　　　　　　　　　記録に残す評価【話（や）】 知 思

小学校で学習した内容や、Unit 3 で新たに学習した語句や表現を用いてやり取りを行う。Unit 1 で学習した自分のことを伝える方法、Unit 2 で学習した一般動詞、そして Unit 3 で学ぶ疑問詞を用いて詳しく知るために質問をする中で、自分や相手のことについてより深く伝え合う単元である。

本単元では、小学校ですでに学習した表現やこれまで学んだ内容を生かし、生徒が自分が行きたい場所やそこでしたいことについて ALT に紹介する。紹介する様子を動画で撮影して ALT を通して外国の人に実際に見てもらえるようにしたり、小学校の外国語の時間に中学校ではこのようなことができるようになるというモデルとして示すことを伝えたりして、生徒が目指す姿や目的意識を明確にもって活動できるようにしたい。また、相手が話したことの概要を聞き取ったり、相手の話したことに関連する質問を行い会話を広げることができるように、Small Talk やコミュニケーション活動を通してペアやグループで自分の考えを伝え合う場面を段階的に取り入れたい。

評価のポイント

第 4 時の自分が中学校生活でしてみたいことを発表する活動で、小学校で学習した語句や表現の定着を見取る。第 6 時の自分が行きたい場所やそこでしたいことについて伝え合う活動では、小学校ですでに学習している一般動詞や不定詞を用いて自分の考えを伝えることができているか、相手が話している内容に関連する質問を疑問詞を用いて行うことができているか、その様子を見取る。第 1 時の導入の場面で生徒が単元のゴールの活動や目指す姿を明確にできるようにし、1 つ 1 つの活動がUnit 3 で目指す姿のどこにつながっているかを考えさせながら行わせたい。また、振り返りシートを活用し、単元全体の見通しをもつことができているかを見取り、記録に残る評価の助けとしたい。

第 5 時（展開②）	第 6 時（終末）
5．探しものを見付けよう 　相手が探しているバッグを見付けるために、バッグに何がいくつ入っているか数をたずねる表現を知る。客と駅員役に分かれてバッグの中に入っているものとその数をたずねたり答えたりするやり取りを行うことで、実際の生活で出合うであろう場面を想起させる。	6．自分が行きたい場所とそこでしたいことを伝え合おう 　自分が行きたい国や地域、そこでしたいことについて伝え合ったり、より詳しく相手のことを知るための質問をし合ったりするために、どのように英語で話せばよいか考える。 　記録に残す評価【話（や）】　知　思　態 　　　　　　　　　　　　　【聞】　知　思　態 　Grammar for Communication ②：1 時間

※ Unit 3の全ての授業終了後に、Grammar for Communication ②（1 時間）を行う。

Part 1

自分のお気に入りの名所について話そう

本時の目標

　場所をたずねる表現を使って、お気に入りの名所とその理由について質問したり、答えたりすることができる。

準備する物

　・振り返りシート
　・ワークシート（活動 **2** **3** 用）
　・ピクチャーカード（活動 **1** 用）

【指導に生かす評価】

◎本時では記録に残す評価は行わないが、単元のゴールの活動に向けて指導を行う。本時では、既習の表現を場面に応じて使うことができているか教師が生徒の学習状況を確認する。

本時の言語活動のポイント

　活動 **1** では、教師が「行ってみたい場所」を話すことを通して、場所をたずねたり説明したりする方法を思い出させるとともに、単元のゴールの姿をつかませる。また、「みんなはどんな場所に行ってみたい？」と問いかけ、全体でやり取りを行うことで、日本や世界の様々な場所についての関心や、友人の行ってみたい場所について知りたいという意欲を高めたい。

　活動 **4** を行う際には、活動 **1** の Small Talk を振り返り、活動の目的を思い出させた上で行いたい。授業の振り返りの時間には、この活動が単元のゴールの活動につながっていくことを認識させ、単元の見通しをもたせたい。

本時の展開 ▷▷▷

1 教師の「行ってみたい場所」の話を聞く

　教師の「行ってみたい場所」や「そこでしたいこと」の話を聞く。紹介する際、名所などの写真を示しながら What's this? や Where is it? と生徒にたずねる。生徒はこの活動で場所をたずねる表現や、各地の名所に触れ、単元のゴールの姿をつかむ。

2 世界や日本の名所の言い方を確認する

　教師は富士山や東京タワーなどの生徒がよく知っている名所の写真を提示し、What's this? と質問し、答えさせることで会話のモデルを示す。次にペアをつくり、いろいろな名所の名前をたずね合う。生徒が様々な地域の名所に触れることができるようにする。

Unit
0

Unit
1

Unit
2

Unit
3

Unit
4

Unit
5

Stage
Activity
1

Unit
6

Unit
7

Unit
8

Unit
9

Stage
Activity
2

Unit
10

Unit
11

Stage
Activity
3

4 自分が気に入った名所について伝え合う

活動のポイント：場所をたずねる表現だけでなく、既習の表現を用いて会話を広げる。

A) Where is your favorite place?
B) I like the Eiffel Tower.
A) Where is it?
B) It's in France.
A) Why do you like it?
B) Because it's beautiful.

教師は「今日学習して気に入った場所を聞いてみよう」などと言い、モデルを示すことなく会話をさせる。生徒から「言いたいけど、何と言ったらいいか分からない」という発言があったときに、「みんななら何と聞く？」と生徒が実際に用いた表現を拾いながらヒントを与え、「次は理由を聞いてみよう」などと少しずつ会話が広がるような声かけをする。

3 日本や世界の名所がどこにあるかたずね合う

　ペアで同じ名所が書かれたワークシートを持っているが、自分のワークシートには場所が書かれていない名所がある。生徒は Do you know Itsukushima Shrine? や Where is it? などと場所をたずねる。情報を少しずつ変え、いろいろな生徒と活動できるようにする。

4 自分が気に入った名所について伝え合う

　ペアをつくり、活動の中でお互いが気に入った名所についてやり取りをする。ただお気に入りの名所やそれがある場所をたずねたり答えたりするだけでなく、既習の表現を用いて気に入った理由などについても伝えられるようにしたい。

Part 1

クラスの友達が普段どこで何をしているのか調べよう

本時の目標

クラスの友達が普段どこで何をしているかを詳しく知るために、質問したり、答えたりすることができる。

準備する物

・振り返りシート
・ワークシート（活動 **3** **4** 用）
・建物の位置などが書かれた地図

【指導に生かす評価】

◎本時では記録に残す評価は行わないが、単元のゴールの活動に向けて指導を行う。本時では、既習の表現を場面に応じて使うことができているか教師が生徒の学習状況を確認する。

本時の言語活動のポイント

活動 **2** では、実際に生徒が住んでいる地域や学校の近くにある店や施設が掲載された簡単な地図を作成して用いることで、実際の生活体験を想起しながらより現実的な文脈でやり取りをする。その駅にどんな施設があるかを示した簡単な路線図などを用いるのもよいし、地域で利用されている略地図などがあればそれを利用してもよい。

活動 **4** では、Where do you ～? だけでなく、前時に学習した Where is ～? との使い分けができるように、場所を答える際には地図を示しながら具体的な場所を答えるようにさせる。

また、小学校で学んだ道案内の方法（Go straight. Turn right / left. You can see it on your ～. など）を思い出させ、使わせてもよい。

本時の展開 ▶ ▶ ▶

1 Small Talk をする

教師が Where do you see movies? と生徒にたずねる。生徒が施設の名前などを答えたところで、全体に向けて Where is it? と重ねて質問をし、場所や位置を表す表現に触れる。ここで、自分たちの町には何があるかを問いかけ、**2** の活動につなげていく。

2 地図にある店や施設の場所を聞いたり、答えたりする

実際に住んでいる地域にある店や施設の位置と言い方を練習する。位置を説明するときは、地図を用いながら全体で確認するとよい。十分に表現に慣れ親しんだところでペアになり、地図を示しながらお互いに場所をたずねたり、答えたりすることで定着を図る。

活動のポイント ： Where is ～？と Where do you ～？の使い分けができるようにする。

A）Where do you buy books?
B）I buy at the bookstore.
A）Where is it?
B）It's in front of the station.

生徒はワークシートのイラストの中から1つ選び、どこでするかをたずね、質問をされた生徒はそれをする店や施設を答える。

次にその店や施設の場所を聞き、地図を見ながら具体的な場所を説明する。

前時に学習した場所を答える質問も使い分けながら活動することができる。

3 キーワードカードの言い方を確認する

■の活動で使うキーワードの言い方を確認する。いろいろな種類のイラストを用意しておくと、生徒は■の活動で使用する表現であるWhere do you～? の後の動詞をキーワードカードに応じて使い分けながら質問をすることができる。

4 どこで何をするか伝え合う

実際に住んでいる地域の地図などを用いて、普段どこで何をしているかペアでたずね合う。キーワードに応じて動詞をうまく使うことができない場合は、全体で「どんな質問をした？」と問いかけ、生徒の会話のヒントになるような表現を共有するとよい。

Unit 0
Unit 1
Unit 2
Unit 3
Unit 4
Unit 5
Stage Activity 1
Unit 6
Unit 7
Unit 8
Unit 9
Stage Activity 2
Unit 10
Unit 11
Stage Activity 3

Part 2
イベントカレンダーを作成しよう

　活動 **2** では、ペアで相手に誕生日や特別の日をたずねる活動を通して、月や日にちを表す語句や、月ごとにある学校や地域のイベントなどの言い方に出合うことをねらいとしている。

　活動 **4** は「イベントカレンダーを完成させる」という目的意識をもって生徒がやり取りをすることができるようにする。同じ日のカレンダーだが少しずつ書かれているイベントが違うワークシートを用意することで、いろいろな生徒と何度もやり取りをし、表現を繰り返し使うことができるようにする。

本時の目標

　誕生日や特別な日がいつなのかを質問したり、答えたりして、クラスのオリジナルイベントカレンダーを完成することができる。

準備する物

・振り返りシート
・ワークシート（活動 **3** **4** 用）⬇

【指導に生かす評価】

◎本時では記録に残す評価は行わないが、単元のゴールの活動に向けて指導を行う。本時では、既習の表現を場面に応じて使うことができているか教師が生徒の学習状況を確認する。

本時の展開 ▷▷▷

1 Small Talk をする

　教師が What are the events in May? など、ある月にどんなイベントがあるのかを生徒にたずねる。Children's day. などの答えが出たら、When is it? と具体的な日時をたずねる質問をし、ここで生徒は日時をたずねる表現に出合う。月を変えて生徒同士でも会話をさせる。

2 日付の言い方やたずね方を確認する

　生徒に誕生日をたずね、答えさせることで月や日にちの言い方を復習する。日付を答えるときは序数を使うということを確認する。ここでは、その月にあるイベントを英語でどう表現したらよいかについても押さえ、繰り返し練習することで表現に慣れ親しませる。

4 イベントカレンダーを作成する

What are the events in May?

Children's Day.

Let's make our original calender!

> 10月にある行事
> sports day / chorus contest / school festival

(October)

---

3 誕生日ビンゴを行う

ワークシートに BINGO の枠を作り、その中にクラスの誕生日一覧からランダムに月日を記入する。生徒はできるだけ多くの人に When is your birthday? とたずね、友人が答えた月日が合えばそのマスを塗りつぶすことができる。活動を繰り返すことで表現の定着を図る。

4 月日をたずねたり、答えたりしてカレンダーを完成する

ペアで同じ月のカレンダーが書かれたワークシートを持っているが、自分のワークシートには書かれていないイベントがある。それらがいつあるのかたずね合い、カレンダーを完成させる。活動の最後には、その月のカレンダーをペアで紹介する。

Unit 0
Unit 1
Unit 2
Unit 3
Unit 4
Unit 5
Stage Activity 1
Unit 6
Unit 7
Unit 8
Unit 9
Stage Activity 2
Unit 10
Unit 11
Stage Activity 3

Part 2

中学校生活で自分がしてみたいことについて発表しよう

本時の目標

　自分が中学校生活でしたいことを分かりやすく伝えたり、相手にたずねたりすることができる。

準備する物

・振り返りシート
・プレゼンテーションカード（活動 **2** 用）
・ワークシート（活動 **3** **4** 用）

【話すこと［やり取り］の記録に残す評価】

◎活動 **4** の活動において、ペアで ICT 端末で撮影し、お互いにアドバイスをし合って改善しているか、工夫ができているかを映像に残し、記録に残す評価とする。（知）（思）

本時の言語活動のポイント

　活動 **4** では、生徒は前時に様々な1年の行事や地域や学校のイベントについて学習をしているため、生徒が発表をする前に、教師が What event do we have in（on）〜? などと問いかけ、ヒントを与えた上で活動を行いたい。

　まずはペアで取り組み、相手の表現を参考にしたり、アドバイスを受けて、相手にとってより分かりやすく興味をひくものになるよう、自分の発表内容や方法を改善したりできるようにする。その後、全体でも What did you say? など問いかけて使用した表現を発表させたり、生徒が実際に使っていた表現を挙げたりすることで新しい表現に出合わせたい。

本時の展開 ▷▷▷

1 Small Talk をする

　教師が「自分が今年したいこと」について話し、What do you want to do this year? と生徒にたずねる。生徒は want to〜. を用いて自分がしたいことについて表す表現に出合う。教師はここで「中学生の間に何をしたい？」と問いかけ、今後の活動のイメージをもたせる。

2 意思疎通ゲームをする

　want to〜. を用いて自分のしたいことについて伝える表現を練習する。動詞や目的語を変えて何度も繰り返し行うことで、表現に慣れ親しませる。to の後ろには動詞がくるということもここで気付かせておきたい。

2 want to ～の表現の復習をするゲーム

活動のポイント：to の後ろには動詞がくることに気付かせる。

T) What do you want to eat?
S1) I want to eat a hamburger.
S2) I want to eat a hamburger.
S1&S2) We are the same!

生徒はスライドに示された3つのイラストから1つ選び、教師の What do you want to eat? などの質問に対して、I want to ～を用いて答える。ペアで答えが揃ったら We are the same! と言い一緒に手を上げる。

スライドには最初 I want to eat ____. などのように答える際に使う動詞まで書いておき、ゲームが進むごとにキーワードを減らし、最後はイラストを見て答えるようにすると基本表現の定着を図ることができる。

3 自分がしたいことを伝えたり、たずねたりする

活動 **2** で使用した語句や、活動 **4** で使えそうな語句をイラストと一緒にワークシートに載せておき、その中から自分がしたいことを選びペアで会話をする。「理由も付けよう」などと声をかけ、**4** の活動で理由をもとに自分の考えを伝えることができるようにする。

4 自分が中学校生活でしてみたいことを発表する

ペアで練習をさせ、ICT 端末で撮影した映像を見てアドバイスをし合ったり、お互いの表現を参考にしたりしながら自分の発表を改善できるようにする。最後は小グループで発表させる。「さらによい発表にするには」という点に注目をして聞くよう指示をする。

Unit 0
Unit 1
Unit 2
Unit 3
Unit 4
Unit 5
Stage Activity 1
Unit 6
Unit 7
Unit 8
Unit 9
Stage Activity 2
Unit 10
Unit 11
Stage Activity 3

Part 3
探しものを見付けよう

本時の中心的な活動は、自分がなくしたカバンを探すために客と駅員に分かれて会話をすることである。ここでは、生徒が実際の生活で出合うであろう場面を想起させることで、生徒が自分から積極的にやり取りができるようにする。

また、教師は最初からモデルとなる会話を示すのではなく、客と駅員役を分け、なくしたカバンの中味の例を提示し、一度いきなり会話をさせた後で生徒が伝えたいがどう言ったらいいか分からない言葉を拾い、確認する。生徒から質問がきたタイミングで少しずつヒントとなる表現を与えることで、生徒が会話を広げたり、自然に続けたりするためのポイントに自ら気付くことができるようにする。

本時の目標

自分がなくしたカバンを早く見付けられるよう数をたずねる表現を使って質問したり、答えたりすることができる。

準備する物

・振り返りシート
・ワークシート（活動 3 4 用）

【指導に生かす評価】
◎本時では記録に残す評価は行わないが、単元のゴールの活動に向けて指導を行う。生徒の学習状況を記録に残さない活動や時間においても、既習の表現を場面に応じて使うことができているかについて、教師が生徒の学習状況を確認する。

本時の展開 ▷▷▷

1 Small Talk をする

教師が、Do you have a pencil case? What do you have in your pencil case? など生徒が実際に持っているものや、その中身を聞く質問をする。生徒は中身を答える会話の中で、複数形や数をたずねる表現に出合う。

2 物の名前や複数形の使い方を確認し、相手に説明する

生徒に筆箱やバッグの中に何が入っているかをたずね、実際に入っているものの名前や、ものが複数ある場合の表現方法を学ぶ。ここで確認した表現を用いて、自分が実際に持っているものやその数を相手に説明する。

3 自分がなくしたカバンを探すために会話をする活動

> **活動のポイント**：実際に出合いそうな場面を想定する。

A) Hello, What's the matter?
B) Hello, lost my bag.
A) What do you have in your bag?
B) I have some books and pens.
A) We have four bags. How many books do you have?
B) I have two books.
A) How many pens do you have?
B) I have five pens.
A) I see. Is this your bag?
B) Yes! Thank you.

客役の生徒は、自分のバッグをワークシートの4つの
イラストの中から1つ選ぶ。
駅員役の生徒は、4つのイラストの中から客が探して
いるバッグを見付けるために、中に入っている物の数
をたずねる質問をする。
少しずつヒントを与えて、使える表現を増やしていく
とよい。

---

3 友人が持っているものの数を
たずねるインタビュー活動をする

　数をたずねる表現に慣れさせるために、ワー
クシートのイラストにあるものを相手がいくつ
持っているか質問し合うインタビュー活動を行
う。ペアを替えて繰り返し行うことで、How
many〜? の表現や複数形を用いた答え方の定
着を図る。

4 探し物を見付けるために駅員と客
になりきって会話をする

　「駅でバッグをなくして探す」という場面を
設定し、生徒は駅員と客に分かれて探している
バッグを見付けるための会話をさせる。ただ数
をたずねる活動にならないよう、段階的にヒン
トを与え、生徒の会話が広がるようにする。

Unit 0
Unit 1
Unit 2
Unit 3
Unit 4
Unit 5
Stage Activity 1
Unit 6
Unit 7
Unit 8
Unit 9
Stage Activity 2
Unit 10
Unit 11
Stage Activity 3

自分が行きたい場所とそこでしたいことを伝え合おう

本時の目標

　自分の行きたい国やそこでしたいことについて相手に分かりやすく伝え合うために、質問をしたり、自分の考えを付け加えたりしながら会話をすることができる。

準備する物

・ピクチャーカード、振り返りシート
・ALT が紹介に使う写真・実物、ICT 端末

【話すこと（や）、聞くことの記録に残す評価】
◎活動 4 の自分の行きたい国やそこでしたいことについて伝え合う活動において、ICT 端末で撮影し、相手を意識して会話を続けようと工夫をすることができているかを映像に残し、記録に残す評価とする。（知・思・態）

Unit 3 Club Activities

ALT が紹介に
使用した写真

ALT が紹介に
使用した写真

Today's point

本時の展開 ▷▷▷

1 ALT の出身国の紹介を聞く

　ALT の出身国紹介を聞き、1 つの場所や地域について説明する表現に気付かせる。生徒は want to〜の表現を用いることで自分がしたいことを伝えることができることを思い出し、自分が行きたい場所やそこでしたいことを伝え合う活動へのイメージをもたせる。

2 ペアで行きたい国や食べたいものについて話す

　教師が Where do you want to go and what do you want to eat? と問い、与えられたピクチャーカードをもとに、最初はペアで即興でやり取りをさせる。やり取りを続けるために必要な表現について生徒が自ら気付くことができるようにする。

Today's goal

自分の行きたい場所とそこでしたいことを伝え合おう

Useful expressions

Do you like ～?
Where do you want to go?
How many ～?
What do you want to do?
Nice. / Good.　　I want to ～.
I think so, too.　Why?

Good reactions

Really?
Sounds good.
Great.

3 会話を広げるための表現を確認する

やり取りで使った表現や言いたくても言えなかった表現、付け加えたい点を全体で確認する。やり取りを続けるためには、相手の話に関連した質問をしたり、相手が話す内容に対する自分の考えを伝えたりするとよいということに気付かせたい。

4 自分の行きたい国やそこでしたいことについて伝え合う

自分の気持ちや考えを付け加えて話すことを意識させ、再度やり取りを行う。時間を段階的に長く設定し、何度もやり取りを行うことで、会話を工夫して続けることができたという達成感を味わわせたい。

Unit 0
Unit 1
Unit 2
Unit 3
Unit 4
Unit 5
Stage Activity 1
Unit 6
Unit 7
Unit 8
Unit 9
Stage Activity 2
Unit 10
Unit 11
Stage Activity 3

第6時　自分が行きたい場所と そこでしたいことを伝え合う活動

活動の概要

第6時では本単元のゴールの活動として、自分が行きたい場所とそこでしたいことを伝え合う。生徒はイラストや写真、キーワードが書かれたピクチャーカードを用いてやり取りをする。行きたい場所とそこでしたいことをたずねるだけでなく、Unit 3 で学習した Where や When, How many などの疑問詞や既習表現を用いて、相手が話したことに関連する質問をしたり、理由や自分の気持ちなどを説明したりできるようにしたい。

活動をスムーズに進めるための3つの手立て

①ALT の出身国紹介
1つの場所や地域について話す活動のイメージをもたせる。

②ピクチャーカード
イラストや写真、キーワードが書かれたカードを用意する。

③中間指導
やり取りで使った表現や言いたくても言えなかった表現、付け加えたい点を共有する。

理由を聞きたいです

活動前のやり取り例

JTE ： Now, ○○ will tell you about her country. Listen carefully.
　　　〜After listening introduction〜
JTE ： Then, where do you want to go and what do you want to eat?
　　　Let's talk with your friends.
S1 ： I want to see Kangaroos.
S2 ： I want to eat meat pie.
S1 ： I want to eat fish and chips.
S2 ： Me, too.

活動前のやり取りのポイント

ALT の出身国紹介を聞き、自分が行きたい場所やそこでしたいことを話す際のイメージをつかませる。やり取りを続けるためには、相手が話していることに関連した質問をしたり、相手が話す内容に対する自分の考えを伝えたりして会話を広げるとよいということに気付かせるために、最初は即興でやり取りをさせ、生徒が必要な表現に自ら気付くことができるようにする。

　　自分の行きたい場所やそこでしたいことについて伝え合う中で、相手を意識したやり取りの重要性に気付かせたい。また、中間指導を入れることで、どのように言えば詳しく伝えられるか、会話を続けるためにどのような工夫が必要かについて考えさせたい。時間をだんだん長く設定し、やり取りを何度も行わせることで、会話を続けることができたという達成感やコミュニケーションの楽しさを実感させたい。

活動のやり取り例

S1：Where do you want to go?
S2：I want to go to Osaka.
S1：What do you want to do?
S2：I want to eat *takoyaki*.
S1：Great! I like *takoyaki*, too.
S2：Where do you want to go?
S1：I want to go to America.
S2：What do you want to do?
S1：I want to see the Statue of Liberty.
S2：Wonderful! Do you want to eat hamburgers?

活動後のやり取りのポイント

最後に、自分の気持ちや考えを付け加えて話すことを意識させ、再度やり取りを行わせる。中間評価で言いたいが言えなかった表現や、付け加えたい表現について共有しているため、さらに内容の濃いやり取りができるだろう。最後に生徒の声を拾いながら、理由や自分の考えを伝える表現にはどんなものがあるか、会話を続けるためのポイントについて確認したい。

Grammar for Communication ②

オーダーメイドの商品を注文しよう

本時の目標

単数・複数の使用場面の違いを理解して、オリジナルのクレープを注文することができる。

準備する物

・振り返りシート
・ワークシート（活動 3 4 用）⬇
・ピクチャーカード

【指導に生かす評価】

◎本時では記録に残す評価は行わないが、単元のゴールの活動に向けて指導を行う。本時では、既習の表現を場面に応じて使うことができているか教師が生徒の学習状況を確認する。

ワークシート活用のポイント

活動 1 では、教師が出すヒントをもとに、クイズ形式で場所を説明したり、オーダーメイドの自由に注文をする場面を設定したりし、生徒が自ら意欲的に取り組むことができるようにする。

活動 3 では、自分の好きな材料をオーダーしてクレープを作るが、「家族の誰かの分」や「友達にプレゼントする用」などとこちらからもいつくかお題を与えるなどして、楽しく様々な場面を想像しながら活動できるようにするとよい。

また、1個丸ごと入れる果物と、切って入れる果物の言い方の違いにも注意する。

飲み物については、a glass of soda（juice）、a cup of coffee（tea）、a bottle of water などの言い方があることも示す。

本時の展開 ▷▷▷

1 Where am I? クイズをする

> We can see many fruits.
> We can choose toppings.

教師が We can see many fruits. などいくつかヒントを言い、生徒に場所を想像させる。場所の正解が出たところで、Let's make your original crepe. などと言い、海外でクレープを注文するという状況を与え、生徒がやってみたいという意欲を高める。

2 クレープを注文するやり取りをする

> What do you want ?
> I want a cherry.

生徒はペアになり、客役と店員役に別れて、教師が電子黒板に示したイラストのクレープを注文する。食べ物の言い方や、実際に注文に使えそうな表現を全体で共有しながらペアを替えて何度か行い、活動 3 につなげる。

3 オリジナルのクレープとドリンクを注文する

> What do you want?

		strawberries	orange slices	banana slices	blueberries	melon slices
fruits						
		cherries	pineapple slices	apple slices	grapes	lychees
toppings		whipped cream	whipped yogurt	chocolate	maple syrup	jelly
drinks		soda	coffee	juice	tea	water

3 オリジナルのクレープを注文する

I want a banana slice.

CREPE STORE

客と店員に分かれて活動する。客役の生徒は、ワークシートに書かれたイラストの中から好きなものを選び伝える。店員は How many〜 do you want? など、数をたずねるなどして一緒に注文の品を完成させる。お題を与えるなどするとさらに意欲的に取り組むことができる。

4 単数と複数形の違いについて考える

I want a strawberry.

電子黒板にイラストを提示しながら、I want a strawberry. I want two banana slices. などと教師が好きなトッピングを注文しているのを聞き、単数と複数の違いや、冠詞の a と an の使い分けについて考えさせる。生徒の気付きから使い方のまとめをするとよい。

Unit 0
Unit 1
Unit 2
Unit 3
Unit 4
Unit 5
Stage Activity 1
Unit 6
Unit 7
Unit 8
Unit 9
Stage Activity 2
Unit 10
Unit 11
Stage Activity 3

【中心領域】読むこと、書くこと

4 Friends in New Zealand （6時間）

➕ Grammar for Communication ③ （2時間）

単元の目標

日本とニュージーランドの中学生が対話をしている文章を読み、ニュージーランドやその国の学校生活などについて書かれた内容を理解するとともに、ニュージーランドやそこに住む中学生のことをさらによく知るために、ニュージーランドの中学生に質問をするメールの一部分を書くことができる。

単元の評価規準

知識・技能	思考・判断・表現	主体的に学習に取り組む態度
・命令文、〈What time〜?〉、〈What 名詞〜?〉を用いた文の形・意味・用法を理解している。 ・ニュージーランドやその国の学校生活などについて書かれた文章の内容を読んで理解する技能を身に付けている。 ・ニュージーランドやそこに住む中学生のことを質問する文について、疑問詞や疑問形などの簡単な語句や文を用いて書く技能を身に付けている。	・ニュージーランドやその国の学校生活などについて書かれた文章の内容を理解し、事実や自分の考えを整理している。 ・ニュージーランドやそこに住む中学生のことをさらによく知るために、ニュージーランドの中学生に質問をするメールの一部分を書いている。	・ニュージーランドやその国の学校生活などについて書かれた文章の内容を理解し、事実や自分の考えを整理しようとしている。 ・ニュージーランドやそこに住む中学生のことをさらによく知るために、ニュージーランドの中学生に質問をするメールの一部分を書こうとしている。

単元計画

第 1 時（導入）	第 2 時（展開①）
1．単元で学習することを確認しよう 　ニュージーランドや登場人物などについての対話や Enjoy Listening を聞き、単元の目標や単元の終末活動の目標と内容を知る。それをもとにして、単元の学習計画や目標を振り返りシートに記入する。Enjoy Listening では、単元の概要だけでなく、キーワードとなるフレーズや内容についても確認をする。	**2．朝美とデイビッドの対話を理解し、メールの書き出しを考えよう** 　Part 1 の朝美とデイビッドの対話を聞いたり読んだりして内容を理解する。それを参考にして、名前やあいさつ、天気などを表す表現を使い、朝美になったつもりでデイビッドに送るメールの書き出しを書いたり、自分がデイビッドに送るメールの書き出しを考えたりする。

指導のポイント

　本単元は、日本の中学生がインターネット電話でニュージーランドの姉妹校の生徒と話をしている場面を取り扱う。単元の終末の活動は、「ニュージーランドやそこに住む中学生のことをさらによく知るために、デイビッド／エマにメールで質問をしよう」という課題を設定し、対話文の内容をもとにして、デイビッドやエマにさらに詳しく聞きたいことについて質問をするメールを作成するというものを計画した。終末の活動に向けて、展開①では、朝美とデイビッド（Part 1）を参考にし、メールの書き始めとして使える表現を考えさせておきたい。展開②では、朝美とデイビッド（Part 2）、海斗とエマ（Part 3）がニュージーランドやその国の学校生活のことについて話をしている対話文の内容を踏まえ、デイビッド／エマにさらに詳しく知りたいことについての質問を考えさせたい。

　本単元は、小中接続単元に位置付けられているが、徐々に読むこと・書くことについて慣れていくことは必要なことであると考える。そこで、聞くこと、話すことの音声による指導を十分に行い、自分の考えや表現したいことを音声で表現できるようにしてから、読むこと、書くことの文字による理解や表現へとつなげていきたい。

評価のポイント

　第5時の活動では、読むことに関する技能と読み取った情報を整理する力を評価する。内容を理解しているかどうかを確認し、単元の終末の活動につなげさせていきたい。第6時では、メールの一部を書くというパフォーマンステストを行い、読んだ内容をもとにしたり、相手を意識したりして質問を考えているかということを見取ることで、生徒の思考・判断・表現を評価していきたい。主体的に学習に取り組む態度については、振り返りシートを参考にして記録に残す評価とする。単元の目標や終末の活動内容を明確に示し、既習の学びを生かせるように指導し、授業で学んだことや単元の目標を意識して次の活動に向かえているか等、生徒が主体的に活動に取り組む様子の見取りを丁寧に行えるようにしたい。

第3・4時（展開②）	第5・6時（終末）
3．朝美とデイビッドの対話を理解し、デイビッドから来たメールの質問に答えよう 　Part 2の朝美とデイビッドの対話を聞いたり読んだりして内容を理解し、ニュージーランドの学校生活について知る。デイビッドから日本のモーニングティーの習慣についての質問がメールで来たという設定で、自分の考えを伝え合う。	**5．朝美とデイビッド／海斗とエマの対話を読み、質問したいことを考えよう** 　Part 1からPart 3までの対話を読み返し、ニュージーランドやデイビッド／エマについての情報を整理する。ニュージーランドやデイビッド／エマに質問したいことを考える。 　　　　　　記録に残す評価【読】 知 思
4．海斗とエマの対話を理解し、エマから来たメールの質問に答えよう 　Part 3の海斗とエマの対話を聞いたり読んだりして内容を理解し、ニュージーランドで見ることのできる動物やエマが好きなことについて知る。エマから日本で見ることのできる動物や好きなスポーツについての質問がメールで来たという設定で、自分の考えを伝え合う。	**6．デイビッド／エマにメールを書こう** 　デイビッドかエマを選び、ニュージーランドやその国に住む中学生のことをさらによく知るために、質問を考え、ICT端末を使用してメールを完成させる。 　　　　　　記録に残す評価【書】 思 態 **Grammar for Communication ③**：2時間

　※ Unit 4の全ての授業終了後に、Grammar for Communication ③（2時間）を行う。

単元で学習することを確認しよう

本時の目標

　ニュージーランドや登場人物などについて聞き、単元や終末活動の目標や内容を知り、それをもとに学習の目標を立てることができる。

準備する物

・Small Talk に使う地図（教科書 P.38）
・ニュージーランドなどの国旗の絵
・世界地図とディビッドとエマの絵
・振り返りシート

【指導に生かす評価】

◎本時では、記録に残す評価は行わないが、目標に向けて指導を行う。生徒の学習状況を記録に残さない活動や時間においても、教師が生徒の学習状況を確認する。

本時の展開 ▷▷▷

1 Small Talk 道案内の対話①をする

　教師が、教科書 P.38の地図を見ながら探している物の場所を生徒にたずねる。探している物の場所まで辿り着いたところで、道案内をする表現を確認する。その後、ペアで対話をさせる。道案内の対話を通して相手に指示したり、助言したりする表現に慣れさせる。

2 ニュージーランドや登場人物について知り、学習目標を立てる

　国旗と世界地図を使って、その国旗がどこの国のものでその国がどこにあるのかというやり取りをする。その後、ニュージーランドに焦点を当て、その国や本単元の登場人物を導入する。振り返りシートにある単元の目標、終末活動を確認し、学習の目標を立てさせる。

単元の終末の活動：ニュージーランドに住む中学生のデイビッドかエマに、ニュージーランドやデイビッド／エマ自身のことをよりよく知るためにメールを書く。

3 Enjoy Listening 内容の概要を捉える

　教科書 P.37の Enjoy Listening を聞かせ、学習の概要を捉えさせる。口頭でやり取りをしながら単元の概要を確認する。キーワードとなるフレーズや内容について印象付ける。

4 本時の振り返りをする

　活動 1、活動 3 のやり取りをもう一度行い、内容を復習した後、振り返りシートを記入させる。本時の授業の理解度や単元の目標を達成するために必要なことについて記入させる。

Unit 0
Unit 1
Unit 2
Unit 3
Unit 4
Unit 5
Stage Activity 1
Unit 6
Unit 7
Unit 8
Unit 9
Stage Activity 2
Unit 10
Unit 11
Stage Activity 3

Part 1

朝美とデイビッドの対話を理解し、メールの書き出しを考えよう

本時の目標

朝美とデイビッドの対話を聞いたり読んだりして内容を理解し、それを参考に単元の終末活動のメールの書き出しを書くことができる。

準備する物

・Small Talk に使う地図（教科書 P.163）
・ワークシート（活動 **3** 用）⤓
・振り返りシート（活動 **4** 用）

【指導に生かす評価】

◎本時では、記録に残す評価は行わないが、目標に向けて指導を行う。生徒の学習状況を記録に残さない活動や時間においても、教師が生徒の学習状況を確認する。

ワークシート活用のポイント

①「朝美になったつもりでデイビッドに」の活動では、読んだ対話文を参考にして、あいさつや自分の名前、天気などを伝えたり質問したりする内容の書き出しが書けるようにする。また、個人で考えた後に全体で書いたものを共有し、次の活動につなげられるようにする。

②「自分の立場でデイビッドに」では、①の活動で書いたものを参考にして、自分のメールの書き出しを考える。あいさつや自分の名前、天気などを伝えたり質問したりするだけでなく、自分の住んでいる県の名前や中学校の名前など、今まで学習してきたことを使えるような視点を与えるようにしたい。

本時の展開 ▷▷▷

1 Small Talk 道案内の対話②をする

教師が、教科書 P.163 の地図を見ながら探している物の場所を生徒にたずねる。探している物の場所まで辿り着いたところで、道案内をする表現を復習する。その後、ペアで対話をさせる。道案内の対話を通して相手に指示したり、助言したりする表現に慣れさせる。

2 朝美とデイビッドの対話を聞き、その後対話文を読む

Part 1 の本文ではどんな対話が行われているか、概要を聞き取らせる。その後、教科書の絵を使いながら内容に関わる質問をし、教師とのやり取りを通して、生徒の理解を促す。Part 1 の本文を読ませ、口頭でいくつか質問をし、教師とのやり取りを通して内容を確認させる。

- ・**メールの書き出しを書いてみよう！**

  ①朝美になったつもりでデイビッドに

  Hello. My name is Saito Asami. It is hot today in Japan. How is the weather in New Zealand?

  ②自分の立場でデイビッドに

  Hello. My name is Asao Hideki. I am a junior high school student in Japan.
  I live in Yamanashi. It is hot in Yamanashi. How is the weather in New Zealand?

- ・**メールの書き出しをよくするためにどんなことが書きたい？**

  自分のことを伝える表現を学習してきたので、自己紹介を書いたらよいと思う。など

Unit 0
Unit 1
Unit 2
Unit 3
Unit 4
Unit 5
Stage Activity 1
Unit 6
Unit 7
Unit 8
Unit 9
Stage Activity 2
Unit 10
Unit 11
Stage Activity 3

3 単元の終末の活動に向け、メールの書き出しを考える

音読練習後、本文を参考にして、メールの書き出しを考えさせる。まず朝美になりきり、デイビッドに向けたメールの書き出しを書かせる。その後、書いた内容を全体で確認する。単元終末の活動でデイビッドかエマにメールを書くことを確認し、自分の立場で書かせる。

4 本時の振り返りをする

自己紹介を書こう…

朝美とデイビッドの対話の内容を復習する。その後、メールの書き出しを書くことができたかや、メールの書き出しに付け加えたいことを振り返りシートに記入させる。よりよいメールの書き出しにするためには何が必要かを記述させる。

朝美とデイビッドの対話を理解し、デイビッドから来たメールの質問に答えよう

本時の目標

朝美とデイビッドの対話を聞いたり読んだりして内容を理解し、それに関わりのあることについて、自分の考えなどを表現することができる。

準備する物

・ワークシート（活動 **3** 用）⤓
・振り返りシート（活動 **4** 用）

【指導に生かす評価】

◎本時では、記録に残す評価は行わないが、目標に向けて指導を行う。生徒の学習状況を記録に残さない活動や時間においても、教師が生徒の学習状況を確認する。

Unit 4 デイビッドのメールの質問に答えよう

第3時 Class( ) No.( ) Name

Dear friends in Japan,

I'm David. I'm a junior high school student in New Zealand. It's cold in New Zealand.
How's the weather in Japan?
I enjoyed talking with you very much. Thank you for talking with us.
I want to know more about Japan.
Do you have morning tea in Japan?
If you have time, please write back to me.

Your Friend,
David

① Do you have morning tea in Japanese schools?

No, we don't.

② Do you want morning tea?

Yes, I do. I want to eat snacks at school.

③ What do you want to eat for morning tea?

I want to eat chocolate for morning tea.

本時の展開 ▷▷▷

1 Small Talk 毎日の習慣をたずね合う①

教師が、就寝・起床時間を何人かの生徒にたずねる。時間をたずねる言い方と就寝・起床時間の表現の仕方を復習する。その後、教科書P.40を使い、ペアで対話をさせる。就寝・起床時間の対話を通して What time と時間をたずねたり、答えたりする表現に慣れさせる。

2 朝美とデイビッドの対話を聞き、対話文を読む

Part 2 の本文ではどんな対話が行われているか、概要を聞き取らせる。その後、教科書の絵を使いながら内容に関わる質問をし、教師とのやり取りを通して、生徒の理解を促す。Part 2 の本文を読ませ、口頭でいくつか質問をし、教師とのやり取りを通して内容を確認させる。

3 デイビッドから来たメールの質問に答える

活動のポイント：朝美とデイビッドの対話文を理解させた上で、デイビッドから質問のメールが来たという設定で、表現活動を行う。

T ：This is an e-mail from David.
　　David wants to know...
　　Do you have morning tea in Japan?

　　OK, everyone. Please answer this question.
　　Do you have morning tea in Japan?
S1：No.
T ：Do you want morning tea?
S1：Yes.
T ：What do you want to eat for morning tea?
S1：I want to eat some cookies.
T ：That's nice!
　　Do you want morning tea, S2?
S2：Yes.
T ：What do you want to eat for morning tea?
S2：I want to eat some fruit.
T ：Talk about morning tea with your partner.

---

3 デイビッドから来たメールの質問に答える

This is an e-mail from David.
David wants to know...

　音読練習の後、メールでデイビッドが日本にもモーニングティーの習慣があるかについて質問をしてきたという設定で、Do you have (want) morning tea in Japan? What do you want to eat for morning tea? などについてやり取りを教師と行った後、ペアで対話をさせる。

4 本時の振り返りをする

　口頭による質問をし、朝美とデイビッドの対話の内容を復習する。その後、振り返りシートを記入させる。本時の授業の理解度や単元の目標を達成するために必要なことについて記入させる。必要だと思われる家庭学習についても考えさせる。

Unit 0
Unit 1
Unit 2
Unit 3
Unit 4
Unit 5
Stage Activity 1
Unit 6
Unit 7
Unit 8
Unit 9
Stage Activity 2
Unit 10
Unit 11
Stage Activity 3

海斗とエマの対話を理解し、エマから来たメールの質問に答えよう

本時の目標

海斗とエマの対話を聞いたり読んだりして、内容を理解して、それに関わりのあることについて、自分の考えなどを表現することができる。

準備する物

・ワークシート（活動 **3** 用）⬇
・振り返りシート（活動 **4** 用）

【指導に生かす評価】

◎本時では、記録に残す評価は行わないが、目標に向けて指導を行う。生徒の学習状況を記録に残さない活動や時間においても、教師が生徒の学習状況を確認する。

| Unit 4 | エマのメールの質問に答えよう |

第4時　Class(　　) No.(　　) Name＿＿＿＿＿＿＿

Dear friends in Japan,

I'm Emma. I'm a junior high school student in New Zealand. It's sunny in New Zealand.
How's the weather in Japan?
I enjoyed talking with you very much. Thank you for talking with us.
I want to know about Japan and your favorite sports.
What animals can we see in Japan?
What sport do you like?
If you have time, please write back to me.

Your Friend,
Emma

①What animals can we see in Japan?

We can see horses in Japan.

②What sport do you like?

I like tennis.

本時の展開 ▷▷▷

1 Small Talk 好きなものをたずね合う①

教師が好きな動物や教科、スポーツなどを何人かの生徒にたずねる。What+ 名詞を使った表現を復習する。その後、教科書 P.42 を使い、ペアで対話をさせる。好きな動物や教科などについての対話を通して What+ 名詞を使って質問したり答えたりする表現に慣れさせる。

2 海斗とエマの対話を聞き、対話文を読む

Part 3 の本文ではどんな対話が行われているか、概要を聞き取らせる。その後、教科書の絵を使いながら内容に関わる質問をし、教師とのやり取りを通して、生徒の理解を促す。Part 3 の本文を読ませ、口頭でいくつか質問をし、教師とのやり取りを通して内容を確認させる。

3 エマから来たメールの質問に答える

活動のポイント：海斗とエマの対話文を理解させた上で、エマから質問のメールが来たという設定で、表現活動を行う。

T ： This is an e-mail from Emma.
Emma wants to know...
① What animals can we see in Japan?
② What sport do you like?
OK, everyone. Please answer these two questions.
First, what animals can we see in Japan?
S1： We can see ... .
T ： Can we see pandas?
S1： No.
T ： Can we see monkeys?
S1： Yes. We can see monkeys.
T ： Open your textbook to page 162.
Talk about this with your partner.
T ： Second, what sport do you like?
S2： I like baseball.
T ： You like baseball. Very nice. Open your textbook to
page 155. Talk about your favorite sports with your partner.

3 エマから来たメールの質問に
答える

This is an e-mail from Emma.
Emma wants to know...

音読練習をさせた後、メールでエマが "What animals can we see in Japan?"、"What sport do you like?" という質問をしてきたという設定で、教師とやり取りをした後、ペアで対話を行わせる。

4 本時の振り返りをする

口頭による質問をし、海斗とエマの対話の内容を復習する。その後、振り返りシートを記入させる。本時の授業の理解度や単元の目標を達成するために必要なことについて記入させる。必要だと思われる家庭学習についても考えさせる。

Unit 0
Unit 1
Unit 2
Unit 3
Unit 4
Unit 5
Stage Activity 1
Unit 6
Unit 7
Unit 8
Unit 9
Stage Activity 2
Unit 10
Unit 11
Stage Activity 3

朝美とデイビッド／海斗とエマの対話を読み、質問したいことを考えよう

本時の目標

Part 3 までを読み、ニュージーランドやデイビッド／エマについての情報を整理し、デイビッド／エマに質問したいことを書くことができる。

準備する物

・ワークシート（活動 **3** 用）⤓
・振り返りシート（活動 **4** 用）

【読むことの記録に残す評価】

◎本時では、知識・技能と思考・判断・表現（読むこと）について評価する。対話文を読解する技能と情報を整理する力を評価する。

ワークシート活用のポイント

①「読んで分かったことを日本語でメモし、情報を整理しよう」では、知識・技能の読むことの評価を行う。生徒が記述した内容を見て、生徒が対話の内容をどれだけ理解することができたかを見取る。また、このメモをもとにして、さらに詳しく知るための質問を考えさせることで、質問する必要性や質問する目的を明確にもたせたい。

②「質問する相手を選ぼう」では、相手意識をもたせたい。デイビッドが学校のことを話していたから、エマが動物やスポーツのことを話していたからなどの理由を書かせることで質問をする相手のことを意識させたい。

③「質問を英語で書こう」では、①と②を参考にして質問を考えさせる。ここで考えたものを次時のメール作成に活用させたい。

本時の展開 ▷▷▷

1 Small Talk 好きなものをたずね合う②

前時を Small Talk で復習する。その後、好きな動物、好きな教科、好きなスポーツについて聞くグループに分け、教室内を自由にインタビューさせる。インタビューの結果をもとに何の動物や教科、スポーツを好きな人がクラスで多いのかを発表させる。

2 対話文の音読練習をして、Part 1 から Part 3 の対話を読む

ペアで教科書の対話を音読練習させる。その後、読み取ったことを日本語でワークシートにメモをさせる。ワークシートには、ニュージーランド、ニュージーランドの中学校、デイビッド、エマについての 4 つの項目を示す。活動 **3** につなげられるように、情報を整理させる。

ニュージーランドやその国に住むデイビッド・エマのことをさらによく知るために、質問をしよう。

①読んで分かったことを日本語でメモし、情報を整理しよう。

ニュージーランド	ニュージーランドの学校	デイビッド	エマ
・冬だから寒い ・時差がある ・羊やキウイを見ることができる ・キウイはニュージーランドのシンボル	・モーニングティー（2校時後に、フルーツやお菓子を食べる）	・モーニングティーの後だからお腹がすいてない	・ネットボール部に所属 ・ネットボールが好き

②質問する相手を選ぼう。　【デイビッド／エマ】
**　なぜ【デイビッド／エマ】を質問の相手に選んだのか理由を書こう。**

> ニュージーランドの学校についてもっと詳しく知りたいから。

③質問を英語で書こう。

> What subjects do you study in New Zealand?

---

3 デイビッドかエマを選び、質問を考える

ニュージーランドの学校についてもっと知りたいです

　読み取った情報をもとにして、ニュージーランドやその国に住む中学生のことをよりよく知るために、デイビッドかエマに知りたいことをたずねる質問を考えさせる。この質問をもとにして、次時のメールを書くという活動を行わせる。

4 本時の振り返りをする

What subjects do you study in New Zealand?

　振り返りシートを記入させる。対話文を読み取ることができたか、また、何が知りたいと思ったからどんな質問を考えたかということを記入させる。家庭学習として必要なことを調べさせる。

Unit 0
Unit 1
Unit 2
Unit 3
Unit 4
Unit 5
Stage Activity 1
Unit 6
Unit 7
Unit 8
Unit 9
Stage Activity 2
Unit 10
Unit 11
Stage Activity 3

デイビッド／エマにメールを書こう

本時の目標

　ニュージーランドやそこに住む中学生のことをさらによく知るために、それらのことを質問するメールの一部をデイビッドかエマに書くことができる。

準備する物

・ニュージーランドの国旗の絵
・デイビッドとエマの絵
・ICT 端末　・振り返りシート（活動 **4** 用）

【書くことの記録に残す評価】

◎本時では、作成したメールで思考・判断・表現（書くこと）を、振り返りシートで主体的に学習に取り組む態度を評価する。

本時の展開 ▷▷▷

1 Small Talk
毎日の習慣をたずね合う②

　教師が、就寝・起床時間を何人かの生徒にたずねる。時間をたずねる言い方と就寝・起床時間の表現の仕方を復習する。その後、教科書P.160を参考に、1日の生活について、何を何時にするかをペアで対話をさせ、時間をたずねたり、答えたりする表現に慣れさせる。

2 活動前のやり取りを行い、
書く相手や目的を意識する

　教師が Do you want to write an e-mail to David (Emma)? Why? What do you want to know? などの質問をし、誰にメールを書きたいのか、何を知りたいのかを質問する表現とそれに答える表現に慣れさせる。次に、それらの表現を使って生徒同士で対話をさせる。

Unit
0

Unit
1

Unit
2

Unit
3

Unit
4

Unit
5

Stage
Activity
1

Unit
6

Unit
7

Unit
8

Unit
9

Stage
Activity
2

Unit
10

Unit
11

Stage
Activity
3

単元の終末の活動：ニュージーランドに住む中学生のデイビッドかエマに、ニュージーランドやデイビッド／エマ自身のことをさらによく知るためにメールを書く。

メールを書いて質問をしよう。

目的：ニュージーランドやデイビッド／エマのことをさらによく知るため

相手：デイビッドかエマ

3 ICT 端末でメールを作成する

　生徒にメールのテンプレートを与え、第 2 時で考えた書き出しや第 5 時で考えた質問を ICT 端末で入力させ、メールを完成させる。入力し終わったら、自分で書いた英文やスペリング、質問の内容が適切であるかなどを確認させる。

4 単元の振り返りをする

　単元の活動を通しての振り返りをさせる。本単元を通して分かったことやできるようになったことなどを記述させる。また、ニュージーランドやその国に住む中学生についてもっと何が知りたかったのか、またそれを知りたい理由を振り返りシートに書かせる。

第6時 デイビッド／エマにメールを書こう

活動の概要

第6時において、本単元の終末の活動として、ニュージーランドやその国に住む中学生のことをさらによく知るために、デイビッド／エマにメールを書こうというものを設定する。第2時で考えたメールの書き出しや第5時で行った教科書の対話を読んで、情報を整理して考えた質問を使い、メールの一部を書くという内容である。書き出しから質問につなげる表現などはテンプレートを使用するが、ICT端末を使ってメールを実際に作成させたいと考える。

活動をスムーズに進めるための3つの手立て

①情報を整理する
第5時の学習で読み取った情報を共有させ、自分が考えた質問が適切であるかを考えさせる。

②メールのテンプレート
I want to know more about New Zealand/you. など書き出しから質問につなげるものをテンプレートとして与える。

③ワークシートの活用
今まで積み上げてきた学習のワークシートを参考にできるようにする。

Dear ＿＿＿＿＿
＿＿＿＿＿＿＿＿＿＿＿＿＿
I enjoyed talking with you very much.
I want to know more about＿＿＿＿.
＿＿＿＿＿＿＿＿＿＿＿＿＿
If you have time, write me back.

活動前のやり取り例

T ： Now, please write an e-mail to David or Emma.
　　 Do you want to write an e-mail to David?
S1 ： Yes!
T ： Why? What do you want to know?
S1 ： I want to know about schools in New Zealand.
T ： Sounds interesting. Do you want to write an e-mail to David?
S2 ： No.　　T： Oh, you will write an e-mail to Emma. Why? What do you want to know?
S2 ： I want to know about Emma's favorite animal.

活動前のやり取りのポイント

Do you want to write an e-mail to David (Emma)? Why? What do you want to know? を何度か質問し、誰にメールを書きたいのか、何を知りたいのかを質問する表現とそれに答える表現に慣れさせる。次にペアでのやり取りをし、それらの表現を使って生徒同士で対話をさせる。活動前のやり取りを通して、メールを書く相手や目的を意識させたい。

　活動前のやり取りを十分に行った後、ICT 端末を使って実際にメールを書かせる。書かせる前には、もう一度書く目的（ニュージーランドやデイビッド／エマのことをよりよく知るために）や相手（デイビッドかエマ）を意識させたい。

メールの完成例

Dear David,

I'm ○○. I'm a junior high school student in Yamanashi. It's sunny in Japan.
How's the weather in New Zealand?
I enjoyed talking with you very much.
I want to know more about morning tea.
What fruit do you like to eat for morning tea?
If you have time, please write back to me.

Hideki

※下線部の部分はテンプレートとして与える。書き始めと質問を書かせる。

活動後のポイント

活動後に単元の終末の活動を通しての振り返りをさせる。ニュージーランドやその国に住む中学生についてもっと何が知りたかったのか、またそれを知りたい理由などを書かせる。その振り返りをもとにして、生徒が書いたメールの質問の表現から、生徒の思考・判断・表現を評価する。また、それぞれの授業で書かせた振り返りシートの記述から、自己調整力や粘り強さ、コミュニケーションを図ろうとする意欲などの主体的に学習に取り組む態度を評価する。

Grammar for Communication ③

疑問詞を復習しよう①
（第1時）

本時の目標

　疑問詞の意味、形式や用法を理解し、疑問詞を使ってペアで質問をしたり、その質問に答えたりすることができる。

準備する物

・Unit 4 で生徒がメールに書いた質問をまとめたもの
・振り返りシート（活動 **4** 用）

【指導に生かす評価】

◎本時では、記録に残す評価は行わないが、目標に向けて指導を行う。生徒の学習状況を記録に残さない活動や時間においても、教師が生徒の学習状況を確認する。

Grammar for
Communication③

When	いつ？
Where	どこ？
Who	誰？

本時の展開 ▷▷▷

1　Small Talk
毎日の習慣をたずね合う③

　就寝時間や起床時間をたずねたり、答えたりする対話を通して、What time と時間をたずねたり、答えたりする表現を復習する。その後、教科書 P.160 を参考に、1 日の生活について、何時に何をするかをペアで対話させ、時間をたずねたり、答えたりする表現に慣れさせる。

2　生徒がメールで書いた質問を使い、疑問詞の意味を確認する

　生徒にメールでどんなことを知りたかったか、また、どんな質問を書いたかをたずね、疑問詞を導入する。出てきた疑問詞を板書し、意味を確認したり、発音練習したりさせる。

What subjects do you study in New Zealand?

What 何？	Which どちら？
・What sport ～？ ・What time ～？	

How どのように？	Whose 誰の？
・How many ～？ ・How are you?	

3 用法と形式を確認し、ペアで対話をする

When is your birthday?

It is November 9.

　教科書 P.44を使い、用法と形式を説明したり、確認させたりする。その後、教師が P.45の疑問文を使い生徒に質問をする。生徒とのやり取りがスムーズにできるようになったらペアで対話をさせる。

4 本時の振り返りをする

　活動 **3** のやり取りをもう一度行い、内容を確認した後、振り返りシートを記入させる。疑問詞の意味、用法、形式について分かったことや家庭学習で必要なことなどを考えさせ、記入させる。

Unit 0
Unit 1
Unit 2
Unit 3
Unit 4
Unit 5
Stage Activity 1
Unit 6
Unit 7
Unit 8
Unit 9
Stage Activity 2
Unit 10
Unit 11
Stage Activity 3

Grammar for Communication ③

疑問詞を復習しよう②
(第2時)

　疑問詞の使い方に慣れ、疑問詞を使った文を正しく話したり、書いたりして表現をすることができる。

準備する物

・ワークシート（活動 **3** 用）⬇
・振り返りシート（活動 **4** 用）

【指導に生かす評価】
◎本時では、記録に残す評価は行わないが、目標に向けて指導を行う。生徒の学習状況を記録に残さない活動や時間においても、教師が生徒の学習状況を確認する。

ワークシート活用のポイント

　①は、Unit 4 の単元末の活動で書いた質問をもう一度書かせ、個人で正しい文かどうかを考えさせる。②では、グループで正しい文かどうかを考えさせることによって、用法と形式に意識を向けさせる。グループで行うことで、間違いやすいことや意識するべきことを明確化させる。

　③では、疑問詞を使って様々な質問を考えさせたい。できる限り多く質問を考えさせ、書かせることで、Unit 4 と Grammar for Communication ③の学習のまとめとする。

　④では再びグループで正しい文かどうかを考えさせることで、用法と形式に意識を向けさせたい。

本時の展開 ▷▷▷

1 疑問詞の意味、用法、形式を復習する

　教師が、教科書 P.45 の疑問文を使い、生徒とやり取りをする。その後、用法と形式を復習させ、口頭で練習をさせる。

2 Small Talk
疑問詞を使って対話をする

　教師が教科書 P.45 の疑問文を使い、生徒とやり取りをする。その後、ペアで対話をさせる。対話の後にフィードバックを与え、教科書の質問に答えるだけでなく、そこから対話を広げられるように指導する。

・デイビッド／エマにさらに質問をしよう。

①Unit 4で作ったメールの質問

What subjects do you study in New Zealand?

②グループの人からのコメント		
あっていると思う。	subject か subjects かどっちだろう？	自分も知りたいと思った。

③さらにデイビッドやエマに質問したいことを書こう。

What do you eat fruit for morning tea? （※生徒の誤りの例。以下はそれに対しての指摘例）

④グループの人からのコメント		
fruit の位置が違うと思う。	あっているか分からない。	fruit が前に来て、What fruit になると思う。

3 Unit 4で作った自分の質問を振り返り、さらに質問を考える

Unit 4でデイビッド／エマに送ったメールに書いた質問について、意味や用法、形式が正しいかをグループで確認させ、振り返らせる。疑問詞を使って、さらに質問したいことを考えさせ、それらをワークシートに記入させる。その後、グループでもう一度正しい文か考えさせる。

4 本時の振り返りをする

活動 **2** をもう一度行い、本時の授業で分かったこと、できるようになったことなどを振り返りシートに記入させる。特に、疑問詞の意味、用法、形式について分かったことや家庭学習で必要なことなどを考えさせ、記入させる。

5 A Japanese Summer Festival 〔6時間〕

【中心領域】話すこと［発表］

単元の目標

全国の中学生に修学旅行で自分たちの都道府県に来てもらえるように、自分が住む都道府県内で実際に行った場所やそこで経験したことについて、感想を含めて発表することができる。

単元の評価規準

知識・技能	思考・判断・表現	主体的に学習に取り組む態度
・前置詞、like［enjoy］…ing、be good at …ing、動詞の過去形を用いた文の形・意味・用法を理解している。 ・好きなことや得意なこと、体験したことなどについて、前置詞、like［enjoy］…ing、be good at …ing、動詞の過去形などを用いて話す技能を身に付けている。	・全国の中学生に自分たちが住む都道府県について知ってもらうため、実際に行ったことがある場所やそこで経験したことなどについて、感想を含めて詳しく伝えている。	・全国の中学生に自分たちが住む都道府県について知ってもらうため、実際に行ったことがある場所やそこで経験したことなどについて、感想を含めて詳しく伝えようとしている。

単元計画

第1・2時（導入・展開①）	第3・4時（展開②）
1．ものや人の位置についてたずね合おう 　ALTやJTEのスピーチを見て、単元のゴールイメージをもつ。聞き手の興味をひくような発表の仕方も知る。その後、自分が住む都道府県で、実際に行った好きな場所について、やり取りをする。最後にイラストを見ながら、教師が話す前置詞句を含む文を聞いて、適切なものや人を選ぶ。 **2．小学校のときに行ったことのある場所について伝えよう** 　ものや人の位置についてたずね合う。また、直接案内できない遠くにあるものや遠くにいる人の位置（服装）について、イラスト等を見ながら伝え合う。その後、行った場所について、教科書本文を参考に前置詞を使いながら伝え、話した内容をノートに書く。	**3．夏祭りの場面を工夫しながら読んでみよう** 　ALTとJTEのやり取りを参考に、小学校のときに実際に行った場所で楽しんだことを伝え合う。その後、得意なことや好きなことの言い方を知る。自分たちが住んでいる地域のお祭りの場面を想像し、教科書の本文のセリフを言い換えたり他の表現を加えたりしながら工夫して読む。 **4．行った場所で楽しんだことについて伝え合おう** 　ALTとJTEのやり取りを聞いたり板書を見たりしながら、自分が楽しんだことを詳しく伝えることができる表現を知る。行った場所で楽しんだことについて、動名詞などを使って、詳しく伝え合う。最後に、話したことを第2時の活動で書いた内容に加筆する。

　自分たちが住む都道府県の観光スポット等で、生徒たちが実際に経験したことを発表することで、自分たちの都道府県の魅力を全国に伝え、修学旅行の招致を目指す試みをする。単元のゴールに向けて、Part ごとに、学習した内容を使って発表をする活動を少しずつ積み上げ、生徒がスムーズに発表できるようにすることがポイントとなる。本単元の文法事項は小学校で学習した内容ではあるが、その小学校での前置詞や過去形に関する気付きを自ら操作可能な知識に昇華できるよう、視覚、音声、文字で繰り返し触れさせたい。終末の発表準備では、ALT や JTE の発表の動画を視聴させ、聞き手に興味をもって聞いてもらうためにどのような工夫をしているかに気付かせ、発表に生かす。また、自分が行った場所の魅力が伝わるような画像や写真を、ICT 端末等に貼り、発表の準備をする。撮影した動画は観光協会の方や ALT に見てもらい、生徒のモチベーションにつなげていきたい。

評価のポイント

　第 1、2 時は、行ったことのある場所がどこに位置しているのか、誰と行ったかなど、前置詞句等を使って相手がよく分かるように伝えているかを見取る。第 3、4 時は、行った場所で楽しんだことについて、動名詞等を使って詳しく伝えているかを見取る。第 5 時は、自分が行った場所で経験したことを正しく伝えているかを見取る。第 1 時から第 5 時までは、記録に残す評価はしないが、ノート等を見て、発表に向けての生徒の進捗状況を把握する。第 6 時では、第 5 時までに書いたりメモしたりした内容を自分で調整し、聞き手に伝わるように発表している動画を撮影し、「話すこと［発表］」の記録に残す評価の一助とする。また、単元の振り返りシートも記録に残す評価に利用する。

第 5 時（展開②）	第 6 時（終末）
5．行った場所で経験したことを伝えよう 　メグの夏祭りの思い出についてのスピーチを聞きながら、スピーチの順にイラストを並び替える。メグになりきって本文を読み、行った場所や経験したことを正しく伝えるスピーチの仕方に慣れる。 　教科書本文に含まれる動詞の過去形を使って口頭練習をした後、メグのスピーチの内容を参考にしながら、前時で話した内容に、感想を含んだ内容を加える。ペアを替えながら即興で複数回伝え合う。話した内容はメモをしておく。	**6．全国の中学生に自分たちの都道府県に来てもらえるように、行った場所やそこで経験したことを発表しよう** ■発表の準備 　第 1 時で視聴した ALT や JTE が発表している動画を再び視聴し、聞き手を惹きつけるスピーチの仕方（発表の出だし、聞き手への問いかけ、アイコンタクト、声の大きさ、話す速さ、伝える内容の順序など）を確認する。ICT 端末に場所の画像を貼り、発表の練習をする。 ■発表 　クラスやグループで発表をする。発表の様子は動画で撮影する。最後に、単元を通して、できるようになったことや頑張ったことを振り返りシートに書く。 **記録に残す評価【話（発）】** 知 思 態

ものや人の位置についてたずね合おう

本時の目標

絵の中で誰がどこにいるか、何がどこにあるかを相手がよく分かるように説明することができる。

準備する物

・振り返りシート
・ワークシート2種類 ⬇
・位置に関する前置詞のイラスト（掲示用）
・教科書ストーリースライド

【指導に生かす評価】

◎本時では、記録に残す評価は行わないが、目標に向けて指導を行う。ワークシート❷（2）の英文を、ノートや振り返りシートに書かせ、理解の状況を把握する。

本時の展開 ▷▷▷

1 単元のゴールを確認する

教師はモデルとなるスピーチを生徒に見せ、単元のゴールをイメージさせる。画像や地図を見せ、聞き手の関心を惹きつけるようにスピーチをする。全国の中学生に自分たちの都道府県をアピールするために発表することを意識付ける。動画は撮影しておくとよい。

2 自分の好きな場所とその簡単な理由について伝え合う

発表する場所（観光地など）を決めるために、自分たちの都道府県で好きな場所についてやり取りをする。ペアを替えながら複数回やり取りをする。観光地一覧を提示したり、これまで学んだ形容詞を示し、思い出させながらやり取りをさせてもよい。

Unit 0
Unit 1
Unit 2
Unit 3
Unit 4
Unit 5
Stage Activity 1
Unit 6
Unit 7
Unit 8
Unit 9
Stage Activity 2
Unit 10
Unit 11
Stage Activity 3

3 前置詞を聞くことから発話する活動へ

> **活動のポイント**：「ワークシート❶」で前置詞を含む表現を聞いて十分に触れた後、❷で位置を表す表現を使って発話する。

① T：You can see some girls here in the picture.
　　　The girl is in a pink yukata. Who is she?　　S：Lisa.
　T：The girl in the pink yukata is Lisa.（リピートさせる）

② T：Is Taro with Yuki?　　S：Yes, he is. Taro is with Yuki.
　T：Is Meg under the tree?　　S：Yes, she is. Meg is under
　　the tree.

③ T：Is Koji by the bench?　　S：No, he is not. Koji is not by
　　the bench.
　T：Then, where is Koji?　　S：On the bench. Koji is on the bench.

④ T：Is Emi under the tree?　　S：No, she is not. Emi is not
　　under the tree.
　T：Then, who is under the tree?　　S：Lisa and Meg are.
　T：I see. Lisa and Meg are under the tree.（リピートさせる）
　　They are under the tree.

①から④の聞く活動をそれぞれ十分に行った後、ワークシート❷を用いて生徒同士でたずね合う活動を行う。

S1：Is the white cat under the tree?　　S2：No, it is not. It is not under the tree.
S2：Is the small bird in the sky?　　S1：Yes, it is.
S1：Is Ken on the bench?　　S1：No, he is not. He is not on the bench.

This	is Lisa.
Lisa	is <u>under</u> the tree.
A	is 前置詞 B.

Is the white cat on the bench?

No, it is not.
It is not on the bench.
Is a cat on the bench?

---

3 聞くことから発話する活動へ

Is Ken on the bench?
No, she is not.
No, he is not.
He is not on the bench.
Is Emi by the bench?

　活動のポイント①から④までをワークシート❶を使って行い、位置を表す表現に慣れた後、ワークシート❷で場所をたずね合う活動をする。前置詞句を生徒に意図的に使わせることがポイント。活動の後、ノート等に実際に自分が使った文を確認のために書かせる。

4 教科書 P.48の口頭練習をする

I jog
with my dog
around the pond
① I jog
② with my dog
③ around the pond
around the pond

　インタラクションをしながら口頭での練習をする。前置詞のチャンクとその意味を意識させるために、ストーリースライドを分割したものを番号順に提示し、発話練習をする。全体で音読をしたり生徒を指名したりして、発音と意味の確認をしながら正確さを向上させていくとよい。

小学校のときに行ったことのある場所について伝えよう

本時の学習活動のポイント

　本時の最初の活動では、前時の位置を表す前置詞の復習を兼ねて、教科書本文のストーリースライドを提示し Where is Meg? などのやり取りを生徒と行いながら本文の口頭練習を行う。その際、前置詞の後置修飾の表現を使って、The girl in the blue yukata is Asami. のように、ストーリースライドを説明させるのもよい。

　単元のゴールと本時の目標に向けて、自分たちの住む都道府県を全国の中学生に知ってもらうために、自分が小学生のときに行った場所について、詳しく伝えることができるようにしたい。教師と生徒とのやり取りを何度も行い、場所の伝え方に気付かせ、実際に使わせるようにしたい。

本時の目標

　小学校のときに行ったことのある場所とその所在地等について詳しく伝え合うことができる。

準備する物

・振り返りシート
・ストーリースライド
・イラスト（前置詞句後置修飾用）
・市町村の地図

【指導に生かす評価】

◎本時では、記録に残す評価は行わないが、単元のゴールに向けて、前置詞を使って実際に行った場所についてノート等に書いた内容は確認をする。

本時の展開 ▷▷▷

1　教科書 P.49 の口頭練習をする

　前時と同様に、スライドを分割し前置詞を意識させながら口頭での練習を行う。The boy in the black *yukata* is Kaito. に着目させ、「Ⓐ前置詞　Ⓑ is Ⓒ.」の文型パターンを提示し、直接案内できない場所にいる人やあるものについての表現方法を説明し、口頭練習を行う。

2　行った場所について詳しく伝えるための準備をする

　前時の 2 の活動で伝え合った内容に、前置詞句を加えれば、自分たちが行った場所について詳しく伝えることができることを、教師と生徒とのやり取りを通して気付かせていく。聞き手に自分たちが行った場所の情報を知ってもらうための言い方を理解させる。

2 行った場所について詳しく伝えるためのやり取り

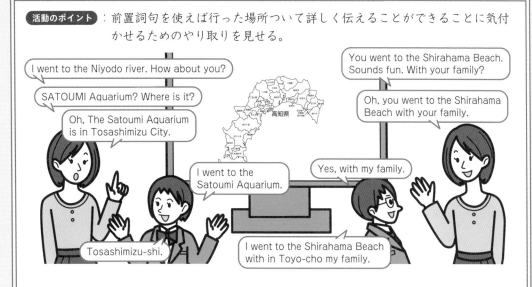

活動のポイント：前置詞句を使えば行った場所ついて詳しく伝えることができることに気付かせるためのやり取りを見せる。

> I went to the Niyodo river. How about you?

> SATOUMI Aquarium? Where is it?

> Oh, The Satoumi Aquarium is in Tosashimizu City.

> You went to the Shirahama Beach. Sounds fun. With your family?

> Oh, you went to the Shirahama Beach with your family.

> I went to the Satoumi Aquarium.

> Yes, with my family.

> Tosashimizu-shi.

> I went to the Shirahama Beach with in Toyo-cho my family.

黒板等に自分たちの都道府県の地図を提示する。全国の中学生に、自分が行ったことのある場所が地図上のどこに位置しているかを伝えることができるように、教師と生徒とのやり取りを見せ、どうすれば詳しく伝えられるかに気付かせる。「誰と行ったのか」などと質問し、前置詞句の使用を促す。教師は生徒の発言に前置詞句を加えた文で言い直したり、生徒に言わせてみたりする。ポイントとなる前置詞を使った表現を板書し、行った場所について生徒同士でやり取りをさせるため、伝える内容について個人で考える時間を設ける。

3 行ったことのある場所について前置詞句を加える

> with を使おうかな。I went to the Shimanto River with my family. になるな

> in Shimanto City かな？

教科書の本文や **2** のやり取りを参考にしながら、前時の **2** の活動で実際に行った場所について伝えた内容に前置詞句を加え、詳しく伝えられるように文を構成する。市町村の地図を見ながら、行った場所の所在地について、確認しながら進める。

4 行ったことのある場所について前置詞句を使ったやり取りをする

> I went to the Shimanto River with my family.

> The Shimanto River? Is the Shimanto River in Shimanto City?

> Yes. It is in Shimanto City.

S：I went to the Shimanto River with my family. T：The Shimanto River? Is the Shimanto River in Shimanto City? S：（地図を見せ）Yes. It is in Shimanto City. のような教師と生徒とのやり取りを見せた後、生徒同士でやり取りをさせる。

Unit 0
Unit 1
Unit 2
Unit 3
Unit 4
Unit 5
Stage Activity 1
Unit 6
Unit 7
Unit 8
Unit 9
Stage Activity 2
Unit 10
Unit 11
Stage Activity 3

Part 2
夏祭りの場面を工夫しながら読んでみよう

本時の最初の活動である Small Talk では、本単元を学習する時期に行われる夏祭りの行事を取り上げ、本文理解のために必要な be good at + 動名詞を導入する。教師と生徒でのやり取りを数回見せた後、生徒同士でやり取りをさせる。Small Talk の流れをそのまま教科書本文の導入に使い、教科書の内容（例：Asami は踊りが得意かどうか）を生徒に予想させてみる。また、夏祭りにいる場面をクラス全体で想像しながら What food do you like? のように、what+ 名詞…? などの既習事項を用いて、教師と生徒、生徒同士でやり取りをさせたい。本時の目標の達成に向けて様々なインタラクションをすることで、教科書本文を理解し自分たちの言葉で言い直したり、セリフを加えたりして、他領域とも関連付けるなどの工夫をしながら読むことができるようにしたい。

本時の目標

動名詞の使い方を意識しながら、夏祭りの場面を工夫して読むことができる。

準備する物

・夏祭りの画像
・ストーリースライド
・振り返りシート

【指導に生かす評価】

◎本時では、記録に残す評価は行わないが、目標に向けて指導を行う。教科書を即興で工夫して読むことができているかどうかを見取る。

本時の展開 ▷▷▷

1 Small Talk をする

本単元を学習する時期に行われるお祭り等の行事を取り上げ、インタラクションをしながら、Are you good at dancing? と生徒にたずねる。教師と生徒数人とのやり取りを例示してから生徒同士でやり取りをさせる。その後、動名詞について簡単に説明する。

2 教科書本文の導入を聞く

1 の流れから、教科書 P.49の海斗がステージで踊っているスライドを提示する。Kaito is good at dancing. How about Meg（Josh / Asami）?のように、Part 2 の内容に関わることを予想をさせてから、スライドを見せたり本文を聞かせたりする。

3 教科書の本文を工夫して読む活動までのインタラクション

活動のポイント：夏祭りに関することを教師と生徒、生徒同士でやり取りをしながら、教科書を工夫して読めるようにする。

　夏祭りの場面を生徒と想像しながら既習表現を上手に使い、食べたいものや、やってみたいことについて、教師と生徒、生徒同士でやり取りをし、活動への意欲を高めたい。また、やり取りの中で、屋台の食べ物やゲームを英語でどのように言うか、クラス全体で共有するのもよい。生徒が教科書の本文を他領域と関連付けるなどの工夫をして読むことができるような手立てを教科書の口頭での練習の前にしておきたい。

3 教科書を工夫して読むためのインタラクションをする

　本文のオーラルインタラクションの際に、生徒が教科書を工夫して読むための手立てとなるやり取りを行い、アイデアを引き出しておく。屋台の食べ物の英語をクラス全体で確認しておいて、口頭での練習に入るのもよい。

4 教科書を工夫して読む活動をする

　本文の口頭での練習に慣れてきたら、本文を変えたり加えたりしながら即興で表現させる。ペアを替えながら複数回行う。教師は生徒の活動の様子を見ながら、適宜、生徒から出た内容を取り上げ、中間指導を行う。最後に振り返りシートに工夫した点等を書かせる。

Unit 0
Unit 1
Unit 2
Unit 3
Unit 4
Unit 5
Stage Activity 1
Unit 6
Unit 7
Unit 8
Unit 9
Stage Activity 2
Unit 10
Unit 11
Stage Activity 3

Part 2
行った場所で楽しんだことについて伝え合おう

本時の言語活動のポイント

　県外の中学生に、自分が行った場所で楽しんだことについて、詳しく伝えることができるように、まずは Small Talk で行ったところ、見たもの、食べたものなど、小学校でも触れたことのある表現を使ってやり取りをする。次に聞く活動を行い、場所やそこで楽しめることを表現する方法を確認する。また、enjoy（ed）＋動名詞で応答することで、自分たちが実際に行った場所で楽しんだことを思い出させたり、言い方を考えさせたりするきっかけとしたい。

　行った場所や楽しんだことを伝え合う活動では、ペアを替えながら複数回行う。活動の途中、やり取りの中で友達が使っていた表現を参考にしたり、辞書で調べたりする時間を設け、自分たちが伝える内容と表現を調整できるようにしたい。

本時の目標

　行ったことのある場所や楽しんだことを詳しく伝え合うことができる。

準備する物

・観光スポットに関する写真やスライド（掲示用）

【指導に生かす評価】

◎本時では、記録に残す評価は行わないが、目標に向けて指導を行う。書かせた内容から動名詞の理解の状況を把握し、間違いが多い部分は次の授業でフォローする。

本時の展開 ▷▷▷

1 Small Talk をする

　行った場所で楽しんだことについて、Small Talk をする。やり取りを例示した後、enjoyed＋動名詞〜. を使って生徒同士でやり取りをさせる。全国の中学生に、自分が行った場所で楽しんだことを伝えられるようにすることを本時の目標として提示する。

2 動名詞の導入をする

　上記のようなやり取りを行いながら、enjoyed ＋ 動名詞を提示する。同時に板書もする。動名詞を簡単に口頭で説明をする。動名詞を加えることで、楽しんだことを詳しく伝えることができることに気付かせていく。

3 動名詞を聞くことから発話する活動へ

> **活動のポイント**：聞くことから発話する活動へ段階的な指導をする。

①教師が言う英文を聞いて、その内容に合う場所を電子黒板等で提示された3つの観光スポットの画像から1つ選び答えさせる。スライドを変えながら何度も行う。

  T：I enjoyed swimming. What is it?

  S：Kashiwajima.　　T：You are right. Kashiwajima Island.

②①のスライドに人のイラストを追加する。

  T：Who enjoyed canoeing?　　S：Mike.

  T：Mike enjoyed canoeing.（リピートさせる）

  T：Who enjoyed watching whales?　　S：Lisa.

  T：Lisa enjoyed watching whales.（リピートさせる）

③行った場所を聞いてそこで楽しめることを想像させ、選択肢の中から選んで答えさせる。

  T：I went to the Niyodo River with my family. I...

  S：I enjoyed fishing（camping ほか）.

  T：I went to Kashiwajima Island with my family. I...

  S：I enjoyed canoeing.

④自分たちが実際に行った場所で楽しんだことをお互いに伝え合う。

---

3 動名詞を聞くことから発話する活動を行う

「活動のポイント」①から③のような活動を通して、楽しんだことを詳しく伝える表現に慣れさせた後、④の伝え合う活動を行う。ペアを替えながら複数回行う。途中、分からない語を辞書で調べたり、聞き手に伝わるような工夫をする時間も設け、グループやクラス全体で共有する。

4 3 で行った活動を振り返る

3 で伝え合った内容を、これまでの授業で書き溜めてきた内容に加筆する。また、修正したりして内容を調整する。加えて、本時の授業でできるようになったことやどのように言えばよいか分からなかったことなどを、ノートや振り返りシート等に記入させる。

行った場所で経験したことを伝えよう

本時の目標

　行った場所や体験したことについて正しく伝えることができる。

準備する物

・本文のストーリースライド（掲示用または電子黒板用）
・ワークシート⬇

【指導に生かす評価】

◎本時では、記録に残す評価は行わないが、目標に向けて指導を行う。教科書本文等を参考にさせながら行った場所や経験したことについて伝え合い、内容をメモさせる。

Unit 5	行った場所やそこで経験したことについて聞き取ったり話したりしよう			

第5時　Class（　）No.（　）Name＿＿＿＿＿

		went	enjoyed	ate	saw
Emi		ウ	イ	エ	ウ
Mike		イ	ア	ア	ア
Lisa		エ	ウ	ウ	エ
Ken		ア	エ	イ	イ

本時の展開 ▷▷▷

1 Part 3本文のストーリースライドを並び替える

- What is this?
- Yes. It's a candy apple.
- A candy apple.

　教科書 Part 3 のストーリースライドをランダムに提示し、スライドの内容を簡単に確認した後、本文を聞きながら並び替える。並び替えた後、教科書を開いて本文を再度聞く。本文のYesterday に着目させ、過去のことを話しているということの意識付けをする。

2 聞いたり口頭練習をしたりして過去形に慣れる

- Who went to Kashiwajima Island?
- Emi.
- Who enjoyed camping?
- Ken.

　板書を見ながら行った場所や経験したことの表現について口頭練習を行う。過去形について簡単な説明をした後、ワークシートで過去の出来事について聞く活動を行う。その後、過去形を含む文を用いて教師とやり取りを行う。

Unit 0
Unit 1
Unit 2
Unit 3
Unit 4
Unit 5
Stage Activity 1
Unit 6
Unit 7
Unit 8
Unit 9
Stage Activity 2
Unit 10
Unit 11
Stage Activity 3

2 聞くことから読む→発話する活動へ

活動のポイント：行った場所や経験したことなどの表現に十分に触れさせた後、生徒同士でやり取りをする。

① ワークシートのそれぞれの人物が行った場所等を聞き、適する選択肢を選んで枠を埋める。

T：Hello. I'm Emi. I went to Kashiwajima Island with my family. I enjoyed canoeing. I ate... .

② ①で枠に入れた情報についての簡単な質問に答える。

T：Who went to the Niyodo River?　　S：Ken did.

T：You are right. Ken went to the Niyodo River.

（リピートさせる）

（他にも Who enjoyed ~?、Who saw ~? 等の質問にも答えさせる）

③ ワークシートの質問に答える。

T：Ken ate curry and rice. T or F?　　S：True.

T：Lisa saw beautiful stars. T or F?　　S：False.

T：Then, who saw beautiful stars?　　S：Mike did.

T：Mike saw beautiful stars in TenguKogen Highland.

※慣れてきたら生徒を指名し、文で答えさせる。

3 教科書を使った発話練習をする

　本文のストーリースライドを① We saw と人のイラストを同時に提示→② lots of と花火のイラストを提示する→③ wonderful fireworks を提示のように、チャンクごとに工夫しながら文字とイラストを提示し、Part 3 を使った発話練習をする。

4 行った場所やそこで経験したことを伝え合う

　Part 3 の本文を参考にし、自分が行った場所やそこで経験したことについてペアで伝え合う。途中、伝える内容を調整する時間も設けながら、何度か行う。伝え合った内容はノート等にメモをしておく。教師はノートを見てフィードバックする。

Part 3

全国の中学生に自分たちの都道府県に来てもらえるように、行った場所やそこで経験したことを発表しよう

本時の目標

全国の中学生に自分たちの住む都道府県の魅力が伝わるように、行った場所やそこで経験したことについて発表することができる。

準備する物

・ICT 端末
・振り返りシート

【話すこと［発表］の記録に残す評価】

◎生徒が発表している様子を動画に残し評価を行う。また、これまで書いたりメモしたりしてきたノート等から、発表内容を構成している過程を見て「主体的な学び」の評価とする。（知・思・態）

Unit 5
A Japanese Summer Festival

本時のゴール

全国の中学生に来てもらえるよう自分たちが行った場所や体験したことを発表して観光アピールをしよう。

○アピールするための発表のポイントの例

・視線や表情
・声の大きさ
・話す速さ
・伝える内容の順序
・画像の見せ方

本時の展開 ▷▷▷

1 前時のメモをもとに、行った場所などについて伝え合う

.....The Niyodo River is in Niyodogawa Town. I enjoyed canoeing with my brother. It was exciting. I also...

exciting か。いいなあ

聞き手は自分たちの都道府県のことを知らない全国の中学生であるという設定を確認する。前時のメモをもとに、ペアを替えながら行った場所やそこで経験したことについて伝え合う。友達の内容を参考にして、自分が伝える内容を調整させる。

2 発表の仕方のポイントを共有する

発表のポイントの例
・視線

少しゆっくり話している

視線が聞き手のほうに向いている

第１時の最初に単元ゴールとして生徒に見せた教師のスピーチ動画を再度見せる。全国の中学生にアピールするためには、どのような工夫（視線や表情、声の大きさ、話す速さ、内容の順序、画像の見せ方など）をしながら発表をすればよいかをクラス全体で確認する。

○役立つ表現例
　　↓

・Look at this picture.
・This is 〜.
・Do you know 〜?
・Can you 動詞 〜?
・Please enjoy 〜.
・発表時のあいさつ

○発表内容例
　　↓

・行った場所 (went to 〜.)
・楽しんだこと (enjoyed 〜 ing)
・見たもの (saw)
・食べたもの (ate, had)

＋感想　　It was 〜,
　　　　　I had a good time. など

3 発表準備をする

四万十川の場所を言ったほうが全国の中学生に分かりやすいよ

...I went to the Shimanto River with my family last summer. I enjoyed...

　聞き手に「行ってみたい！」と思わせる画像を ICT 端末で検索させる。**2** で共有した発表のポイントを意識させ、発表の個人練習をさせる。次にペアで発表の内容を見せ合いながら、アドバイスをし合う。教師は準備の様子を見ながら、適宜中間指導を行う。

4 発表、本時の振り返りをする

Look at this. I went to the Shimanto River with my family last summer. The Shimanto River is in Shimanto City.

　グループで発表を行う。グループの生徒同士で動画を撮影し合う。教室や廊下、空き教室など、静かな場所に移動して撮影するのもよい。撮影した動画は、「話すこと［発表］」の評価の参考とする。発表後は、本単元で頑張ったことや工夫したことを振り返りシートに書く。

Unit 0
Unit 1
Unit 2
Unit 3
Unit 4
Unit 5
Stage Activity 1
Unit 6
Unit 7
Unit 8
Unit 9
Stage Activity 2
Unit 10
Unit 11
Stage Activity 3

本単元の Key Activity

第6時 行った場所や そこで経験したことを発表し合う

活動の概要

第6時では、本単元の最終活動として、自分たちが住んでいる都道府県内で実際に行った場所やそこで経験したことについて、全国の中学生に来てもらえるように発表をする。前時までに積み上げてきた発表内容の調整、ICT端末等での画像の準備、聞き手の興味を惹きつけるための発表の仕方など、発表に向けて、生徒が自己調整する時間を設け、全国の中学生へのアピールとなる発表を完成させたい。

活動をスムーズに進めるための3つの手立て

①発表のポイントを確認
教師のモデル動画を確認、発表のポイント、聞き手を惹きつけるための表現をクラスで確認する。

② ICT の活用
聞き手に「行ってみたい！」と思わせるような画像をICT端末等に貼る。

③発表内容、方法の調整
教師のモデルとなる動画や友達の発表内容を参考にし、内容調整、発表練習、動画撮影をする。

・視線や表情
・声の大きさ
・話す速さ
・伝える内容の順序
・画像の見せ方

透き通った海の中を見てもらいたいな

in summer か。行った季節を加えてみよう

活動前のやり取り例

T ： Now, I'll show you an example of presentation again.
　　（第1時で撮影した教師のモデル文、動画を見せる）
動画：（行った場所の画像を見せる）Look at this picture. What is this?　　S：…Niyodo River?
T ： You are right. This is the Niyodo River. I went to the Niyodo River with my family last summer.（市町村の地図を見せる）The Niyodo River is in Niyodo-cho Town. Then,（画像を見せる）what is this？　　S：Canoe.
T ： Yes. You are right. Canoeing. I enjoyed canoeing and camping there. The river was so beautiful. I enjoyed cooking, too. At night, I saw wonderful fireworks. I had a good time with my family. Thank you. …Now, it's your turn. Are you get ready for your presentation? Be brave!

活動前のやり取りのポイント

教師が発表のモデルを示し、全国の中学生に行った場所のよさが伝わるように、ポイントを意識させる。練習時間では、ペアでお互いの発表の仕方や発表内容を参考にさせ、自己調整できるようにしたい。表現や話す内容を完全に指定すると言語活動にならないので注意する。

　全国の中学生に修学旅行で自分たちが住む都道府県に来てもらえるよう、自分たちが行った場所や体験したことをいかに魅力的に伝えるかということがポイントとなる。グループのメンバー同士で発表の姿勢や内容についてアドバイスをしながら、お互いによいものを作り上げることができる活動としたい。

メイン
活動

Look at this. This is the Shimanto River. I went to the Shimanto River with my family last summer. ...

生徒の発表例

S1：（画像を見せる）
　　Hello. I'm ○○. Look at this picture.
　　This is the Shimanto River. I went to the Shimanto River with my family last summer.
　　（地図を見せる）The Shimanto River is in Shimanto City.（画像を見せる）
　　What is this? This is a *Yakatabune* boat.
　　We enjoyed cruising in a *Yakatabune* boating.
　　From the boat, I saw clean and clear water. The river was beautiful.
　　I ate *ayu*（sweetfish）. It was yummy. I had a good time with my family.
　　Thank you.

活動後のやり取りのポイント

動画を撮影後、教師はグループの活動の様子を見て感じたことなどを伝える。発表前の様子と発表中の様子の変化について肯定的な言葉かけを行いたい。クラスで視聴会をしたり、ALT に見てもらい、質問してもらうのもよい。よいものをお互いに作ったという達成感をもたせたい。

1

"All about Me" Poster

(2 時間) 【中心領域】書くこと

単元の目標

小学校の先生や ALT に、中学生になった自分のことを知ってもらうために、好きなことについて情報を整理しながら、つながりのある文章を書くことができる。

単元の評価規準

知識・技能	思考・判断・表現	主体的に学習に取り組む態度
・Unit 5 までの学習事項を用いた文の形・意味・用法を理解している。 ・自分が好きなことについて、情報を整理し、Unit 5 までの学習事項を用いて、つながりのある文章を書く技能を身に付けている。	・小学校の先生や ALT に、中学生になった自分のことを知ってもらうために、好きなことなどについて情報を整理しながら、つながりのある文章を書いている。	・小学校の先生や ALT に、中学生になった自分のことを知ってもらうために、好きなことなどについて情報を整理しながら、つながりのある文章を書こうとしている。

単元計画 ・・・

第 1 時（導入・展開①）

1. 自分の好きなことについてポスター内容を構成しよう

①単元のめあてを確認しよう

　お世話になった小学校の先生や ALT に、中学生になった自分のことを知ってもらうために書くことを知る。単元末では、完成させたポスターを、グループで読み合って感想を伝え合うことを知る。

②自分の好きなことについて友達に発表しよう

　自分の好きなことについて、ペアで即興で発表し合う。教師と生徒のやり取りを参考にしたり、伝えたいことをどのように英語で言うかについて、クラス全体で考えたことを参考にしたりして、再度、発表をし合う。

③小学校の先生と ALT に伝えることを想定し、発表しよう

　「誰に伝えるのか」について考えながら、 3 回目の発表をする。ICT 端末等で撮影してもらい、自分の発表の様子を視聴する。小学校の先生と ALT に伝えるという意識をもち、内容構成へと移る。

④好きなことについての内容を構成しよう

　書きたい情報について、マッピングを使って整理する。Unit 5 までに学習したことを踏まえ、どんな内容について、どの文構造、どの単語を使って書くかを教科書や辞書で調べ、書き留める。そして表現シート等を参考にしながら、英文を書く。その際、友達の内容構成も参考にする。最後に本時を振り返る。

（第 2 時までに）ポスターの 「My Favorites」 の項目を考えてくる。トピックに関係することがよい。

「自分の好きなことを誰に伝えるか」ということを生徒に常に意識させながら活動を行わせることがポイントとなる。Stage Activity 1では、生徒がこれまで学習してきた言語材料を使って自由に表現できるよう、教師はモデル文等を提示しない。内容構成（書くこと）をする前に、自分の好きなことについて生徒同士で即興で発表をさせ合い、伝えたいことを既習の表現を使ってどのように伝えることができるかについて、個人やクラス全体で考えさせる。また、発表の際には、伝える相手が小学校の先生と ALT であることを意識付けさせた後、内容構成へと移る。マッピングを用いて書く内容を整理することから始め、内容を構成していく。つながりのある文章を書く上で大切なことは、一貫性のある文章を書くということのほかに、読み手（＝小学校の先生と ALT）が読んで理解しやすい文の流れにすることである。このポスターを中学校生活をイメージする材料として小学 6 年生に提示してもらうなど、小中連携の意識が高まる活動としたい。

評価のポイント

第 1 時では、マッピング等をもとに、辞書等で調べながら内容を構成しようとしているかを見取る。また、記録に残す評価とはしないが、生徒のノート等で、生徒が内容を構成する際に思考した過程を見る。第 2 時では、読み手のことを考えて、ポスターにつながりのある文を書いているか、興味をもってペアやグループの仲間が書いたポスターを読み合い、感想を述べ合っているかを見取る。ポスターの内容と後日のペーパーテストを「書くこと」の記録に残す評価とする。また、つながりのある文章を書くために、ポスター作成までに工夫したことや頑張ったことなどについて記述した振り返りシートも記録に残す評価の参考とする。

第 2 時（展開②・終末）

2．読み手に伝わるようにつながりのある文章を書こう
①好きなことについての内容を構成しよう
　小学校の先生と ALT が読みやすいようにするため、前時までに書いた英文を並び替えてみる。教師からのフィードバックや、友達の構成内容を参考にしながら、内容を加筆修正していく。

②読み手への質問やメッセージを加えよう
　友達や小学校の先生、ALT に、自分のポスターに興味をもって読んでもらえるように、教科書 P.54の Tool Box や、P.56の Small Talk! ①に載っている疑問文を参考にしながら、自分が好きなことに関しての読み手への質問文やメッセージ文を作る。①で構成した内容のどこに入れるとよいかを考えながら加筆する。

③ポスターに書いてみよう
　読み手が読んで理解しやすい内容にするため、これまで構成してきた内容を、つながりのある文章で書いていく。

④自己紹介ポスターを読み合い、感想を伝え合おう
　お互いのポスターを読み合い、感想を伝える。また、ポスターに書いている質問に答えたり、さらに質問をしたりする。読み手のことを考えながらつながりのある文章で書けたかどうか、できるようになったこと、工夫をしたこと、友達のポスターを読んだ感想などを、振り返りシート等に書く。

記録に残す評価【書】 知 思 態
＊後日ペーパーテストも記録に残す評価とする

自分の好きなことについてポスター内容を構成しよう

本時の目標

自分の好きなことについてポスター内容を構成することができる。

準備する物

・ICT 端末（動画撮影用）
・表現シート
・自己紹介ポスター（フォーマットのみ提示）

【指導に生かす評価】

◎本時では、記録に残す評価は行わないが、目標に向けて指導を行う。マッピングやメモ等で構成した過程を見取る。間違いが多く見られる表現は次の授業でフォローをする。

本時の言語活動のポイント

好きなことについて、これまで学習した言語材料を使って、生徒自身の力で発話させることから始めることが本時の活動のポイントとなる。

教師はモデル文や教科書のモデル文を提示しない。まずはペアで即興で発表をさせ合う。その後、教師と生徒とのやり取りを見せたり、言いたいことを、これまで学習した言語材料を使ってどのように言うかをクラス全体で確認したりする。そして、2回目の発表をさせる。3回目は小学生、小学校の先生や ALT に発表することを想定し、発表を ICT 端末で撮影しながら行う。「誰に伝えるのか」ということへの意識付けをさせることが大切である。その後、内容を構成する活動に移る。書く際に役立つ表現を一覧にしたシートを渡し、参考にさせる。生徒に自分の好きなことについて自由に表現させたい。

本時の展開 ▷▷▷

1 単元のめあてを確認する

自己紹介ポスターを提示する。「つながりのある文を書く」ことを確認する。これまで学習した内容を使うこと、小学6年生と小学校の先生や ALT に自分のことを知ってもらうためにポスターを作成することなど、本単元でのポイントを提示する。

2 即興で好きなことについて発表し合う

教師はモデル文等を例示せずに、生徒同士で自分の好きなことについて、即興で発表させ合う。英語でどう言えばよいか分からない語はクラスで確認する。教師と生徒とのやり取りを参考にさせ、2回目、3回目の発表へと移る。

2 小学6年生や小学校の先生に伝えることを意識付けさせた後、内容構成へ

活動のポイント ：「誰に伝えるか」ということを生徒に意識付けさせた後、内容構成へと移る

発表3回目

> Hi! I'm ○○. I like manga.
> My favorite manga is ～.

マッピング、内容構成

Mapping
まんが / 好きな漫画家 cartoonist
まんが甲子園 / まんが部

I'm ○○. I like drawing manga. My favorite cartoonist is ....

表現シート

always make...
いつも～を作る
at school/home
学校 / 家で
・
・

　3回目はICT端末でお互いの発表を撮影し合う。その際、動画を小学6年生と小学校の先生や ALTが見るということを想定させる。撮影した動画を確認することで、自分の発表の様子を客観 的に見ることが可能となる。「小学生や小学校の先生に伝えるんだ」ということを生徒に意識付 けをしたい。その後、内容構成に移る。1文の内容を豊かにさせるため、事前に教師が作成した 副詞や前置詞の使い方をまとめた表現シートを参考にさせながら内容を構成させるのもよい。

3 自分の発表の様子を動画で確認し、伝える相手を意識する

> 小学生が分かるようにこの部分はもう少し詳しく伝えたほうがいいかな…

　3回目の発表で撮影した自分の動画を観て、内容の中で、小学生に分かりやすく伝えるとよい部分等を考えさせる。読み手は誰かということを意識付けする。そして内容構成のマッピング作成へと移る。

4 内容の構成を行う

> 陸上部 track and field
> 1500m / 箱根駅伝

　マッピングをもとに、内容に関係する英語を辞書や教科書を使って調べ、メモをさせる。教科書、配付した表現シートを参考にさせながら、英文を書く。友達の内容構成を参考にする時間を設けるのもよい。教師は生徒の活動の状況を確認する。

Unit 0
Unit 1
Unit 2
Unit 3
Unit 4
Unit 5
Stage Activity 1
Unit 6
Unit 7
Unit 8
Unit 9
Stage Activity 2
Unit 10
Unit 11
Stage Activity 3

読み手に伝わるように つながりのある文章を 書こう

本時の目標

読み手に伝わるように、つながりのある文章を書くことができる。

準備する物

- ・振り返りシート
- ・自己紹介ポスター ⬇

【書くことの記録に残す評価】

◎自己紹介ポスターを「書くこと」の評価とする。読み手に伝わるように、つながりのある文章が書けているか、既習の表現を使って書けているか、工夫している部分等を評価する。（知・思・態）

本時の展開 ▷▷▷

1 内容の調整をする

読み手に伝わるようにつながりのある文章を書くことを本時の目標として確認する。本時の活動の流れを確認した後、前時から引き続いて、構成した内容を調整していく。ノート等の教師からのフィードバックやグループのメンバーの文構成を参考にし、加筆修正していく。

2 読み手へのメッセージを加筆する

読み手（小学校の先生やALT）へのメッセージ文を考える。その際、構成した内容のどこに入れると興味をもって読んでもらえるかを考えながら加筆する。教科書P.54のTool BoxやP.56のSmall Talk①の表現を参考にする。分からない表現はクラス全体で確認していく。

1 読み手に自分の好きなことが伝わるように、つながりのある文章を書く

活動のポイント ：読み手が読んで理解しやすいように、英文を書く順番を考えさせる。

小学校の先生や ALT に、中学生になった自分の好きなことについて知ってもらうために、読みやすい文をどのように書いていくか、構成していくかについて考え、読み手を常に意識させることが大切である。小学生は初見の英語を読むことは難しいので、先生や ALT 宛に英文を書き、それを 6 年生に提示してもらうことを想定する。また、グループ等でお互いの内容構成を見ることによって、お互いの文章の流れを参考にさせ、ポスターに書く内容を調整させたい。また、読み手へのメッセージ文を加筆する際には、**1** の活動で調整した内容のどこにメッセージ文を加えれば興味をもって読んでもらえるかを考えさせたい。

3 文章のつながりを考えながらポスターに書く

　校区の実態に合わせた自己紹介ポスターを用意する。これまで構成してきた内容をもとに、読み手のことを意識した、つながりのある文章を 1 文ずつ書かせる。小学生に興味をもって読んでもらうため、自分の好きなものをイラストで描かせるのもよい。

4 ポスターを読み合い、振り返りをする

　完成したポスターをグループで読み合う。ポスターに書いている質問に答えたり、さらに知りたいことをたずねたりする。最後に振り返りシートにつながりのある文章が書けたかどうか、また、工夫した点等について書く。

Unit 0
Unit 1
Unit 2
Unit 3
Unit 4
Unit 5
Stage Activity 1
Unit 6
Unit 7
Unit 8
Unit 9
Stage Activity 2
Unit 10
Unit 11
Stage Activity 3

【中心領域】書くこと

A Speech about My Brother 〔6 時間〕

╋Let's Talk ①〔1 時間〕／ 学び方コーナー③〔1 時間〕／

Grammar for Communication ④〔1 時間〕

単元の目標

自分の学校の先生を来校者に知ってもらうために、インタビューや先生についてたずねたり答えたりしたことを整理して、簡単な語句や文を用いてまとまりのある紹介文を書くことができる。

単元の評価規準

知識・技能	思考・判断・表現	主体的に学習に取り組む態度
・三人称単数現在形の特徴やきまりを理解している。 ・三人称単数現在形の文の理解をもとに、自分と相手以外の人について、書く技能を身に付けている。	・自分の学校の先生を来校者に知ってもらうために、インタビューや先生にたずねたり答えたりしたことを整理して、簡単な語句や文を用いてまとまりのある紹介文を書いている。	・自分の学校の先生を来校者に知ってもらうために、インタビューや先生にたずねたり答えたりしたことを整理して、簡単な語句や文を用いてまとまりのある紹介文を書こうとしている。

単元計画 ··

第 1 時（導入）	第 2 〜 4 時（展開①）
1．自分の学校の先生についての紹介を聞いて概要を捉えよう 　自分の学校の先生紹介や教科書本文の対話を聞いたり読んだりすることを通して、三人称単数現在形の特徴やきまりに気付く。 　また、単元末に来校者に先生を紹介するための「先生紹介ポスター」を書くことを知り、単元の学習の見通しをもつ。	**2．家族や身近な人について簡単に紹介しよう①** 　朝美の兄の紹介を聞いたり読んだりして内容を理解する。三人称単数現在形（肯定文）の形・意味・用法を理解して、家族や身近な人について、簡単に音声で紹介してから紹介文を書く。 **3．家族や身近な人について簡単に紹介しよう②** 　朝美の兄の紹介を聞いたり読んだりして内容を理解する。三人称単数現在形（否定文）の形・意味・用法を理解して、家族や身近な人について、簡単に音声で紹介してから紹介文を書く。 **4．家族や身近な人を紹介し合い、たずねたり答えたりしよう** 　朝美と海斗の対話を聞いたり読んだりして内容を理解する。三人称単数現在形（疑問文）の形・意味・用法を理解して、家族や身近な人について簡単に音声で紹介し、たずねたり答えたりしたことをもとに紹介文を書く。

　自分の学校の先生を来校者に知ってもらうために、教職員全員の紹介文（顔写真付き）をポスターにまとめて玄関に掲示したり、地域の方々へ学校だよりとして配付したりすることなどを伝え、はっきりとした目的意識や相手意識をもたせた上で活動させたい。

　単元のねらいを達成するために、読み手を意識し、何を、どのように伝えたらよいかを思考させ、インタビュー内容や紹介文の構成などへの意識を高めたい。

　本単元末の活動を「書くこと」として指導するが、単元を通して「聞くこと」「読むこと」「話すこと」の４技能を統合する言語活動を行う。

評価のポイント

　第２時から第４時までの活動 **4** において、三人称単数現在形の「書くこと」における使用の正確さについて、主に【知識・技能】の状況を見取り、指導に生かす評価を行う。そして、第５時で書いたベストパートナーの紹介文を評価材料として記録に残す評価を行う。「書くこと」の【主体的に学習に取り組む態度】は【思考・判断・表現】と一体的に見取ることとする。読み手を意識して話の内容や伝える順番を考え、まとまりのある文章構成で伝えている状況を評価する。単元の総括的評価を行う第６時までの生徒の主体的な学習の様子を見取り、第６時の活動につなげるような丁寧な指導を行いたい。

第５時（展開②）	第６時（終末）
５．友達にベストパートナーを紹介しよう	６．学校の先生の紹介文を書こう
友達の趣味などについてたずねて情報を整理し、分かったことをもとに、紹介リストの中から友達に合うベストパートナーを選んで紹介文を書く。 **記録に残す評価【書】** 知	先生にインタビューして分かったことや先生についてたずねたり答えたりしたことを整理して、来校者によく分かるように先生の紹介文を書く。 **記録に残す評価【書】** 思 態 **Let's Talk ①** ： １時間 **学び方コーナー③** ： １時間 **Grammar for Communication ④** ： １時間

※ Unit 6の全ての授業終了後に、Let's Talk ①（１時間）、学び方コーナー③（１時間）、Grammar for Communication ④（１時間）を行う。

自分の学校の先生についての紹介を聞いて概要を捉えよう

本時の目標

　自分の学校の先生などについての紹介を聞き、自分と相手以外の人を紹介する表現の特徴やきまりに気付き、概要を聞き取ることができる。

準備する物

・振り返りシート（1単元1枚）⬇
・Who is this? に出題する先生の写真（活動
　1）
・フィリピンの写真や具体物など（活動 **2**）

【指導に生かす評価】

◎本時では、記録に残す評価は行わないが、目標に向けて指導を行う。生徒の学習状況を記録に残さない活動や時間においても、教師が生徒の学習状況を確認する。

Unit 6
A Speech about My Brother

※Who is this? クイズは以下の
　2つの場面がある。
1. 出題文は途中で、顔写真が「？」
　で隠れている場面
2. 顔写真と全文が出ている場面

本時の展開 ▷▷▷

1 教師の Who is this? クイズに答える

　同僚の先生について紹介文を聞かせる。提示する文の順序を工夫して、徐々に誰の紹介をしているのか分かるようにしながらも、全体としてまとまりのある文章構成とする。この紹介文を単元末の活動のゴールのモデルとして示し、生徒に学習の見通しをもたせたい。

2 題材への興味を高めて、Enjoy Listening をする

　ALT がフィリピンについて写真を提示しながら話をしたり、生徒とやり取りを行ったりして、題材への興味を高めてから Enjoy Listening をする。

（出題途中は ? で
表示する）

Who is this?

This is　●●.
He is a science teacher.
He lives in ●●. He comes to
school by bus.

He likes music, but he doesn't
teach music at school.
His favorite singer is ●●.
Do you know ●● ?

We often talk in the teacher's
room after school.
He is very nice.

Unit 0
Unit 1
Unit 2
Unit 3
Unit 4
Unit 5
Stage Activity 1
Unit 6
Unit 7
Unit 8
Unit 9
Stage Activity 2
Unit 10
Unit 11
Stage Activity 3

3 朝美と海斗の対話を聞いたり読んだりする

　朝美と海斗が対話している動画を見て、場面や状況を手掛かりに、教師の内容に関わる発問に答えながら、概要を捉える。その後、対話を読んで自分と相手以外の人を紹介する表現の特徴やきまりについて、気付いたことを出し合う。

4 本時を振り返るとともに、単元末の活動への見通しをもつ

　生徒が単元の活動を見通すことができるように、1単元1枚の振り返りシートを準備する。本単元を6時間で計画する場合、単元目標と6時間分の本時の目標もあらかじめ振り返りシートに記入しておき、全員で1時間目から6時間目までの目標を確認する。

Story ①
家族や身近な人について簡単に紹介しよう①

本時の言語活動のポイント

　第1時を「気付き」の時間であるとすれば、本時は「インプット」の時間であり、「深い理解と定着へ向かう」時間であると考える。

　そこで本時の活動 **1 2** では、本文を通して文法への意識と正確さを高める。教師が一方的に文法を説明するのではなく、生徒とのやり取りの中で、理解と定着を図りたい。

　活動 **3** は練習活動であるが、「本当のこと」を扱い、機械的な練習にならないよう、会話を広げたり深めたりして、活動 **4** へとつなぐ。先生の実際の習慣や様子を表す写真を扱うことで、単元のゴールの活動とのつながりをもたせ、活動の必然性も大切にしている。

本時の目標

　自分と相手以外の人についての紹介を聞いたり読んだりして内容を理解し、家族や身近な人について、簡単に紹介することができる。

準備する物

・振り返りシート（1単元1枚）⤓
・ピクチャーカード（活動 **1**）
・先生の習慣や様子を表す写真（活動 **3**）

【指導に生かす評価】

◎本時では、記録に残す評価は行わないが、目標に向けて指導を行う。生徒の学習状況を記録に残さない活動や時間においても、教師が生徒の学習状況を確認する。

本時の展開 ▷▷▷

1 朝美の兄（卓也）についての紹介スピーチを聞き、Q & A をする

　朝美のスピーチを聞き、ピクチャーカードを用いた教師の発問に答えながら内容を理解する。教師は Where does Takuya live? など、三人称単数現在形を用いて答える発問を行い、生徒が三人称単数現在形の文を用いて正確に答えられるよう支援する。

2 朝美の兄（卓也）についての紹介スピーチ原稿を読む

　スピーチ原稿を読み、三人称単数現在形の文を探して下線を引き、三人称単数現在形の形・意味・用法への意識を高める。生徒の気付きや疑問、既習事項との関連を大切にした生徒とのやり取りを通して文法理解を促したい。

Unit 0

Unit 1

Unit 2

Unit 3

Unit 4

Unit 5

Stage Activity 1

Unit 6

Unit 7

Unit 8

Unit 9

Stage Activity 2

Unit 10

Unit 11

Stage Activity 3

1 自分と相手以外の人について伝える表現への意識と正確さを高める

活動のポイント：生徒とやり取りをしながら、自分と相手以外の人を紹介する表現の使用の正確さを高めることができるようにする。

T) Where does Takuya live?

S) He ...live...in Ce...bu...?

T) Yes! He lives in Cebu.
　　Do you know where Cebu is?

S) Philippines?

T) That's right. Cebu is in the Philippines.
　　You can say, "He lives in Cebu, the Philippines.

内容理解の確認から表現させる際に、教師は意図的にターゲットとなる文で答えさせる発問をする。生徒の答えの間違いを正すのではなく、教師が正しい文で繰り返したり、強調したりして発話することで、生徒自身に間違いに気付かせる。また、生徒の発話から語彙を広げて表現させる工夫をする。

3 ピクチャートークをする

　自分の学校の先生の実際の習慣や様子を表す写真を見て、場面や状況に合う文を作る。先生を扱うことで、単元末に行う先生紹介に関する情報収集になるとともに、本当のことを表現することで、「伝えたい」「知りたい」気持ちをかきたてることができる。

4 ペアで家族や身近な人を紹介し合い、簡単な紹介文を書く

　友達とペアになり、自分の家族や身近な人について、簡単に紹介し合う。中間指導も含めて、複数回紹介し合った後で、紹介した内容をノートに書く。パートナーが行った紹介の内容を参考にして、自分が紹介していない内容を付け加えて書いてもよい。

Story ②

家族や身近な人について簡単に紹介しよう②

本時の目標

自分と相手以外の人についての紹介を聞いたり読んだりして内容を理解し、家族や身近な人について、簡単に紹介することができる。

準備する物

・振り返りシート（1単元1枚）⤓
・情報整理のためのリスト1（活動1）
・先生の習慣や様子を表す写真（活動3）

【指導に生かす評価】

◎本時では、記録に残す評価は行わないが、目標に向けて指導を行う。生徒の学習状況を記録に残さない活動や時間においても、教師が生徒の学習状況を確認する。

本時の言語活動のポイント

活動1では、スピーチの続きを聞いたり読んだりして、卓也の「すること、しないこと」リストを作成する。すること、しないことを聞き取ったり、読み取ったりするには、自然に肯定文か否定文かを区別しながら聞いたり読んだりすることになる。

活動2は、活動1で整理した情報をもとに、卓也について紹介する活動である。必然的に、三人称単数現在形を用いて表現することとなる。知識・技能の習得の活動と捉え、生徒とのやり取りを通して、確かな定着を図りたい。

本時の展開 ▷▷▷

1 スピーチの続きを聞いたり読んだりして、情報を整理する

朝美のスピーチの続きを聞いたり読んだりして、卓也がすることに○を、しないことに×を書く。このとき、肯定文か否定文かに注目させ、「すること、しないことリスト」を完成させて卓也についての情報を整理する。

2 T or F をする

卓也について、T or F をする。答えるときには、T か F で答えるのではなく、三人称単数現在形の肯定文と否定文を正しく使い分けて答えられるよう、丁寧に支援する。

ペアで身近な人を紹介し合い、簡単な紹介文を書く

> **活動のポイント**：聞き手を意識し、紹介する順番などを工夫してまとまりのある文章で紹介する。

　前時に肯定文を用いて、身近な人を紹介している。本時では、前時で紹介した人について、否定文を付け加えるなどしてさらに詳しく紹介する。

　三人称単数現在形を用いて書くことができるかを見取るとともに、紹介する内容の順番を工夫したり内容のまとまりを考えたりするなど、読み手を意識した文章を書くことができるようにしたい。

I have a sister. She is fifteen years old. She likes K-pop music. She doesn't watch TV, but she usually watches YouTube. We often dance together. She doesn't listen to Japanese music. She wants to go to Korea.

---

3 ピクチャートークをする

●● sensei doesn't like dogs.

　自分の学校の先生の実際の習慣や様子を表す写真を見て、場面や状況に合う文を作る。前時の活動 **3** と同様に、単元末に行う先生紹介に関する情報として提示する。

4 ペアで家族や身近な人を紹介し合い、簡単な紹介文を書く

　前時の活動 **4** と異なるペアになり、自分の家族や身近な人について、前時の紹介に本時で言えるようになった否定文を付け加えて、簡単に紹介し合う。中間指導も含めて、複数回紹介し合った後で、紹介した内容をノートに書く。

Unit 0
Unit 1
Unit 2
Unit 3
Unit 4
Unit 5
Stage Activity 1
Unit 6
Unit 7
Unit 8
Unit 9
Stage Activity 2
Unit 10
Unit 11
Stage Activity 3

家族や身近な人を紹介し合い、たずねたり答えたりしよう

本時の目標

　自分と相手以外の人についての対話を聞いたり読んだりして内容を理解し、家族や身近な人について、知りたいことをたずねたりそれに答えたりすることができる。

準備する物

・振り返りシート（1単元1枚）⬇
・シニガンやハロハロなどの写真（活動❶）

【指導に生かす評価】

◎本時では、記録に残す評価は行わないが、目標に向けて指導を行う。生徒の学習状況を記録に残さない活動や時間においても、教師が生徒の学習状況を確認する。

本時の言語活動のポイント

　活動❶では、ALTと教師がフィリピンの食べ物などについて、たずねたり答えたりしながら、自然な形で三人称単数現在形の疑問文と答え方に触れさせる。

　活動❸は、先生紹介ポスターを作成するためのインタビュー質問を考える活動と位置付ける。

　活動❹は、第2・3時の同じ活動❹の集大成でもある。家族や身近な人について、これまでに段階を経て豊かにしてきた紹介を行い、本時のねらいである「家族や身近な人について、知りたいことをたずねたりそれに答えたりすることができる」ようにする。

本時の展開 ▷▷▷

1 ALTと教師の対話によるオーラルイントロダクションを聞く

　第1時の活動❷のフィリピンについての話の続きとして、sinigang や halo-halo などの写真を用いて、ALTと対話によるオーラルイントロダクションをする。自然な形で、教師がALTに三人称単数現在形を用いてたずね、ALTが答える場面を多く取り入れる。

2 Story ③の対話文を聞いたり読んだりする

　対話文を聞いたり読んだりして、三人称単数現在形の文を探して下線を引き、三人称単数現在形の形・意味・用法への意識を高める。ここで、自分と相手以外の人だけでなく、「もの」についても三人称単数現在形を使うことを改めて確認する。

4 ペアで家族や身近な人を紹介し合い、たずねたり答えたりする

活動のポイント：生徒が第2・3時の活動 **4** を生かして家族や身近な人を紹介できるようにするとともに、パートナーの家族や身近な人の紹介を聞いて、さらに知りたいことをたずねたり答えたりできるように、机間支援をする。

　第2・3時で書いたノートを用いて、第2・3時とは異なるペアで家族や身近な人を紹介し、たずねたり答えたりする。この活動を複数回行い、途中で中間指導を入れながら表現を広げたり深めたりして、生徒が自信をもって、話すことができるようにする。

　紹介やその後のやり取りをもとに、紹介文を書く場面を設定することで、生徒は言語使用の正確さを意識することができ、教師は本時のねらいを達成できているかを見取ることもできる。

　本活動での見取りを次への指導へと生かしたい。

---

3 先生のことを知るために、先生についてたずねる

　本時までに、先生についての情報を収集してきた。本活動では来校者に先生のことを知ってもらうために、紹介したい内容を考え、学級の友達に質問する。知っている生徒がその質問に答え、誰も知らないことは、単元末の先生へのインタビューの質問とする。

4 ペアで家族や身近な人を紹介し合い、たずねたり答えたりする

　第2・3時の活動 **4** と異なるペアになり、自分の家族や身近な人について紹介し合い、さらに知りたいことについて、たずねたり答えたりする。中間指導も含めて、複数回紹介し合った後で、やり取りをもとに、紹介文に情報を付け加えて書く。

Unit 0
Unit 1
Unit 2
Unit 3
Unit 4
Unit 5
Stage Activity 1
Unit 6
Unit 7
Unit 8
Unit 9
Stage Activity 2
Unit 10
Unit 11
Stage Activity 3

Unit Activity
友達にベストパートナーを紹介しよう

本時の目標

友達の趣味などについてたずね、分かったことをもとに、紹介リストの中から友達に合うパートナーを選んで紹介文を書くことができる。

準備する物

・振り返りシート（1単元1枚）⤓
・紹介リスト（紹介リストA・B）⤓（Aのみ）
・紹介カード

【書くことの記録に残す評価】

◎本時では、「書くこと」の「知識・技能」について、記録に残す評価を行う。人や物について三人称単数現在形を用いて書く技能を身に付けている状況を見取る。

ワークシート活用のポイント

活動 2 の紹介リストには、架空の人物を載せるのではなく、例えば、今後生徒がペンパルとしてメールのやり取りを行い、交流を深める外国の生徒を載せて紹介するなど、工夫する。

友達に合う人を紹介するために、インタビューの内容を考え、インタビューから分かったこととリストにある情報を照らし合わせながら自分が考える友達のベストパートナーを紹介させたい。

本時の展開 ▷▷▷

1 リストに載っている人物の簡単な紹介を聞く

ALT が 8 人程度の人について、（紹介リストA・B）写真を見せながら名前などを簡単に紹介する。ここでは詳しい紹介はせず、生徒がもっと知りたいと思うような紹介にとどめて、生徒の活動 2 への意欲を高める。

2 友達にベストパートナーを紹介するために、インタビューする

活動 1 で ALT が紹介した人の中からベストパートナーを友達に紹介するために、友達の趣味や好きなこと、嫌いなこと、その他、リストに関連することがらについてたずねる。

ベストパートナー　紹介リスト　A

	Olivia	Finn	Isla	Jasper
名前	Olivia	Finn	Isla	Jasper
趣味	読書　音楽	スポーツ	ギターをひくこと	映画鑑賞
ペット	なし	犬	猫	フェレット
好きな…	ピザ	テニス　サッカー	作曲	アクション映画
嫌いな…	犬が怖い	勉強	高いところ	特になし
その他	ダンスを習っている	スポーツクラブに入っていて、疲れるが楽んでいる	友達とバンドを組んでいる	スカイダイビングをやってみたい

3 ベストパートナーの紹介文を書く

This is Olivia. She likes reading.
She likes music, too.
She takes dance lessons.
You can dance together.

　友達へのインタビューから分かったことをもとに、紹介リストの中から、友達に合うベストパートナーを紹介する。友達の情報とリストの人物の情報が全て一致しない場合でも、自分が友達に紹介したい人物を選んで紹介することとする。

4 紹介カードを渡しながら、ベストパートナーを紹介する

　活動 **3** で選んだベストパートナーの紹介文を書き、友達に紹介する。そして、ベストパートナーについて、たずねたり答えたりする。本活動のベストパートナーの紹介文を、「書くこと」【知識・技能】の評価材料として、学習状況を評価する。

第5時
141

Unit 0
Unit 1
Unit 2
Unit 3
Unit 4
Unit 5
Stage Activity 1
Unit 6
Unit 7
Unit 8
Unit 9
Stage Activity 2
Unit 10
Unit 11
Stage Activity 3

Unit Activity
学校の先生の紹介文を書こう

第1時の Who is this? で、教師は本時のワークシートと同じ形式で先生紹介のモデルを板書で示している。改めて単元の目標を確認し、本ポスターを学校の玄関などに掲示することを意識させ、丁寧に読みやすい字で書くことができるよう支援する。

紹介文ワークシートの「書くこと」の取組を「思考・判断・表現」と「主体的に学習に取り組む態度」の観点で見取り、記録に残す評価を行う。読み手を意識して紹介する内容や伝える順番を考え、まとまりのある文章構成で伝えている状況を見取る。

※全教職員の紹介文をまとめ、来校者によく分かるようにポスターにして学校の玄関などに掲示する。

本時の目標

先生にインタビューして分かったことや先生についてたずねたり答えたりしたことを整理して、来校者によく分かるように先生の紹介文を書くことができる。

準備する物

・振り返りシート（1単元1枚）⬇
・紹介文ワークシート（活動 4 ）⬇
・先生の顔写真（紹介文ワークシート用）

【書くことの記録に残す評価】

◎本時では、「書くこと」の「思考・判断・表現」と「主体的に学習に取り組む態度」を一体的に見取り、記録に残す評価を行う。

本時の展開 ▷▷▷

1 学校の先生にインタビューする

自分の学校の先生について、来校者に知ってもらいたい内容を考え、先生にインタビューをする。一問一答形式のインタビューをするのではなく、対話を継続させて、先生との会話を楽しむことができるようにする。

2 インタビューで分かったことをもとに、即興紹介スピーチをする

インタビュー結果のメモだけを見ながら、先生について分かったことを整理して、即興で先生を紹介するスピーチをする。教師はスピーチについて、生徒の頑張りを価値付ける。

Hi, my name is ○○.
This is my teacher.

This is Jane. She is an ALT.

She is from America, but she lives

in Japan now. She likes sports.

She can play badminton well. We

often play badminton in the gym.

She is very kind.

3 先生について、たずねたり答えたりする

How many family members does she have?

　先生についての紹介スピーチを聞いて、さらに知りたいことなどを質問したり、答えたりする。紹介者が知らないことについては、第4時の活動 3 のように友達にたずねたり、先生に追加インタビューしたりする。

4 先生の紹介文を書く

　来校者に自分の学校の先生について知ってもらうために、先生の紹介文を書く。読み手を意識して紹介する内容や伝える順番を考え、まとまりのある文章構成で紹介文を書く。

Unit 0
Unit 1
Unit 2
Unit 3
Unit 4
Unit 5
Stage Activity 1
Unit 6
Unit 7
Unit 8
Unit 9
Stage Activity 2
Unit 10
Unit 11
Stage Activity 3

第6時 学校の先生の紹介文を書こう

活動の概要

　第6時において、本単元の最終活動として、自分の学校の先生を来校者に知ってもらうために、先生にインタビューをして、分かったことや先生についてたずねたり答えたりしたことを整理して、先生の紹介文を書く。読み手を意識して紹介する内容や伝える順番を考え、まとまりのある文章構成で伝えることができるようにしたい。この活動の先生の紹介文は、新入生向けの説明会などで、小学校6年生に中学校の先生を紹介する場面でも活用できる。

活動をスムーズに進めるための3つの手立て

①モデルを示す
第1時で教師が本活動のモデルを示すことで、生徒は単元全体の見通しをもって取り組むことができる。

②本時へ向かう単元構成
単元を通して先生のことを扱い、本時の活動につなげる。伝える情報も増え、伝えたい気持ちも高まる。

③書く活動と話す活動
紹介文を書く前に、話す活動を取り入れる。情報を整理し、書きながら英語使用の正確さを高める。

活動前のやり取り例

T ： You asked some questions to your teachers. What do you know about them?
　　Let's share them. Please make a speech about your teachers.
S1 ： Mr. ○○ lives in ○○. He likes baseball. He likes sports.
　　His favorite baseball player is ○○. 〜〜〜 Does anyone have any questions?
S2 ： Does he like music?
S1 ： I don't know. Does anyone know that?　　―誰も知らない様子―
T ： That's OK. You can go to the teacher's room and you can ask that question.
　　When you write his introduction, which information do you tell first, basketball, sports, or his favorite player?

活動前のやり取りのポイント

インタビューが終わったら、インタビュー結果のメモだけを見ながら、ある程度即興でスピーチをする。さらに知りたい内容について他の生徒とやり取りを行い、知らない情報があれば、追加インタビューをする。書く活動の前には、読み手を意識させ、文構成について考えさせたい。

　学校の先生について、すでに知っていることだけを紹介するのではなく、事前インタビューをしたり、友達と先生についてやり取りをしたり、追加インタビューで分かった情報をもとに紹介文を書くことで、先生のことを伝えたい気持ちも高まるだろう。読み手にとって分かりやすい紹介文を書き、紹介文を玄関に掲示したり、６年生に伝えたりするという活動の目的を意識したライティング活動にしたい。

メイン活動

活動のやり取り例

T ： Please read your introduction about teachers. Any volunteers?
S ： Yes! ...This is Mr. ○○. He is a good math teacher. He lives in ○○. I live in the same town. He comes to school by bike. His bike is nice! He likes sports. He likes basketball. His favorite basket player is ○○. Do you like sports? He likes music, too. He is a member of the chorus in my town. How about joining it?
T ： Good job! You added your feeling, and you asked questions to readers! You tell rough information first, and then, you tell in detail. Your writing is easy to read!

活動後のやり取りのポイント

何人かの生徒が前で紹介文を読む。先生の情報だけを書くのではなく、自分との関連や自分の感想なども含めて書いていたり、内容のまとまりを考え、伝える順番を工夫するなどしたりして紹介文を書くことができていることを褒め、達成感を得られるよう価値付けをしたい。

Let's Talk ①
許可を求めたり依頼したりしよう

本時の目標

　Can I ～? , Can you～? の違いやそれぞれの用法を理解し、身近な人に許可を求めたり、依頼したりすることができる。

準備する物

・振り返りシート（1単元1枚）

【指導に生かす評価】

◎本時では、記録に残す評価は行わないが、目標に向けて指導を行う。生徒の学習状況を記録に残さない活動や時間においても、教師が生徒の学習状況を確認する。

本時の言語活動のポイント

　Can I ～? と Can you ～? の違いについて、活動 1 で気付きを促し、活動 2 3 を通してその違いを理解できるよう、目的、場面、状況を整え、動作と表現を対応させてペアで対話を行う。本時の最終の活動ではオリジナル対話を考え、皆の前で発表する。クイズ形式で発表することで、楽しく活動ができるようにしたい。

本時の展開 ▷▷▷

1 STEP 1
場面に合ったセリフを考える

　STEP 1 の場面の絵を見ながら、メグのセリフを考える。そして考えたセリフを英語で表現するよう促す。生徒は自分で考えたセリフを英語で表現できないもどかしさを感じるだろう。このもどかしさが、知らない表現を知りたいという学習意欲につながる。

2 STEP 2　ペアで対話練習をする

　STEP 2 の対話を読み、場面を通して Can I ～? と Can you～? の違いに注目させる。主語と動作主に焦点を当てると、許可を求めている場面か、依頼している場面かが分かりやすくなる。これらを理解した上で、ペアで場面を想像しながら対話練習を行う。

Unit
0
Unit
1
Unit
2
Unit
3
Unit
4
Unit
5
Stage
Activity
1
Unit
6
Unit
7
Unit
8
Unit
9
Stage
Activity
2
Unit
10
Unit
11
Stage
Activity
3

4 オリジナル対話を考え、発表する

活動のポイント：オリジナルの場面設定で対話を考え、発表することを通して、表現の定着を図ることができるようにする。

A：Can I try this on?
B：Sure.
A：Can you help me？
B：…

（出題と回答のやり取りは日本語で行う）
A：どんな場面でしょうか。
C：試着した洋服が小さすぎて、着ることができない！
A：正解です。

クイズ形式でスキットを発表する。

どんな場面でしょうか

洋服が小さすぎて、着ることができない！

---

3 STEP 3
場面に合うようペアで対話する

Sure. Here you are.

Can I borrow this book?

STEP 3 のそれぞれの状況に合うように、ペアで対話する。ペアで場面のどちらの役をするのかを決めて、ジェスチャーも交えながら対話させると、主語と動作主の動きも明確になり、理解も深まる。

4 オリジナル対話を考え、発表する

Can I try this on?

Sure.

Can you help me?

…

ペアでオリジナル対話を考える。対話の目的、場面、状況も自分たちで設定し、皆の前で発表する。発表を見ている生徒は、どのような場面でどんな許可を求め、何を依頼したのかなどを当てる。クイズ形式で発表し、楽しく活動させたい。

1時間
147

辞書の使い方を知ろう

学び方コーナー①（教科書 P.9）で辞書の使い方について学んでいる。

本時は辞書の使い方にさらに慣れるために、活動 **1**（Step 1）の単語の意味調べから始める。活動 **1** で用いたワークシートを活用して、その後の活動 **2**（Step 2）～ **4**（Step 4）へと発展させ、本時のねらいを達成する。

ワークシート Step 2 では、辞書の構成要素のひとつである品詞の名前だけでなく、品詞の働きを推測する。Step 3、4 では、文中で適した単語の意味を辞書から見付ける。この活動が今後、自分の思いや考えを表現する際にも生かされると考える。

本時の目標

英文を読んだり書いたりするときに、辞書を引いてその単語にぴったり合う意味を見付けることができる。

準備する物

・英和辞典
・振り返りシート（1 単元 1 枚）
・ワークシート（活動 **1 2**）⬇

【指導に生かす評価】

◎本時では、記録に残す評価は行わないが、目標に向けて指導を行う。生徒の学習状況を記録に残さない活動や時間においても、教師が生徒の学習状況を確認する。

本時の展開 ▷▷▷

1 辞書引き大会をする

学び方コーナー①「辞書の使い方①」の復習として、ワークシート Step 1 の単語を英和辞典でひき、1 番目の意味を記入する。全てを早く引くことができるかを競い、楽しく活動できるようにしたい。

2 単語の意味から、品詞の働きを推測する

Step 2 で、Step 1 で調べた意味からそれぞれの列の単語に共通する働きを推測する。単語の意味の共通性から品詞の働きを推測できるようにワークシートの単語配列を工夫し、品詞の働きを自然に理解させたい。

辞書引き大会

STEP１　次の英単語を辞書で引いて、１番目の意味を書きましょう
STEP２　列ごとに、共通する言葉の働きを考えて書きましょう

student	学生		lose	…を失う
night	夜		stand	立つ
temple	神殿	省略	remember	…を思い出す
volunteer	ボランティア		collect	…を集める
language	言語		mean	…を意味する

どんな言葉かな？

人や場所、ものにつけられた名前

しりとりで使われる？

どんな言葉かな？

動き？　を表す言葉

「…を」がついている

---

3 ぴったり合う意味を考える

どの意味がぴったりくるかな〜

辞書で教科書 P.65の🅐〜🅒の文中で使われている watch の意味を調べる。このとき、辞書の構成要素を知り、１番の意味だけではなく、２番目、３番目にも注目する。辞書の最初に出ている意味がぴったり合うとは限らないことを確認する。

4 Let's Try をする

hard には、こんなに違う意味があるんだなあ

Let's Try (1)〜(4)の文中の hard について、辞書でそれぞれの文にぴったり合う意味を見付ける。その際に、文全体から hard の意味を推測する視点も大切にしたい。

Unit 0
Unit 1
Unit 2
Unit 3
Unit 4
Unit 5
Stage Activity 1
Unit 6
Unit 7
Unit 8
Unit 9
Stage Activity 2
Unit 10
Unit 11
Stage Activity 3

Grammar for Communication ④

Who is this?クイズを しよう

本時の目標

　三人称単数現在形の文の理解をもとに、自分と相手以外の人について紹介することができる。

準備する物

・振り返りシート（1単元1枚）
・文法まとめポスター用紙（活動 **1** 用）⬇

【指導に生かす評価】

◎本時では、記録に残す評価は行わないが、目標に向けて指導を行う。生徒の学習状況を記録に残さない活動や時間においても、教師が生徒の学習状況を確認する。

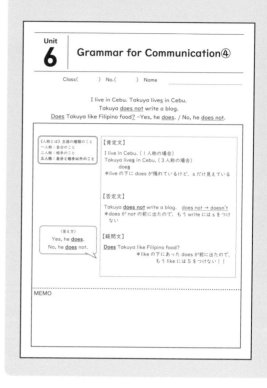

本時の展開 ▷▷▷

1 文法まとめポスターを作成する

　三人称単数現在形について、教科書やノート、ワークブックなどを活用して、形・意味・用法などをA4判1枚に分かりやすくまとめる。友達に分かりやすく解説するために、大事なところを強調したり、色分けをしたりする。まとめ作業を通して、文法事項の整理をする。

2 ポスターを用いて、友達に文法事項について解説する

　活動 **1** でまとめたポスターを用いて、友達に、三人称単数現在形について解説をする。解説したり、解説を聞いたりして、大切なポイントを確認したり、情報を整理したりして、三人称単数現在形のさらなる活用につなげる。

2 文法まとめポスターを作成し、友達に解説をする

活動のポイント：本単元の文法事項に関する情報を整理し、自分なりの文法まとめポスターを作成して友達に解説する活動を通して、自身の文法事項の活用につながるようにする。

　教科書やノート、ワークブックなどを活用して文法事項をポスターにまとめる。友達に解説するときには、日本語で行う。

　分かりやすくまとめた生徒のポスターを掲示して、他の見本とするとともに、この活動を積み重ねて1年生から3年生までの全ユニットのポスターを掲示して、生徒の文法理解に資する教材として活用できる。

三人称とは、自分と相手以外の人やもののことだよ

Unit 0

Unit 1

Unit 2

Unit 3

Unit 4

Unit 5

Stage Activity 1

Unit 6

Unit 7

Unit 8

Unit 9

Stage Activity 2

Unit 10

Unit 11

Stage Activity 3

3 Who is this? クイズの問題を作成する

誰にしようかな？

He lives in Osaka. He is fun. He ....

　有名人などについて、Who is this? クイズの問題をノートに書く。第1時の教師によるWho is this? クイズの形式を参考にする。クイズとして成立するよう、出題する文の順番を考える。

4 Who is this? クイズをする

He is from Kyoto. He lives in Osaka now. He is fun. He has a brother. Who is this?

Does his brother have glasses?

　回答者は質問したり、出題者はヒントを出したりする。出題者は回答者とのやり取りを通して正解に導くことができるよう、ヒントの出し方などを工夫する。

Foreign Artists in Japan 〔6時間〕

➕Let's Talk ② 〔1時間〕 ／ **Let's Listen ①** 〔1時間〕 ／

Grammar for Communication ⑤ 〔1時間〕

単元の目標

ある人物についての話を聞いて、必要な情報を聞き取ったりその概要を捉えたり、自分と目の前にいる相手以外の人について他者に分かりやすく伝えるために、人称代名詞や疑問詞 which、whose などを適切に用いて話したり、書いたりして、伝え合うことができる。

単元の評価規準

	知識・技能	思考・判断・表現	主体的に学習に取り組む態度
聞くこと	・人称代名詞や疑問詞 which、whose などの特徴やきまりを理解している。 ・人称代名詞や疑問詞の特徴やきまりの理解をもとに、ある人物について話された文章を聞いて内容を捉える技能を身に付けている。	・ある人物が誰なのかを知るために、話された文章から必要な情報を聞き取ったり概要を捉えたりしている。	・ある人物が誰なのかを知るために、話された文章から必要な情報を聞き取ったり概要を捉えたりしようとしている。
書くこと	・人称代名詞や疑問詞 which、whose などの特徴やきまりを理解している。 ・自分と相手以外の人について、人称代名詞や疑問詞 which、whose などを用いて、書く技能を身に付けている。	・自分と相手以外の人について他者に分かりやすく伝えるために、既習事項を用いて書いている。	・自分と相手以外の人について他者に分かりやすく伝えるために、既習事項を用いて書こうとしている。

単元計画 ┈┈

第1時（導入）	第2・3時（展開①）
1．誰のことを指しているのかを英語で説明しよう 　アニメキャラクターや職業についての絵を見て、相手にそれが何なのか当てさせる説明を英語で行うことで、人物名を繰り返す代わりに人称代名詞を用いるということを知り、既習事項の復習とともに本単元の導入とする。	**2．どの代名詞を使うべきか見極め、本文の同時通訳に挑戦しよう（story ①）** 　きまりや形に注意しながら、本文に書かれてある内容について、相手に伝わるように通訳する。 **3．どっちをほしがっているのかを探り、会話の概要をつかもう（story ②）** 　本文に書かれてある内容を大まかに捉え、概要を説明したり、内容に関わる Q & A に答えたりする。

ある人物についての文章を聞いて内容を捉えたり、人称代名詞や疑問詞などを用いて自分と目の前にいる人以外の人について説明したりすることが本単元の目標である。導入では、日本の伝統的な工芸文化やそれに携わる外国人の活動について、既習事項を用いて口頭導入し、人称代名詞への理解へとつなげたい。単元前半では、人物名の繰り返しを避けるために人称代名詞が使われることを知り、新出文法である目的格の代名詞について学ぶとともに、既習の代名詞（主格など）についても整理する。本文の概要を捉えていく中で、徐々に文法的な用法や形にきまりがあることに気付かせていく。単元後半には、三人称単数現在形と人称代名詞を用いたスリーヒントクイズを作成し、出題し合う。終末では、「ALT が興味を示し『いいね！』するような文」を書くことを目標に、自分の好きな人物、いわゆる「推し」についての紹介文を、三人称単数現在形や人称代名詞などの既習事項を用いて作成する。「ALT がたくさん『いいね！』したくなるよう『推し』を紹介する」という相手意識・目的意識を明確にもたせることで、言語活動を充実させることができる。

評価のポイント

第 1 時の Starting Out では、人物を相手に説明する際、既習の三人称単数現在形を適切に使うことができているかどうかを見取り、前単元の内容を確認する。第 2 時以降の Story では、人称代名詞の使い方を教師が「文法上のきまり」として教え込むのではなく、本文等の学習を通して生徒自身に「形の違い」や「用法の違い」に気付かせながら、話を聞いて内容を捉えられているかを見取るようにする。第 5 時まで指導に生かす評価を繰り返しながら、第 6 時で、三人称単数現在形や人称代名詞などを活用して作成した「ALT に読んでもらう人物紹介文」の内容や Let's Listen での「留学生のプロフィール」を予想し聞き取るワークシート、また得られなかった情報について質問したり必要な情報を伝えたりする「留学生への手紙」の内容から評価を行う。その際も、相手意識・目的意識を明確にさせ、「教科書の中の出来事」ではなく、「自分事」として捉えられているかどうかを評価したい。ワークシートや筆記テストに加え、ペア・グループワークなどの言語活動は動画として撮影する。評価材料が蓄積されることで個人の変容が確認でき、学級全体での相互評価も行うことができる。

第 4 ・ 5 時（展開②）	第 6 時（終末）
4．誰の持ち物なのかを探り、会話の概要をつかもう（story ③）　本文に書かれている内容を大まかに捉え、概要を説明したり、内容に関わる Q & A に答えたりする。　5．スリーヒントクイズを作ろう　有名な人やキャラクターなどについて説明する文を書き、スリーヒントクイズとして出題する。	6．ALT から高評価をもらえる「『推し』紹介文」を書こう　三人称単数現在形や人称代名詞などの既習表現を駆使して、ALT の興味をひくような「自分の『推し』（有名人でも友達でも可）紹介文」を作成し、発表する。　記録に残す評価【聞】【書】知 思 態　Let's Talk ②：1 時間　Let's Listen ①：1 時間　Grammar for Communication ⑤：1 時間

※ Unit 7の全ての授業終了後に、Let's Talk ②（1 時間）、Let's Listen ①（1 時間）、Grammar for Communication ⑤（1 時間）を行う。

Starting Out, Preview

誰のことを指しているのかを英語で説明しよう

本時の目標

絵を見て、相手にそれが誰なのか当てさせる説明を英語で行うことで、人名の代わりとなる英語表現に気付く。

準備する物

・デジタル教材
・PC・プレゼンテーションソフト
・キーボード（幼児用おもちゃ）

【指導に生かす評価】

◎本時では、記録に残す評価は行わないが、目標に向けて指導を行う。生徒の学習状況を記録に残さない活動や時間においても、教師が生徒のペア活動や話合い活動などを観察し、見取る。

Unit 7
Foreign Artists in Japan

Wednesday, September eighth, cloudy

1. Small Talk
2. Preview
3. Songs

↑
※活動が終わったら消していき、見通しがもてるようにしていく。

本時の展開 ▷▷▷

1 Small Talk：誰のことなのかをペアに英語で説明する（Starting Out）

He helps many people.

ペアでじゃんけんをし、どちらかが机に顔を伏せ、もう片方は TV 画面を見る。画面に表示されたキャラクターや職業のイラストをペアの相手に当ててもらえるよう英語で説明する。ペアを替えて数回行う。一般動詞の復習を簡単に行ってからこの活動に入るとよい。

2 Preview 代名詞について気付いたことを話し合う

This boy is Ken.
Ken lives in Tokyo.
I like Ken!

しつこいね　くどいね

イラストを表示し、①人名が繰り返された文、②代名詞に変えられた文を音声のみで聞かせ、気付いたことを話し合わせる。次に①文字あり、②代名詞の赤字表示を見せながら聞かせ、気付いたことを話し合わせる。日本語では省略される代名詞に注目させ、確認し合う。

Unit
0

Unit
1

Unit
2

Unit
3

Unit
4

Unit
5

Stage
Activity
1

Unit
6

Unit
7

Unit
8

Unit
9

Stage
Activity
2

Unit
10

Unit
11

Stage
Activity
3

板書のポイント：TV に映し出した画像を貼り、どんな説明をしたら相手に伝わったのか、言いたかったけど言えなかったことなどを全体で振り返る。

┌Today's Goal─
誰のことを指しているのかを
英語で説明しよう。

The man helps many people.

He has some tools.
　　　　　　　器具

薬… medicine

治す… cure
　　　↑
　　※言いたかった言葉を
　　　書き出していく。

（教室内の TV や電子黒板の画面）

---

3 Preview
教科書の文を聞き適切な代名詞を選ぶ

This boy is Ken.
□ lives in Tokyo.
I like □ !

He かな？

He が最後にくるかな？

　Preview の本文内の人名を代名詞に変えずに聞かせた後、代名詞に変えた文を聞かせ、気付いたことを発表させる。次に英文を表示し、代名詞がどのように変わっているか話し合わせる。デジタル教科書で代名詞部分をマスク表示して行うとよい。

4 『代名詞の歌』を歌う
表を見ながら代名詞の替え歌を歌う

1人は　He　She
1個は　it
複数は　全部 they
代〜名〜詞〜♪

　日本語では省略される代名詞のイメージをもたせるため、「代名詞主格の替え歌」「代名詞表の替え歌」をリズムに合わせて歌う。楽しい雰囲気で繰り返し口ずさむこと、その後も帯活動として継続して行うことで、抵抗感なく定着が期待できる。

Story ①

どの代名詞を使うべきか見極め、本文の同時通訳に挑戦しよう

本時の目標

　人称代名詞のきまりや形に注意しながら、本文に書かれている内容について、相手が話すことを同時通訳する。

準備する物

・デジタル教材
・ワークシート⬇
・人物の写真（2〜3セット）
・生徒用 ICT 端末

【指導に生かす評価】

◎ペア活動の動画を撮影し、今後の指導に生かす。ペアになり、相手を生徒用 ICT 端末で動画撮影すると、全員同時に行うことができる。

本時の言語活動のポイント

　本文を口頭で訳していく活動である。全体指導では、教師が最初フレーズで区切り、英語の語順で訳させる。次に日本語の語順で訳させる。主語を訳したら基本的に後ろから訳していく語順を、指示棒などで指していくと訳しやすい。その後ペアで音読練習や同時通訳を行うことで、個人よりも難易度が下がり、取り組みやすくなる。生徒のレベルに応じて、ここは1対1でもよい。時間があればペアを替えて、数回行う。

　本活動のねらいは、全体指導で身に付けた知識や技能を生かし、実際に話された内容を瞬時に訳し相手に伝えられる力を身に付けさせることである。ただの暗記や紙面上の直訳ではなく、話された内容を即興で通訳できる力へとつなげていきたい。

本時の展開 ▷▷▷

1 Small Talk
どんな人物なのかを聞き取る

　帯活動として、代名詞の歌を歌った後、教科書本文に登場する人物の写真を提示し、本文を音声で聞き取らせる。情報を全体で共有した後、文字とともに音声を聞かせる。未習の単語は、写真や前後の流れから推測させる。どの代名詞が使われているかについても話し合う。

2 ワークシートを解く
人称代名詞目的格のドリルを解く

　文の中での目的語の位置や形に注目させ、どんなときに her / him になるのかを生徒に説明させる。その後、ワークシートで名詞を代名詞に変える問題を解かせる。ワークシートは裏表印刷で難易度を分けて作成する。早く終わった生徒はスモールティーチャーとなる。

3 ペアで協力し、本文の同時通訳に挑戦！

> **活動のポイント**：ペアの相手を替え練習回数を重ねることで、「即興力」を育てる。

①新出単語のペアドリル
　全体での練習後、ペアでじゃんけんに勝った人から

> A…英語をそのまま読む
> B…英語を見ながら日本語にする
> C…日本語を見ながら英語にする

　を選択し、相手に読み終えた時間を計ってもらう。交代
　し、ペアを替えて2〜3回行う。
②全体で同時通訳
　デジタル教科書を使用し、教師がフレーズごとに区切っ
　たり、ヒントを与えたりしながら、全体で本文を訳していく。
③ペア練習
　一斉練習後、ペアで本文をすらすら読めるよう練習する。
④ペアとペアで4人組になる。一方のペアが協力して音
　読、もう一方がその文を同時通訳していく。
⑤ペアの組み合わせを変えて何回か行う。
※音読するペアに「単語をどこか○か所変えて」などの指
　示を出すとレベルが上がる。

3 ペアで本文の同時通訳をする

　新出単語を一斉→ペアで口頭練習した後、教師が本文を区切りながら全体でおおまかな意味を捉える。次に一斉→ペア→個人で音読練習する。その後、ペアと協力しながら本文を読み、もう一組のペアが協力してそれを通訳する。ペアを交代し繰り返す。

4 人物についてリテリングを行う

　ペアになり、一方がICT端末を使用して動画を撮影、もう一方は写真を見ながら30秒間リテリングを行う。間違えても、つっかかっても、そのまま話し続けるようにさせる。その後、難しかったところを全体で共有し、改善策を考えさせる。

Unit 0
Unit 1
Unit 2
Unit 3
Unit 4
Unit 5
Stage Activity 1
Unit 6
Unit 7
Unit 8
Unit 9
Stage Activity 2
Unit 10
Unit 11
Stage Activity 3

Story ②

どっちをほしがっているのかを探り、会話の概要をつかもう

本時の目標

　どちらがほしいのかたずね合ったり、本文に書かれてある内容を大まかに捉え、概要を説明したりする。

準備する物

- ・デジタル教科書
- ・教科書のコピー（人物で切り分ける）
- ・ワークシート⬇
- ・リズム用キーボード

【指導に生かす評価】

◎活動の様子を撮影し、評価材料として記録し、今後の評価に生かす。教師も活動に参加し、数人の生徒と受け答えを行うことで、会話の様子を見取る。

本時の言語活動のポイント

　教科書 P.71（Speak & Write）の活動である。会話をより多くの生徒と、より意欲的に行わせるため、ルールを工夫して行う。コピーした用紙を切り分け、配られた人物になりきって回答する。じゃんけんの勝敗によって質問できる回数が決まり、活動後にはボーナスパーソンが発表される。得た得点が高い1位〜3位までの生徒に賞を与える。仲のよい生徒とだけ会話をしたがったり、学級の雰囲気が言語活動に影響を与えたりすることがないよう、教師のしかけがポイントとなる。

　本活動のねらいは、「相手が誰なのかを当てなければならない」「誰かがボーナス点をもらえる人物である」という設定を行うことで、会話に情報のギャップをもたせることである。Which を使わなければ情報が得られないため、教科書の例文を繰り返し練習するよりもコミュニケーションの力を高められる活動となる。

本時の展開 ▷▷▷

1 Small Talk 本文の聞き取りを行う

　帯活動で歌を歌った後、写真を表示して本文を聞かせる。会話の概要を聞き取らせた後、英語での質問の答えを聞き取らせる。次に文字を提示しながら内容を聞き取らせ、全体で共有する。

2 ワークシートとペアドリル Which do you 〜, A or B ?

　新出表現をワークシートで確認する（第2時の **2** と同様）。その後、ペアで対話練習を行う。一斉で数パターンの口頭練習をさせた後、ペアを替えて何回か行う。用意されたままの文言から、最後は即興で行えるよう指示する。

3 「○○を探せ！？」（Speak & Write）

> **活動のポイント**：できるだけ多くの人と会話をするしかけをつくる。

A) Excuse me, which do you want, spaghetti or pizza?
B) I want pizza.
A) Are you Shota?
B) Yes, I am. / No, I'm not.

①教科書の表をカラーコピーし、人物ごとに縦に切る。
　生徒にランダムに配付する。
②生徒は自分に配られた人物になって返答を行う。
③3分間でできるだけたくさんの人と会話をする。
④じゃんけんに勝ったら2回聞ける。負けたら1回し
　か聞くことができない。勝った人から質問し、その後
　交代する。
⑤会話をしたら1点。相手が誰なのか当てられたら＋
　5点。
⑥3分後、「ボーナスパーソン」を発表する。例えば
　「タカシ」本人と、「タカシ」に質問した人には＋10
　点入る。「タカシポイント」などという呼び方も、盛
　り上がる要素である。

Which do you want Spaghetti or Pizza?

Pizza!

---

3 Speak & Write 「○○を探せ！？」

Are you Takashi?

Yes, I am !

　人物ごとに切り分け配られた紙と教科書を用いて、ゲームを行う。制限時間内により多くの生徒と会話し、終了した後で「ボーナスパーソン」が発表される。例：タカシだった場合、「タカシを探せ！」という活動名になる。活動は動画として撮影し、今後の評価に生かす。

4 クラスの統計を取り、文を書く

Ramen	mabo-dofu
A B	C D
F	E

A and B like Ramen.
C likes mabo-dofu.
I like both of them!!

　ICT端末を使用し、①給食のメニュー、②お菓子、③麺類など二択の問いに対してどちらかを選択させ、クラスメイトの好みを表示する。その結果について自由に書かせる。例：A and B like Ramen. C likes mabo-dofu. I like both of them!!

Unit 0
Unit 1
Unit 2
Unit 3
Unit 4
Unit 5
Stage Activity 1
Unit 6
Unit 7
Unit 8
Unit 9
Stage Activity 2
Unit 10
Unit 11
Stage Activity 3

Story ③

誰の持ち物なのかを探り、会話の概要をつかもう

本時の目標

　本文に書かれている内容を大まかに捉え、概要を説明することができる。

準備する物

- ・デジタル教科書
- ・先生の持ち物の写真
- ・ワークシート🔽
- ・所有格カード

【指導に生かす評価】

◎本時では、記録に残す評価は行わないが、ペア活動の様子や3人グループでの音読練習の様子を見取り、次の活動に生かす。

本時の言語活動のポイント

　本時の目標は、誰の持ち物なのかをたずねたり答えたりすることだが、前時の既習内容である「which」の復習も兼ねて、導入を Small Talk 形式で行う。

　「先生の私物」のクイズをすることで、生徒の興味を惹きつけるとともに、プレゼンテーションソフトも用いて、生徒の興味を惹きつけるような導入内容にする。所有格のカードを使用することで、生徒が応答する際の補助になる。クイズに答えるだけで終わらず、次の活動 ❷（ペアで互いの持ち物を即興で言い表す）につながるような導入にする。ペアは毎回パートナーが替わるようにする。

本時の展開 ▷▷▷

1 Oral Introduction 「先生の持ち物クイズ」をする

　画面に先生たちの私物を映していき、誰の持ち物なのかをたずねたり答えたりすることで口頭導入を Small Talk 形式で行う。前時で学んだ「which」の復習と本時の「whose」の導入となるような内容にする。

2 Whose〜？ワークシートを解く

　語順をターゲットにしたワークシートを解いた後、ペアで応答練習を行う。何度か練習し、慣れてきたら自分で選択肢を変え、それに相手が即興で答える。ペアを替えて何度か行う。実際の持ち物を使ってクイズ形式にすることで、臨場感を高める。

1 「先生の持ち物クイズ」

| Unit 0 |
| Unit 1 |
| Unit 2 |
| Unit 3 |
| Unit 4 |
| Unit 5 |
| Stage Activity 1 |
| Unit 6 |
| Unit 7 |
| Unit 8 |
| Unit 9 |
| Stage Activity 2 |
| Unit 10 |
| Unit 11 |
| Stage Activity 3 |

活動のポイント : 誰のものかを答えることができる。

Teacher : Which bag is Ms Maruya's, blue or yellow?

Student A : Blue one!

Teacher : That's right!
Then, whose bag is this?

Student A : Oh, it looks cute!

Student B : Is it Ms Osaki's?

Teacher : No, it's not hers.

Student C : Is it Mr. Yokohama's bag?

Teacher : No, it is not his bag.

Student D : I got it! It's Ms. Kasai's!

Teacher : That's right! It's mine! It's my new bag!

答え方について

| mine | hers | his | 's |

など、所有格のカードを提示し、ヒントを出す。

---

3 本文の導入と新出単語練習

　最初に英語での問いを聞かせ、イラストを見せながら答えの部分を聞き取らせる。次に、文字を提示し、概要を捉えさせる。分からなかった単語を推測させ、答え合わせも兼ねて新出単語を学び、ペアでドリルを行う（第3時 **2** と同様）。

4 個人で音読練習をし、その後3人組で役割読みをする

　品詞をターゲットにした音読ワークシートを使って、個人練習をさせる。その後、3人組となり、役割読みを行う。毎回メンバーを入れ替え、回数を重ねる度に、教師から「誰のものか」を変えて読む指示を出す。

Story ③, Unit Activity

スリーヒントクイズを作ろう

Unit 7
Three-Hint Quizzes!
〜スリーヒントクイズをしよう〜

第5時　Class(　　) No.(　　) Name

Answer（クイズの答え）
Tooth Brush　歯ぶらし

上の答えになるようなヒントを英語で三つ考えましょう。※最初は難しく、だんだん簡単になるように作ります。

First Hint（最初のヒント）
いいたいことメモ
髪の毛、するどい？　たくさん生えている！！
English
He has

Second Hint（次のヒント）
いいたいことメモ
あなたの口の中で働きます！？
English
He works in your mouth everyday!

Third Hint（3つめのヒント）
いいたいことメモ
あなたの歯をキレイにします。
English
He can clean your teeth!

① 必要に応じて辞書を引くなどして、ヒントを英語にしましょう。
② 自分のヒントをすらすら読めるように練習しましょう。

☆スリーヒントクイズのやり方☆

Questoers：出題者	Respodents：回答者
1. First Hint を出題する。	1. 答える。 Is it a ～? / It's a ～。
2. 答える。 That's right！/ No, it's not！	2. 質問をする。（パスあり） Is it/Can it/Does it/What (is / does) ～?
3. 答える。	3. 答える。 Is it a ～? / It's a ～。
4. 答える。 That's right！/ No, it's not！	4. 当たるまで繰り返す。
	20点…最初のヒントで当てる。（質問後はマイナス1） 15点…次のヒントで当てる。 10点…最後のヒントで当てる。 ※質問すると＋5点！！

本時の目標

　有名な人やキャラクターなどについて説明する文をスリーヒントクイズとして構成し、グループ内で出題し合うことができる。

準備する物

・デジタル教材
・実物投影機
・辞書（和英）　・ワークシート⬇

【指導に生かす評価】

◎本時では記録に残す評価は行わないが、作成したワークシートを単元末に再度配付し、自分で推敲させる。その後、指定された人物に対するヒントを15語程度で書かせるテストを行い、記録に残す評価材料とする。

本時の展開 ▷▷▷

1 Small Talk 誰の家？どっちの家？

　住んでいる地域の建物や、教師の家などが書かれた情報が異なる2種類の紙（カラー）を用意し、「どっちの家か」「誰の家か」などをペアで聞き合う活動を行う。

2 スリーヒントクイズを作成する

　教師がスリーヒントクイズを出題し、本時のゴールを確認する。その後、クイズの答えとなる人物を考え、その人物の情報をメモさせる。それをもとに、3つのヒントを作成する。ヒントは、徐々に範囲を狭め、3番目のヒントで正解できるように作成する。

活動のポイント ：教師が出題するヒントには様々な人を登場させ、できるだけ多くの種類の代名詞を必然的に使うように作成する。ヒントを聞いて答えるだけではなく、そのヒントに対する質問をさせる。

〈教師によるクイズ例〉

A) Number 1. He lives in Saitama.
   Number 2. He has a dog. Its color is white.
   Number 3. He loves a chocolate snack.
          Who is he ? Do you know him?
B) Oh, yes! I know him. He is Shinnosuke!
A) That's right!

個人でクイズを作成した後、グループになって問題を出し合う。どのようなヒントにすれば、よりよい問題になるかを相談しながら、グループ代表の問題を共同で作成する。個人で作成したヒントにおける文法の間違いや表現の足りない部分をグループ内で推敲する。単元末には再度自分で見直すことで、終末の「書くこと」の活動と評価につなげていく。

3 グループで出題し合い、一番よい問題を選ぶ

　グループになり、順番に出題する。全員終了したら、ヒントをどのように変えたらよりよいクイズになるかを相談する。最後にグループの代表となる問題を決める。

4 グループ対抗で問題を出し合う

　グループ代表の問題を実物投影機で映して出題し、グループ対抗で答えていく。1、2番目のヒントで正解しても、3番目のヒントまで必ず聞かせる。終了後、よかったポイントについて振り返らせる。

Unit 0
Unit 1
Unit 2
Unit 3
Unit 4
Unit 5
Stage Activity 1
Unit 6
Unit 7
Unit 8
Unit 9
Stage Activity 2
Unit 10
Unit 11
Stage Activity 3

ALTから高評価をもらえる「『推し』紹介文」を書こう

本時の目標

既習事項を駆使して、世界中の人が興味をもつような「自分の『推し』（有名人でも友達でも可）紹介文」を作成する。

準備する物

・生徒用 ICT 端末
・ワークシート⬇
・一般動詞一覧表（動詞ラップ付き）
・人称代名詞一覧表

【聞くこと、書くことの記録に残す評価】

◎ALT が自分の「推し」に興味をもつように、第3者の紹介文を書いている／書こうとしている。（知）（思）（態）〈ワークシート〉

ワークシート活用のポイント

様々な習熟度の生徒に対応できるよう、サンプルとなる型を提示する。基本的には型に固執せず自由な英文を作らせてよい。自分で調べて英語にできるのか、手助けが必要かを見極め、支援する。

英文添削は、最初から教師が行うのではなく、班で互いに見せ合い、文法や綴りの間違いを見付けたり、内容についてのアドバイスをし合ったりして、自分の英文をよりよいものに改善する活動とする。日頃から、間違うことを恥ずかしいことだと思わず、お互いに教え合える、聞き合える授業づくり、学級集団づくりが肝要である。

完成版にするための添削は JTE や ALT が行うが、その際も全体で共有し、学び合う時間としたい。

本時の展開 ▷▷▷

1 どんな紹介文にするのか、ゴールをイメージする

ただ紹介文を書くだけではなく、①「日本人も」、②「海外の人も」、③「興味をもって高評価をしてくれる」紹介文を作成するという相手意識、目的意識を明確にする。どんな見せ方をすれば、興味をもってもらえるのかをイメージした上で、紹介する人物を決定する。

2 書きたいことをメモし、英文にしていく

紹介したい人物についての「ウェビングマップ」を書き、そこから紹介文を作成する。一般動詞や代名詞一覧表、辞書などを活用する。生徒自身が「言いたいこと」や「書きたいこと」を尊重し、未習の表現でも積極的に使ってよいものとする。

■ワークシート（SNS 風）

📷 Introduction of My *OSHI*

The man is a <u>singer</u>.
His name is <u>Koji</u>.
He is good at <u>playing the guitar</u>.
He plays <u>the harmonica</u> too.

He is from <u>Yokohama</u>.
His voice is <u>amazing</u>!!
I love <u>him</u> very much!

\# afamoussinger
\# lovehimsomuch
\# amazingvoice

3 ペアやグループで英文を推敲し合う

なるほど

事実だけじゃなくいい所も入れてみたらどうかな

　作成した英文をペア、またはグループ内で見せ合い、①「文法上の間違い」、②「綴りの間違い」をチェックし合う。また、③「相手の興味をひく内容か」、④「海外の人が読んでも分かる内容か」についても話し合い、よりよい紹介文になるようにアドバイスし合う。

4 完成した推し紹介を読み、振り返りや相互評価を行う

　発表を読み、生徒用 ICT 端末を使って感想を記入させる。後日、紹介文を掲示し、お互いに「いいね！」の形のシールを貼り合ったり、ALT の協力を得るなどして評価してもらう。

Unit 0
Unit 1
Unit 2
Unit 3
Unit 4
Unit 5
Stage Activity 1
Unit 6
Unit 7
Unit 8
Unit 9
Stage Activity 2
Unit 10
Unit 11
Stage Activity 3

第6時 ALTから高評価がもらえる「『推し』紹介文」を書く

活動の概要

この単元のゴールとなる活動である。自分の好きな芸能人、アニメや漫画のキャラクター、友達や先輩、先生や家族などの紹介文を書く。「推し」という言葉を使うと、必ずしも有名な人物である必要はなくなるため、紹介する人物の幅が広がる。「自分のイチオシの人物」を書くということで生徒の意欲が高まることを期待する。さらに、その人物を知らない人にも魅力が伝わるように工夫させることで、「書きたい」という気持ちを喚起する活動にしたい。

活動をスムーズに進めるための3つの手立て

①いつも手元に!
最重要動詞、代名詞一覧表をラミネートして机に下げておくなど、いつも手元においておく。

②自由な発想で!
イラストを描いたり、写真を貼るなど、相手に伝わるような紹介文になるように工夫させる。

③生徒の意欲を喚起
掲示したり、発表したりする際も、生徒の意欲を喚起するような教師側の工夫が必要となる。

活動前の指導のポイント

ウェビングマップで書かせ、一番伝えたい情報や読む人の興味をそそる情報の提示の仕方、また提示の順番などの工夫をして作成するよう伝える。作成のポイントや、どのような形で発表し、見せ合う、評価されるのかを前もって伝える。作成のポイントや手順については、黒板などに貼り、見通しをもって作成できるようにするとよい。

活動中の指導のポイント

できるだけ自分で辞書を引き、調べさせる。辞書にない場合は、JTE や ALT が支援する。文法や綴りなどの軽微なミスについては、ペアやグループなどで、相互推敲させ、お互いに気付き合い、学び合う活動とする。どうしても作成に時間がかかる生徒には、教師が支援するが、できる限り自分が伝えたい内容を表現できるようにアドバイスを行う。

〈作成のポイント〉

①その人物を知らない人にも、あなたの「推しへの愛」が伝わるように書く。

②日本人にも海外の人にも高評価を得られるように書く。

③三人称単数現在形、代名詞に注意して書く。

※学級、学年、先生、ALT からたくさん「いいね！」をもらおう！

※発表の際は、できるだけ原稿を見ないで発表しよう！

発表原稿例

（例）

The man is a singer.
His name is Koji.
He is good at playing the guitar.
He plays the harmonica too.
He is from Yokohama.
His voice is amazing!!
I love him very much!

相互評価場面

活動後の指導のポイント

①紹介文を掲示し、互いに読み合う。振り返りを ICT 端末で入力し、共有する。

（実際の SNS のような枠を段ボールなどで作成するなど、発表の雰囲気づくりをする）

②印刷したものを貼り出し、生徒も教師もみんなで「いいね！」シールを貼り合う。

（１人５枚など、枚数を決めたほうがよい）

③ICT 端末でワークシートを共有して、コメントし合う。

相手や自分の体調をたずねたり説明したりする場面をスキットで演じてみよう

本時の目標

相手の体調についてたずねたり、自分の体の不調について説明したりする場面を想定し、自分事として演じることができる。

準備する物

- ・デジタル教材
- ・ワークシート
- ・生徒用 ICT 端末

【指導に生かす評価】

◎スキットを発表する様子を動画で撮影し、評価材料とする。

本時の学習活動のポイント

本文の内容を参考に、ペアでスキットを作成させる。必ず最後にオチ「punch line」がくるように、おもしろい内容を考えさせる。発表会後、振り返りを行う。

場面設定、登場人物の性格やセリフを工夫させることで、より現実味を帯びたコミュニケーションを生徒たちが演じることができる。既習語句、文法にとどまらず、「言いたい表現」を既習事項から紡いだり、「よりネイティブに近い表現」などを ALT の力を借りながら使わせていきたい。

発表する際は、① Fluency、② Pronunciation、③ Expression の 3 観点で仲間を評価する。さらに、①よかった点、②次回に向けた改善点なども出し合う。生徒用 ICT 端末で同時に評価を入力すると、全員の意見を共有することができる。

本時の展開 ▷▷▷

1 本文の会話を聞き取り、概要を捉える

本文を聞き、その後本文をバラバラにしたものをペアで並べ替える。どんな場面か、どんな意味かを捉え、ペアで会話練習を行う。ペアを替えて、①すらすら読む、②チラ見して読む、③暗記して読む、④どこかを変えて会話する、を目標に練習する。

2 新出単語や表現、基本文をペアで練習する

headache

デジタル教材を活用し、新出単語や表現、基本文を口頭で練習する。Tool Box の表現も使いながら、何度かペアドリルを繰り返す。単語を変えたり、慣れたら基本文の一部を変えたりしながら、徐々に即興で言えるように練習していく。

Unit 0
Unit 1
Unit 2
Unit 3
Unit 4
Unit 5
Stage Activity 1
Unit 6
Unit 7
Unit 8
Unit 9
Stage Activity 2
Unit 10
Unit 11
Stage Activity 3

3 4 ペアスキットを作成する

活動のポイント：①体調に関わる話、②「オチ」があること、③振り返りの時間を大切に。

(例)

A) B, how are you today?

B) I feel terrible.

A) What's wrong?

B) I have a pain here.

A) A pain? Where?

B) Here！I have a toothache!

A) Where？

B) Here！Look at this tooth!

A) Here? ...Oh, ouch!!
   You bit me!!!

B) Sorry. Go to the nurse's office.

3 「体調」をテーマに、ペアスキットを作成する

ペアスキットを作成する。本文は参考にしてもよいが、必ずオリジナルストーリーになるように作成する。本文をまねることよりも、「こういう話を作りたい」「こういうことを言いたい」という気持ちを大事にしたい。

4 ペアスキットを発表し、振り返りを行う

クラスの前で発表を行う。2回演じさせ、2度目はスキットの原稿を実物投影機で映してもよい。発表後は、自分たちが工夫した点、改善点、他の班のよかった点、改善点を出し合う。

Let's Listen ①

留学生の情報を聞き取り、おすすめの場所を伝えよう

本時の目標

　人物に関する紹介を聞いて必要な情報を捉え、その人がどのような人かを理解することができる。

準備する物

　・デジタル教材
　・ワークシート⤓

【聞くこと、書くことの記録に残す評価】

◎留学生のプロフィールを聞き、自分が聞きたい情報、不足する情報を聞き分けている。（思）〈ワークシート〉

◎得た情報をもとに、留学生に伝えたいことを手紙で書いている／書こうとしている。（思・態）〈ワークシート・手紙〉

ワークシート活用のポイント

　教科書は使用せず、まだ見ぬ相手（新しくやってくる留学生）に対して知りたい情報を最初にワークシートに記入させる。自分が知りたい情報が、留学生の紹介や手紙の中で示されるのかということに集中して聞き取らせたい。Step 1、Step 2 では、聞き取った情報に自分が必要な情報があるかないかを聞き分け、メモしていく。Step 3 では聞き取った情報や不足する情報をもとに、留学生が喜ぶようなおすすめの場所を紹介したり、追加で質問したりするような手紙を書く。必要な情報をメモし、整理するとともに、全体の概要から具体的な情報を類推する力も育みたい。

　メモをしたワークシートや留学生への短い手紙を記録に残す評価とする。単元テストや定期テストでも類似した問題を出題し、「聞くこと」と「書くこと」の評価を行う。

本時の展開 ▷▷▷

1 Before You Listen
留学生について知りたいことを考える

　自分たちのクラスに留学生が来ることになったら、どんなことを聞きたいかを考え、ペアやグループで共有する。教師は、話題に出てきた項目を黒板に書き出し、似たような内容をまとめる。生徒はワークシートに記入する。

2 Step 1
留学生の情報を聞き取る

　自分たちが知りたかった内容は話されるのか、メモを取りながら聞く。自分たちが知りたかった項目と、他に話された内容を全体で共有する。聞き取りづらかった場面を挙げ、その部分に注意してもう一度聞かせる。場合によっては再生速度をゆっくりにする。

Unit 0
Unit 1
Unit 2
Unit 3
Unit 4
Unit 5
Stage Activity 1
Unit 6
Unit 7
Unit 8
Unit 9
Stage Activity 2
Unit 10
Unit 11
Stage Activity 3

聞き取りのためのワークシート

（表）

Unit 7　Let's Listen①　留学生のプロフィール（表）

Class（　）No.（　）Name

(Before You Listen)
もしあなたの学校に海外からの留学生が来るとしたら、あなたはその留学生についてどんなことを知りたいですか。
表の左側に書いてみよう。
(STEP 1)
知りたかった内容は話されるのか、クック先生の話を聞いて、右側にメモしてみよう。
(STEP 2)
留学生から届いた手紙の内容を聞いて、さらにメモしよう。

知りたいこと	それについてわかったこと
どこの国の人？	
何が好き？（食）	
何が好き？（スポーツ）	
何が好き？（アニメ） ？	
日本のことをどれくらい知ってる？ ？	
興味があること ？	

新たにわかったことメモ

名前は＿＿＿＿＿
日本の食べ物 ＿＿＿＿＿

（裏）

Unit 7　Let's Listen①　留学生のプロフィール（裏）

(STEP3)
聞き取った情報をもとに、また自分が知りたかった情報も含めて留学生に返事を書こう。
日本に来るのが楽しみになるよう、おすすめの場所や食べ物など紹介しよう。

Thank you for your letter.
We have a nice Japanese restaurant in our town. You can eat fresh and
delicious sushi there. I want to go there with you.
I'm looking forward to seeing you soon!!

MEMO

新鮮な … fresh
楽しみにしている … be looking forward to ~ ing

---

3 Step 2
留学生からのメッセージを聞き取る

留学生から来た手紙の内容を聞き取り、フリースペースにメモをさせる。一回目で分かった情報をペアで共有し合う。二回目を聞き、新たに分かった内容を共有し合う。簡単な日本語で内容をまとめた後、分かりづらかった部分に注意し、三回目を聞く。

4 Step 3
留学生に伝えたいことを考える

Step 1・2の情報を踏まえ、また自分が聞きたかったことも加えて、留学生に1、2文程度の短い手紙を書く。日本に来るのが楽しみになるような内容を意識させる。

Grammar for Communication ⑤

先生になって、代名詞の使い方について解説しよう

本時の目標

代名詞についての授業を他の生徒に対して行うことで、綴りや読み方だけでなく用法について正しく理解することができる。

準備する物

- ・デジタル教材
- ・ワークシート☑、振り返りシート
- ・実物投影機
- ・PC、黒板、ICT 端末他

【指導に生かす評価】

◎本時では記録に残す評価は行わないが、生徒自身による復習や授業の振り返りなどを見取り、今後の指導に生かす。

活動のポイント

人称代名詞の表を丸暗記し小テストなどで点を取れても、実際には使えないという生徒が少なくない。一斉授業で「理解した」つもりになっていたことでも、誰かに教えることで、初めて「理解した」と言える学びとなる。何より生徒たちは、「先生」として授業ができることを楽しみ、意欲的に教材研究をする。さらに、生徒たちが行う授業は、少なからず自分が行っている授業を映す鏡であり、日頃の教師の授業を振り返る絶好の機会ともなる。この活動で最も重要となるのは「振り返りの時間」であり、自分事としてよい点も改善点も話し合わせることで、今後の活動に生きる活動となる。「文法はコミュニケーションを支えるもの」であり、文法的事項と実際のコミュニケーションとを俯瞰的に見ることで、生徒が自身の学習状況を客観視して「学びに向かう力」を涵養することにもつながる。

本時の展開 ▷▷▷

1 全体で復習（代名詞の歌）後、班ごとに担当箇所を決める

代名詞の表を格ごとにブランクにしたスライドを映し、歌で復習する。列ごと、一人ひとりなど、ドリルの方法を工夫する。その後、長文問題を題材にした授業を行うために、「主格」「所有格」「目的格」「所有代名詞」を担当するグループに分かれる。

2 グループ内で役割を決め、授業をするための指導案を書く

グループ内で、黒板担当、PC 担当、教師役、机間指導担当などの役割に分ける。「教材研究タイム」でも、教科書などを調べる担当、指導案を書く担当、イラストや教材を作る担当など分担して作業するよう指導する。

2 班別授業計画ワークシート

Unit 7 Let's be teachers!!
~先生になって代名詞を説明しよう~
Grammar for Communication⑤

Class(　　　)　No.(　　　)　Name _____

自分の班…（ 主格I ・ 所有格my ・ 目的格me ・ 人称所有格mine ）
group ① 2 3 4

1. 役割を決めましょう。（例：全員先生、交代でも可。メインの先生、アシスタントもOK。）

名　前	役　割　分　担

2. 指導計画を決めましょう。（持ち時間は5分です。）

生徒たちがやること	自分たちがやること	注意すること・準備するもの
（例） ①聞かれた質問に答える。 ②先生の後に続いて発音する。	（例） ①Aくん…黒板に文を書く。 　Bさん…生徒を指名する。 　Cさん…説明する。 　Dくん…発音を練習させる。	・ふざけない。 ・「さん」「くん」づけで呼ぶ。 ・恥ずかしがらない。 ※ポイントを紙に書いて 　貼る。マジックペン、紙。

3 「先生」となりグループごとに授業を行う

　黒板を使う、TVにスライドを映す、カードを作るなど、授業の仕方を自由に考えさせる。教師役、生徒役をきちんと演じさせる。同じ箇所を担当するグループ同士でも教え方が違うのでおもしろい。

4 本時の振り返りをする

　分かりやすかったところ、工夫されていたところ、こうすればもっと分かりやすかったなどを全体でフィードバックする。全員が自分事として振り返ることで、理解が深まり、一斉指導と比較にならないほどの定着が期待できる。何より生徒が意欲的に行える。

Unit 0
Unit 1
Unit 2
Unit 3
Unit 4
Unit 5
Stage Activity 1
Unit 6
Unit 7
Unit 8
Unit 9
Stage Activity 2
Unit 10
Unit 11
Stage Activity 3

8

A Surprise Party　6時間

＋Let's Write ①　1時間 ／ 学び方コーナー④　1時間 ／

Grammar for Communication ⑥　1時間

単元の目標

現在の状況や今していることを伝え合ったりするために、電話や対話の場面における短い話を聞いてその概要を理解したり伝え合ったりすることができるとともに、町や学校の様子を分かりやすくクラスのみんなで紹介し合えることができる。

単元の評価規準

	知識・技能	思考・判断・表現	主体的に学習に取り組む態度
聞くこと	・現在進行形や感動を表す表現の形・意味・用法を理解している。	・電話での対話や実際の対話の場面の中で、現在の状況や今していることについて必要な情報の概要や要点を捉えている。	・電話での対話や実際の対話の場面の中で、現在の状況や今していることについて必要な情報の概要や要点を捉えようとしている。
話すこと［やり取り］	・現在進行形や感動を表す表現の理解をもとに、今していることや驚きの気持ちを伝え合う技能を身に付けている。	・現在の状況を伝えるために、今していることや感動や驚きの気持ちを伝え合ったり話したりしている。	・現在の状況を伝えるために、今していることや感動や驚きの気持ちを伝え合ったり話したりしようとしている。

単元計画

第1・2時（導入）	第3・4時（展開①）
1．お互いの誕生日をたずねたり、答えたりしよう 　誕生日を当てる "Guessing Game" のやり取りを通して、誕生日のたずね方、答え方を知る。 　A：When's your birthday ? 　B：It's November 12th. 　その後、ALT と JTE の電話でのやり取りを聞いて、双方の誕生日に関する情報を聞き取り、ワークシートにメモを記入する。 　A：Are you busy, now? 　B：I'm doing my homework, but I can talk. **2．電話で、今何をしているかたずねたり答えたりしよう** 　前時の復習として、写真を見ながら「今、何をしているか」をたずね合う活動をする。その後、ALT と JTE が設定された場面で行う対話を聞き取り、内容・文構造を理解する。JTE と ALT の対話の表現を参考に、黒板の絵の状況を説明する。 　　　　　　　　記録に残す評価【聞】知 思	**3．電話で、明日の予定をたずねたり答えたり、相手を誘ったりする表現を練習しよう** 　前時の電話でのやり取りを再度聞いて、内容、文構造を確認する。その後、モニター上の動作場面の画像を見て、現在進行形の表現（例：What are you doing?/I'm～.）を用いて表現練習を行う。 　続いて、自分が今何をしているかが書かれたカードを持ち、友達に「～しているところですか？」としていることを推測してインタビューをしたり、相手の質問に答えたりする。 　最後に、「あなたは、何をしているところですか？」「～をしているところです」の Q&A の文を聞いて、内容、文構造を理解し、対話練習をする。 **4．電話で、今何をしているかたずねたり答えたりする練習をしよう** 　カードの人物になりきり、今、していることについて、お互いにたずね合う。その後、お互い違う情報が書かれているワークシートをもとに、自分のシートでは分からない情報を相手にたずねて記入させるようにする。

Unit 8の場面は3つで構成されている。携帯電話で今していることを説明する場面。誕生日パーティー準備のときに何をしているかをやり取りする場面。そして、誕生日パーティーの中でプレゼントを渡された主人公が驚きの表現をする場面である。指導に当たっては、表現の使用場面を意識させ、基本文型がその場面の中でどのような働きをもっているのかを理解させながら導入をしていきたい。続いて、表現の運用練習をさせる活動は、単なるパターン練習ではなく、カードを活用して、自分自身の思いでやり取りをさせるよう工夫し、「聞くこと」「話すこと［やり取り］」を中心としたコミュニケーションを図ることができる資質・能力の育成を図りたい。

第1時から第2時では、電話をする場面での表現を理解する表現を理解したか、また「今、〜をしているところです」の表現を理解したかを見取る。第3時では、「今、〜しているところです」の表現の働きを理解し、使用場面を設定した中で活用できるようになったかを見取る。既習の学びを生かすような指導を行いたい。第2時において、お互いにアドバイスし合ったことを意識して次の活動に向かえているか等、子供の主体的な活動の様子の見取りを丁寧に行えるように、学習後の振り返りシート等を活用して記録に残す評価としたい。また第4時では「何をしているのか？」とたずねる表現も加えて、実際にやり取りができるか見取る。

第5時では様々な場面で、即興的に表現が活用できるようになったかを見取るとともに、第5時では、自分の驚きなどの感情表現を理解しているか見取る。

第6時では、単元の終盤として、様々な場面の中で、本単元の表現を適切に用いて分かりやすく紹介し合うことができるようになったかを見取り、記録に残す評価とする。

第5時（展開②）	第6時（終末）
5．プレゼントを渡すときの表現や、もらうときの表現を使って対話をしよう	6．町の公園の様子を分かりやすく紹介しよう

5．プレゼントを渡すときの表現や、もらうときの表現を使って対話をしよう

プレゼントを渡す場面のやり取りをもう一度聞いて、内容、表現を確認する。

A：Happy birthday, (　　　).
　This is a present for you.
B：Oh, wow. How nice!

その後、モニターで示されたプレゼントの写真を見て、感動の表現を言えるようにする。

How nice!　What a cute (bag)!
Oh, beautiful.

続いて、前時のカードを使い、今度は「あなたは、今、何をしていますか？」とたずね、「時間があれば、一緒に何かをしよう」と誘う対話をする。

A：What are you doing?
B：I'm free.
A：Let's (play tennis) .
B：Oh, good. How nice.

最後に、誕生日プレゼントを渡す場面で、自分の感動を表す場面の文を聞き、内容を確認する。

6．町の公園の様子を分かりやすく紹介しよう

町の公園や図書館の様子を示した絵を見て、誰が何をしているかをたずねたり表現したりする活動をする。その後、紹介した表現を使って町の人を紹介する文を書く。

続いて、教師がモニターに示す画像を見て、その人が誰であるか、そして、今何をしているのかを即興で表現する活動を行う。

最後に単元を振り返り、現在進行形や感動を表す表現などの形、意味、用法を再確認する。

記録に残す評価【話（や）】 知 思 態

Let's Write ①	：1時間
学び方コーナー④	：1時間
Grammar for Communication ⑥	：1時間

※Unit 8の全ての授業終了後に、Let's Write ①（1時間）、学び方コーナー④（1時間）、Grammar for Communication ⑥（1時間）を行う。

Starting Out
お互いの誕生日をたずねたり、答えたりしよう

本時の目標

友達の誕生日を予想して、誕生日をたずねたり答えたりすることができる。

準備する物

・振り返りシート
・ワークシート（活動 **2** 用） ⬇
・月を表す絵・数字の絵カード（掲示用）
・Small Talk に使う絵カード

【指導に生かす評価】
◎本時では、単元後半の「学校の様子を紹介する」活動に向けて、どのように表現していくのかを指導していく。

本時の言語活動のポイント

本時の最初の活動である Small Talk では、教師は有名スポーツ選手の写真をモニターに示し、何の選手か、出身地はどこか、誕生日はいつかを、Q&A 形式でやり取りする。このとき、生徒の多くが知っている選手を扱い、生徒の興味・関心を惹きつけながら、やり取りをする。

また、教師が誕生日を表す表現を繰り返し言うことで、生徒に誕生日をたずねたり答えたりする表現を確認させたい。

お互いの誕生日をたずね合うメインの活動では、友達の誕生日を前もって予想させる "Guessing Game" 形式でやり取りをさせることで、生徒に実際に誕生日をたずねたくなるようなしかけを工夫したい。

本時の展開 ▷▷▷

1 Small Talk をする
～誕生日の表現を聞く～

野球
7月5日

サッカー
6月4日

テニス
10月16日

教師が、写真の有名スポーツ選手が誰かを生徒にたずねる。有名人の名前が出たところで、誕生日を紹介し、月・日を表す表現に触れる。この際、教師は生徒のよく知る有名人の誕生日を繰り返し示すことで、誕生日を表す表現に慣れ親しむことができるようにする。

2 ペアで誕生日をたずね合い、
お互いの誕生月を当て合う

Hello, Yumi. When is your birthday?

Hello, Kei. My birthday is July 17th.

ビンゴ形式のワークシートに友達の誕生月を予想して書く。ルールに従って友達に誕生日を英語でたずねたり答えたりする。
※ルールを設定することで、ペアを組めない生徒が出ないよう配慮する。

2 友達の誕生月を予想して当て合うゲーム

活動のポイント：友達の誕生月を予想して、友達同士で誕生日をたずねたり答えたりするやり取りをしながら、誕生日を表す表現を確認する。

A：Hello, (氏名①). When is your birthday?
B：Hello, (氏名②).
　　My birthday is (　　　　) (　　　　).
A：Oh really? Thank you.
B：When is your birthday?
A：My birthday is (　　　　) (　　　　).
B：Thank you.

　ワークシートに、クラスメートの名前を書いておく。
　教師の指示や一定のルールで、自分が予想する友達を数人選び、誕生月を予想して空欄に記入する。選択した友達に誕生日をたずね、予想した月が合っていれば○を記入していく。○が一列にそろったら（ビンゴ）、ゲーム終了となる。

---

3 ALT と JTE の電話の動画を見て、ワークシートに整理する

Hi, Yoko? What are you doing?

I'm doing my homework now.

　ALT と JTE が、何をしているかをたずね合う動画を見て、必要があればメモする。メモをもとに、ワークシートの空欄に必要事項を記入し、電話の内容をまとめた説明を完成させる。

4 本時の振り返りをする

　ALT がモニターに写る日本人の有名人の写真を見ながら、生徒に、誰なのか、何をする人なのか、誕生日はいつなのかなどをたずね、生徒が英語で答える対話を繰り返し行う。
※生徒には、有名人の必要な情報を見えるようにしておく。

Unit 0
Unit 1
Unit 2
Unit 3
Unit 4
Unit 5
Stage Activity 1
Unit 6
Unit 7
Unit 8
Unit 9
Stage Activity 2
Unit 10
Unit 11
Stage Activity 3

Preview

電話で、今何をしているかたずねたり答えたりしよう

本時の目標

　電話で正しく、相手が、今何をしているのかをたずねたり、答えたりすることができる。

準備する物

・振り返りシート
・使用済みのスマートフォン（練習用）

【聞くことの記録に残す評価】

◎今、何をしているのかをたずねたり答えたりしている ALT と JTE の対話を正しく聞き取れているかを評価する。（知・思）
[観察評価、ワークシートの記述]

Unit 8 A Surprise Party

〔本時の目標〕

電話で、今何をしているかたずねたり答えたりしよう。

【基本文の確認】

A : Are you busy now?
B : No, I'm not. I'm watching TV.

A : Are you free tomorrow?
B : Yes, I'm free.

A : Can you come to my house?
B : Yes. I'm looking forward to it.

本時の展開 ▷▷▷

1 今何をしている写真なのか、JTE の質問に答える

　モニターの写真を見せながら、生徒に何をしているのかをたずね、生徒は前時の学習を振り返り、現在進行形を使って答える活動を行う。
※可能な限り、前時に使っていない有名人等の写真を使うほうが望ましい。この活動の中で、語句や表現を復習させる。

2 ALT と JTE の対話を聞き取り、聞き取った内容をメモする

　ALT と JTE の対話の内容を整理するためのワークシートを配付する。対話の音声を繰り返し聞かせ、ワークシートの空欄を埋め、本文の内容をつかませていく。ワークシートは、構造的に整理し、対話の内容を順を追って理解しやすくする。

【本時の振り返り】

□「〜しているところです。」と動作が
　進行している状況を説明する場合

○ I play the piano on Sundays.
　〔これは、「毎週日曜日にピアノを弾
　く」という事実や習慣などを表現し
　ている〕

○ I am playing the piano.
　〔これは、まさに「今ピアノを弾いて
　いるところです。」という表現〕

3 示された絵の状況を英語で説明
する

　ALT と JTE が対話で使った表現などは、生
徒たちがペアワークで困った場合に、黒板やテ
レビモニターに徐々に示していったり、ワーク
シートを参考にできるようにする。また、カー
ドをいろいろと替える工夫をすることで、自分
がしていることを変えて表現させる。

4 現在進行形を使って状況を説明
する練習をし、学習を振り返る

　黒板に示した絵カードの状況を言わせる。積
極的に場面を表現する姿勢を評価につなげる。
この活動を繰り返し行わせ、即興的な表現力育
成につなげる。like や have といった状態を表
す動詞は、進行形は使わず、現在形で表現する
ことは確実に指導する。

Unit 0
Unit 1
Unit 2
Unit 3
Unit 4
Unit 5
Stage Activity 1
Unit 6
Unit 7
Unit 8
Unit 9
Stage Activity 2
Unit 10
Unit 11
Stage Activity 3

Story ①

電話で、明日の予定をたずねたり答えたり、相手を誘ったりする表現を練習しよう

本時の目標

　電話相手が何をしているかたずねたり、相手の都合に応じた受け答えをすることができる。

準備する物

・電話でやり取りをする場面の動画
・テレビモニター、ICT 端末（生徒用）
・ワークシート⤓

【指導に生かす評価】
◎テレビモニターを見ながら、表現の使用場面に適切に現在進行形で表現ができているかを見取る。

本時の言語活動のポイント

　授業の最初に、前時の内容の電話の場面を復習させ、場面と表現を思い出させる。

　次に表現練習をさせる場面では、テレビのモニターを使い、様々な動作をしている場面を見せ、素早く表現を言うことができるようになるまで練習させたい。

　次に、ペアで、「今、忙しいか」をたずね、時間があれば家に誘う流れで Q&A の対話活動をさせて表現練習をさせていく。この活動をする際に、テレビモニターに相手がしていそうな動作をしている絵を示し、本時の最後では、ペアで自由に Q&A をさせていきたい。

本時の展開 ▷▷▷

1 前時の対話を聞いて、内容を理解する

　教科書本文の、電話で「明日、暇な時間があるかをたずねる」「明日は時間がある」の表現を聞いて、場面を思い出し、場面に応じた表現を復習させる。

2 「今、～しているところです」と表現の練習をする

　テレビモニターに、様々な動作をしている絵を示し、その絵の場面に応じて、「～しているところです」と、動作を表す表現を繰り返し発話させる。場面を日本語で説明し、英訳するのではなく、場面から英語の表現が出るよう、即興性を意識させたい。

> **活動のポイント**：ペアで「今、忙しいかどうか？」「今、〜をしているところです」とたずね
> 合う前に、相手が、今していそうなことを予想してワークシートに書かせ、
> その予想が当たったかどうかゲーム形式で対話を行わせる。

A：Hi, (　　　　).

B：Hi, (　　　　).

A：I'm dancing with my friends now. Can you come to the gym? Are you busy now?

【誘いを了承する場合(例)】　　【誘いを断る場合(例)】

| B：Oh, really?
　　Good. I'm not busy.
　　I can go. I like dancing.
A：OK. See you at ten.
B：OK. Bye. | B：Oh, really?
　　I'm sorry, I can't go.
　　I'm helping my mother.
A：OK. So, let's dance
　　next time.
B：OK. Bye. |

---

3 ペアで「今、何をしているのか」をたずね合う活動をする

　自分が今何をしているか書かれたカードを持ち、「〜しているところですか？」と相手がしていることを予想してたずねたり、相手のインタビューに答えたりする。

4 現在進行形を用いた対話文を聞き、内容、文構造を理解する

　黒板にいろいろな場面の絵をいくつか示し、生徒にその表現を言わせ、本時の振り返りをさせる。ここでは、正しく表現することのほか、可能な限り即興的に言えるかも見取っていきたい。

※即興的な表現力育成につなげたい。

Unit 0
Unit 1
Unit 2
Unit 3
Unit 4
Unit 5
Stage Activity 1
Unit 6
Unit 7
Unit 8
Unit 9
Stage Activity 2
Unit 10
Unit 11
Stage Activity 3

Story ②

電話で、今何をしているかたずねたり答えたりする練習をしよう

本時の目標

電話で即興的に、今自分がしていることを相手に伝えたり、相手のしていることをたずねたりすることができる。

準備する物

・振り返りシート
・絵カード
・ワークシート⤓
（書かれている情報が違う2種類のもの）

【指導に生かす評価】

◎本時では、記録に残す評価は行わないが、絵が表す場面を理解し、その場面を表現することができない生徒には、文の形や用法を指導する。

ワークシート活用のポイント

授業の最初に、前時の内容の電話の場面を復習させ、場面と表現を思い出させる。

次に表現練習をさせる場面では、テレビのモニターを使い、様々な動作をしている場面を見せ、素早く表現を言うことができるようになるまで練習させたい。

本時の基本文導入の場面では、ペアで書かれている情報が違うワークシート（Information Gap の要領を活用）を見ながら、「あなたは、～をしているところですか？」「あなたは何をしているところですか？」と Q&A の活動をさせて表現練習をさせていく。

本時の最後では、テレビモニターに動作をしている絵を示し、ペアで自由に Q&A をさせていきたい。

本時の展開 ▷▷▷

1 「今～しているところです」の表現を復習する

導入では、前時に示した場面をモニターで再度示し、現在進行形の文を使って、今現在の状況を説明する練習をさせたい。

2 カードの人物になりきり、即興的に「今、していること」を表現する

相手の問いに、即座に応答できるようにするため、ここでは、「今、何をしているか？」「今、～をしている」の対話を、スピーディーに行わせることに注意する。そこで、カードを用いて、そのカードの人物になりきることで、実際のコミュニケーションに近付けていきたい。

3 「あなたは今、何をしているところか？」をたずね合うワークシート

ワークシートは、「ワークシートA」「ワークシートB」の2種類作成し、ペアにそれぞれ違うシートを配付するQ＆Aをする際には、ワークシートの各番号に書かれている名前の人物になって質問に答えるようにさせる。

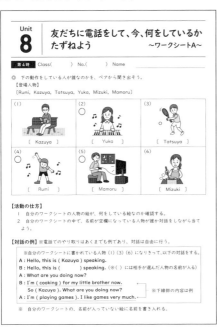

---

3 ペアで、たずねたり答えたりする

Hi, Yuta. What are you doing now?

Hi, Ami. I am playing games.

　自分のワークシートに書かれている情報を適切に把握し、相手の質問に適切に応答できているかを注意して見ていきたい。表現を使うことに自信がない生徒には、しっかりと支援・指導することを大切にしたい。

4 本時の振り返りをする

プレゼントを渡すときの表現は分かったかな？　豊かな表情でこの表現を使うことも大切ですね

　プレゼントなどを渡したりもらったりする実際の場面では、自分の感情を適切に表現していくことが大切であることを指導する。その際には、感情を表す形容詞などの単語、さらには豊かな表情なども大切であることを指導する。

Unit 0
Unit 1
Unit 2
Unit 3
Unit 4
Unit 5
Stage Activity 1
Unit 6
Unit 7
Unit 8
Unit 9
Stage Activity 2
Unit 10
Unit 11
Stage Activity 3

Story ③

プレゼントを渡すときの表現や、もらうときの表現を使って対話をしよう

本時の目標

プレゼントをもらったときの感動や驚きを、相手に伝わるように表現することができる。

準備する物

- ・振り返りシート
- ・絵カード（プレゼントの絵）
- ・プレゼントの品物（実物、模型など）

【指導に生かす評価】

◎本時では記録に残す評価は行わないが、目標に向けて指導を行う。プレゼントを渡したり、もらったりするときの適切な表現方法を指導する。

本時の言語活動のポイント

本時では、いかにしてプレゼントを渡したり、もらったりするかという実際に近い場面を設定した上で活動させられるかがポイントとなる。そのことで、プレゼントをもらった側の生徒が、自分の気持ちを適切な言葉（形容詞）で表現できることにつながると考えられる。

授業の前半で表現の発音練習及び表現の使用場面を理解させるよう指導し、生徒が絵を見て自然に表現が発話できるようにさせていきたい。

中心活動においては、カード（プレゼントの写真）を使い、生徒に実際の場面を想起させて表現のやり取りをさせていくよう工夫する。

本時の展開 ▷▷▷

1 プレゼントを渡す場面のやり取りを聞き、内容、表現を理解する

導入では、プレゼントを渡している場面の設定に注意する。そのためには、場面設定のためのカードを準備したり場面を意識させる状況設定に注意する。現在進行形の文は、今現在の状況を説明するため、場面設定には特に注意する必要がある。

2 モニターのプレゼントを見て、自分の感動を表現する

活動をさせる際に、教師が指すプレゼントに対して、生徒たちがスムーズに "How nice!" "What a nice ( )" の表現が出てくるように繰り返し発話させるるようにする。

3 相手にプレゼントを渡す表現や感動したり驚いたりするなど、自分の気持ちを伝え合うための活動

> 活動のポイント ：生徒に感動の気持ちを出させるために、プレゼントを渡す実際に近い場面
> を設定することがポイントとなる。そのために、プレゼントが何か分かる
> 絵や実物を準備して、実際に互いに渡し合うよう工夫する。

〈対話の例〉

A : Hi, (　　　　　). Come here. Quickly!

B : Why? What's happening?

A : Surprise! Happy birthday, (　　　　　). This is a present for you.

B : Oh my goodness. Wow. How nice. Can I open it?

A : Yes, of course.

B : Oh, what a (cute cap) ! Thank you so much.

A : You're welcome.

3 時間がある友達に、一緒に何かをするよう誘う

　活動をさせる際には、いくつかの形容詞を示して、自分の感動（気持ち）を表現しやすくしておく工夫が大切となる。

〈形容詞の例〉

nice, beautiful, good, cool, pretty, cute

4 感動を表す表現の使い方を確認し、文の構造を理解する

　本時の最終活動として、本時に扱った表現とその使用場面を、生徒が即興的にリンクさせて表現できるようにさせたい。そこでモニターに示す場面を変えていき、素早く現在進行形を使わせる工夫をしたい。また、自分の驚きを表す表現を聞いて、文の内容や構造を確認させる。

Unit 0
Unit 1
Unit 2
Unit 3
Unit 4
Unit 5
Stage Activity 1
Unit 6
Unit 7
Unit 8
Unit 9
Stage Activity 2
Unit 10
Unit 11
Stage Activity 3

Unit Activity

町の公園の様子を分かりやすく紹介しよう

本時の目標

　クラスの友達に町の公園で誰が何をしているか分かりやすく表現することができる。

準備する物

・振り返りシート
・町の公園の絵地図（いろいろなことをしている人たちが書かれている）

【話すこと［やり取り］の記録に残す評価】

◎公園の様子を見て、現在進行形を用いて適切に状況を説明している。（知・思・態）［観察評価、ワークシートの記述］

Unit 8 A Surprise Party

〔本時の目標〕

町の公園の様子を、「〜しているところです」と紹介しよう。

〔基本文の確認〕

A : What is Takashi doing?
B : He is reading a book.

A : What is Yumi doing?
B : She is walking with a dog.

本時の展開 ▷▷▷

1 動作をしている絵を見て、「〜している」と表現する

> What's the boy doing?
> He is riding a bike.

　生徒たちには、前時に練習した表現を、ALTとの対話の中で使えるか、緊張間の中で練習させていきたい。主語が3人称となる形であるため、話す人、聞く人、話題になっている人（3人称）との関係性を指導する。

2 町の公園にいる人たちの様子を表現する

> Yes. I like it.
> Let's play tennis, with us.

　モニター上の公園の絵に、動作をしている上に示すような絵を追加させていき、様々な場面を表現できるように繰り返し、口頭で言わせていきたい。

Unit 0
Unit 1
Unit 2
Unit 3
Unit 4
Unit 5
Stage Activity 1
Unit 6
Unit 7
Unit 8
Unit 9
Stage Activity 2
Unit 10
Unit 11
Stage Activity 3

板書のポイント：絵の場面を見て、「一緒に～しよう」と即興的に誘う表現を使えることができるようにさせたい。

〈場面の表現（例）〉

【場面を英語で書いてみよう】

1 This is my friend, Satomi.
　She is walking with a dog.
2 This is my friend.
　He is fishing with his father by the pond.
3 This is my friend.
　He is practicing soccer with his club team.
4 This is my brother, Manabu.
　He is reading a book.
5 This is my mother.
　She is cleaning around the bench.

3 **2**で表現した文をもとに、公園の様子を書く

The girl is playing tennis...

　いくつかの場面を自分で自由に選び、現在進行形の文を使って、「その女の子は、私の（友達）です。彼女は、～しているところです」と表現させていく。

4 何をしているかたずねたり答えたりする

This is my brother, Yuki. He is dancing. He likes dancing.

　JTE がモニターの絵からいくつかの場面を選び、生徒たちに何をしているかたずねる。生徒たちには、その場面に合った自由なストーリーを作らせ、現在進行形などを使って表現をさせていきたい。

第6時 町の公園の様子を英語で紹介しよう

活動の概要

　第6時において、本単元の最終活動として、自分たちの住む町の公園で、友達や家族が何をしているかを紹介し合う。モニターや黒板に、大きな公園の絵を示し、行動している人たちの絵を自由に貼り付けて対話するようにする。動作をしている人の絵に、あえて名前を入れないことで、お互いに「あの人のお兄さんはどの絵だろうか？」と、興味を高めさせる工夫をしたい。単に「〜している」だけで終わるのではなく、その人の好きなことや経験など、追加の情報を加えて自由に表現させることで、その人への思いを入れ込ませたやり取りをさせていきたい。

活動をスムーズに進めるための3つの手立て

①公園の絵
生徒の身近で、大きな公園の絵を使ったり、動作をする場所をいくつか設けたりするなど工夫する。

②動作カード
様々な「動作をしている人の絵」を準備し、モニター上に貼り付けていく。ICT機器を効果的に使う。

③中間指導
生徒の理解度に応じて、紹介の文のレベルを変えていく。困っている生徒には繰り返し音声を聞かせる。

友達の表現を参考に変更したら、会話がスムーズになりました

活動前のやり取り例

JTE：Now, you'll introduce your family members and your friends to your "pair".
So first, you should draw pictures of them by the tablet PC. And they are doing something in the park. So, you should draw someone doing some sports, some activities, reading something, swimming, and so on. Do you understand?

Ss　：Yes.

〜ICT端末で絵を描き終えた後に〜

JTE：OK. Have you finished ?　　Ss：OK. I'm all right.

JTE：Now, let's start the activity. Please introduce your family members, or friends.

活動前のやり取りのポイント

友達や家族が何をしているかを紹介し合う時間を確保するため、絵を描くことに時間をとられすぎないよう注意する。事前にICT端末で絵を描く手順を示しておく。

　自分たちの住む町の公園の絵を使うことで親近感が増し、実際のコミュニケーションの場面を意識させることとなり、活動への意欲を高めさせたい。また、自分で身近な人の似顔絵を描き、追加の情報として、その人の実際の情報を入れ込むことで、活動に実際のコミュニケーションの視点が生まれ、生き生きとした活動になることが期待できる。

This is my sister Yukari.
She is at the park.

What is she doing
at that park?

活動のやり取り例

S1：Hi,（S2）.
S2：Hi,（S1）.
S1：This is my sister（Yukari）. She is in this park.
S2：What is she doing at the park?
S1：She is（playing tennis）at the tennis court.
　　She is in the tennis club in my school, and she is a very good player.
S2：Oh, really? Do you sometimes play tennis with your sister?
S1：No, I don't. I don't play it, but I play soccer on Saturdays.
S2：All right.
※下線部の箇所は、生徒に自由に書かせ、コミュニケーション活動の活性化を図る。

活動後のやり取りのポイント

生徒同士のペア活動の途中で活動の状況を教師が確認し、中間指導として上手く追加の表現を入れられているペアにモデルを示させたり、教師のほうで黒板に使える表現などを示したりして、生徒たちの活動の停滞を避ける。また、表現のレベルに相違が見られても、生徒たちの学びの主体性を褒め、活動の達成感を味わわせたい。

Let's Write ①
グリーティングカード を書いてみよう

活動 **1** では、グリーティングカードの形式や表現を理解させることをねらいとしている。カードを提示する際には、名前や表現を書く位置に注意することを意識させたい。

また、活動 **2** では、渡す相手への思いをしっかりもち、それが伝わるように書くことを大切にする。

本時の目標

バースデーカードの書き方、お礼状の書き方の形式を理解し、実際にそれらを書くことができる。

準備する物

・振り返りシート
・ワークシート①（バースデーカード）⤓
・ワークシート②（お礼状）⤓

【指導に生かす評価】

◎本時では、記録に残す評価は行わないが、「バースデーカード」と「お礼状」を書くという目標に向けて指導を行う。

本時の展開 ▷▷▷

1 様々なグリーティングカードの形や表現を知る

教師が、様々なグリーティングカードを示し、グリーティングカードの形式や表現を確認させる。カードを作成する際に、誰に送るのか、目的は何かを考えさせることを伝える。

2 自分のペアにバースデーカードを書く

まず、ペアのために、どんな思いでどんなイメージのバースデーカードを書くか、考えさせたい。その際、相手への思いを伝えることが大切であることを指導する。定型の表現を使うことで、全ての生徒に書かせることができるので、海外の文化に触れさせるよい機会としたい。

2 バースデーカードとお礼状

○バースデーカードとお礼状（例）

バースデーカードの基本的な形式を意識させてカードを書かせたい。相手への祝意や感謝の気持ちを表すカードであるため、相手への思いを伝えることを大切にさせたい。

〔Birthday Card〕

Dear (　Miki　)

Happy Birthday!

Best wishes for your 13th birthday.

Your friend,

Asami

〔お礼状〕

Dear (　Asami　)

Thank you!

Thank you for the nice card.

I really like it.

Your friend,

Miki

---

3 バースデーカードをくれたペアに対して、お礼状を書く

　お礼状の形式や表現方法を確認させ、相手に対して、どのような気持ちを表すか考えさせることを大切にしたい。バースデーカード及びお礼状を書く間は、お互いに書いているカードを見せ合わないよう工夫することで、渡したときの感動を引き出すことにつながる。

4 ペアで書いたバースデーカードを渡し、お礼状を渡す

Happy birthday.

Thank you. Wow. How nice!

　ペアで渡し合う場面だけでなく、教師のアイデアで、誰にどんな形で渡すかを工夫することで、生徒の思いや感動をより高めさせることにつながる。

Unit 0
Unit 1
Unit 2
Unit 3
Unit 4
Unit 5
Stage Activity 1
Unit 6
Unit 7
Unit 8
Unit 9
Stage Activity 2
Unit 10
Unit 11
Stage Activity 3

単語の綴りと発音の規則性を理解し正しく発音しよう

本時の目標

英語の子音の綴りと音との関係を知り、英語らしい発音をすることができる。

準備する物

・振り返りシート
・モニター（子音の）

【指導に生かす評価】

◎本時では、記録に残す評価は行わないが、目標に向けて指導を行う。特に文字の並びで、どんな音を発するか、その規則性を理解させることと、口の形を意識させることの指導を徹底させたい。

本時の学習活動のポイント

本時では、まず、アルファベットの子音字がどれか再確認させる。その上で、アルファベットの「名称」ではなく、その文字の音（オン）を生徒に確認させることから始めることに注意したい。

さらに、子音1文字の発音、2文字で1音を表す「2字1音（ダイグラフ）」、子音が2つ以上連結する「子音連結」を指導する。その際、モニター画面や実際にALTに口の形を見せてもらうよう、子音の文字の並びに注意させることと、発音する際に、口の形、息の使い方等、発音する際に注意すべき点を意識させながら指導することが大切である。

本時の展開 ▷▷▷

1 アルファベットの小文字の発音を確認する

教師が、黒板のアルファベットを指しながら、小文字の発音を指導する。特に、cとgは2種類の発音があるので注意させる。また、日本語の発音をアルファベットで示し、日本語の発音と英語の発音の違いを意識させる。

2 2文字で1つの音を表す文字の並びの発音を練習する

教師が、黒板の2文字のアルファベットを指しながら、2文字で発音する形を指導する。特にph, th, ngなどの、日本語にはない英語独特の発音は、口の形、舌の使い方等、発音の仕方に注意させる。

3 文字の並びと発音の関係や口の形を意識しながら発音する

活動のポイント：生徒の発音する音を確認するとともに、口の形、息の使い方等、正しく発音するためのポイントを確認しながら指導していく。

〔子音字の発音の仕方〕

黒板に子音を書き、アルファベットの名称を確認する。

次にアルファベットの子音字の音を指導する。特に「c」と「g」は2種類の音があることを確認させる。

〔子音字〕

b c d f g h j k l m
n p q r s t v w x y z

〔「2字1音（ダイグラフ）」、「子音連結」の発音の仕方〕

黒板に子音が2つ並んだ形を示し、2音がどのような発音になるか、口の形を意識させるとともに、独特の音の発音を指導する。

その際、日本語の発音との違いを意識させ、英語の適切な発音を練習させていく。

〔2音連結の子音〕

black　sleep　April
sister　apple　cold

---

3 子音が2つ以上連続する子音連結の発音を練習する

黒板に示したアルファベットの文字を見ながら、日本語とは違う発音を指導する。その際、sk, bl, sl, pr, st, ld などが、1音で一気に発音することを確認させる。また、外来語でカタカナ表記されている語句には特に注意させる。
（例）　コールド、スプリング、フラワー。

4 文字の並びと発音の関係を振り返り、子音連結の発音練習をする

テレビモニターに本時に学習した小文字をスピーディーに提示し、文字を見て適切に発音できるようにする。本時の最終段階の活動であるため、文字を見て、瞬時に発音できるようにさせていきたい。

Unit 0
Unit 1
Unit 2
Unit 3
Unit 4
Unit 5
Stage Activity 1
Unit 6
Unit 7
Unit 8
Unit 9
Stage Activity 2
Unit 10
Unit 11
Stage Activity 3

Grammar for Communication ⑥

現在進行形を使って、今していることを伝えよう

本時の目標

　現在形と現在進行形の使い方の違いを理解し、対話文を正しく書くことができる。

準備する物

・生徒用絵カード
・振り返りシート
・スポーツの絵カード（掲示用）
・スモール・トークに使う実物・写真

【指導に生かす評価】

◎本時では、記録に残す評価は行わないが、目標に向けて指導を行う。生徒の学習状況を記録に残さない活動や時間においても、教師が生徒の学習状況を確認する。

Unit 8 A Surprise Party

〔本時の目標〕

> 現在進行形を用いた文の形、意味、用法を復習し、対話文を書いてみよう。

〔Warm Up〕

■何をしている人かペアで説明し合おう。

本時の展開 ▷▷▷

1 Warm Up
絵を見て現在進行形で表現する

　本単元の最後の活動として、生徒が現在進行形をどの程度運用できるようになったかをALTとの自由な対話で確認する。ALTから質問をさせることによって緊張感を与えるとともに、より実際の場面に近い形で現在進行形を扱わせ、運用能力を高めさせたい。

2 黒板に現在進行形の形式、意味、用法等を示し、全員が復習する

　現在進行形の形や用法を説明する際には、可能な限り動作をしている場面を意識させながら指導することを大事にする。

★「今〜しているところです」と、動作が進行していることを表す表現は？

〔肯定文〕
　Tom plays soccer every day.
　Tom is playing soccer now.
〔否定文〕
　Tom is not playing soccer now.
〔疑問文〕
　Is Tom playing soccer now?

　Yes, he is. / No, he isn't.

　What is Tom doing now?

　He is playing soccer now.

　＜Point＞
「〜を持っている(have)」「〜を知っている(know)」
等の<u>状態を表す表現</u>では、現在進行形は使わない。

Let's try !

次の対話文を適切な流れになるよう、現在進行形を使って自由に書いてみよう。

A : What are you doing?
B : I am 〔　　　　　〕.
A : OK. 〔　　　　　〕?
B : Yes, I'm free.
　〔　　　　　　　　〕
A : I see.
　〔　　　　　　　　〕

---

3 黒板に示された対話文を、自分の考えで自由に書く

　教科書本文で使った表現や Tool Box の表現などを使って、自分の思いを可能な限り生かした対話文を書けるように指導する。

4 本時の学習の振り返りをする

この単元で学習したことは…

　振り返りシートに記入しながら、電話で何をしているのか相手にたずねたり、自分が何をしているか答えたりする際に大切なことを振り返らせる。また、現在進行形の表現を使って、自分の考えで表現を使えたかも振り返らせたい。

Unit 0
Unit 1
Unit 2
Unit 3
Unit 4
Unit 5
Stage Activity 1
Unit 6
Unit 7
Unit 8
Unit 9
Stage Activity 2
Unit 10
Unit 11
Stage Activity 3

Think Globally, Act Locally 〔6時間〕

✚ Let's Talk ③ 〔1時間〕 ／ Let's Listen ② 〔1時間〕

単元の目標

世界や地域の問題について関心をもっている海外の生徒（または ALT）と、お互いの考えを伝え合うために、事実や自分の考え、気持ちなどを整理し、簡単な語句や文を用いて書くことができる。

単元の評価規準

知識・技能	思考・判断・表現	主体的に学習に取り組む態度
・不定詞（名詞的用法）や〈look ＋形容詞〉を用いた文の形・意味・用法を理解している。 ・不定詞（名詞的用法）や〈look ＋形容詞〉を用いた文の理解をもとに、したいことやしようとしていること、人やものの様子について書く技能を身に付けている。	・世界や地域の問題について海外の生徒（または ALT）に自分の考えなどを伝えるために、事実や自分の考え、気持ちなどを整理し、簡単な語句や文を用いて書いている。	・世界や地域の問題について海外の生徒（または ALT）に自分の考えなどを伝えるために、事実や自分の考え、気持ちなどを整理し、簡単な語句や文を用いて書こうとしている。

単元計画

第1・2時（導入）	第3・4時（展開①）
1．世界や地域の問題について知り、自分の考えを伝え合い、書こう 　単元の目標を理解し、自己目標を設定する。そして、世界や地域の問題に関してブレインストーミングを行う。 　次に、ALT の関心のある問題（例：水に関する問題）について話を聞いた後、ペアで考えを伝え合う。発話内容の共有と改善を図りながら必要に応じて繰り返し、自分の考えを書く。 **2．世界や地域の問題について知り、教科書の内容について、自分の考えを伝え合い、書こう** 　メグが憧れとするいとこのリリーの、ケニアでの医療活動に関するスピーチを聞いたり読んだりする。その内容について、ペアで考えを伝え合い、感じたことを、理由を交えながら書く。	**3．食べてみたい外国の料理について、理由を交えながら書こう** 　国際協力・交流イベントに来ているカイトとメグのやり取りを聞いたり読んだりし、食べてみたいエスニック料理について、理由を交えながら自分の考えを書く。 **4．行きたい国について、理由を交えながら書こう** 　ALT の行きたい国についての話を聞き、自分の行きたい国についてペアで考えを伝え合う。 　教科書の音声を聞き、行きたい場所についてどんな視点（事実・考え）で話されているかを確認し、話題の整理の仕方を学ぶ。 　再度、ペアで考えを伝え合った後、行きたい国についてそこでしたいことなどの事実や考えなど、話題を整理しながら自分の考えを書く。

　まず、聞いたり読んだりした内容について、教師の考えを聞き、その後、教師と生徒でやり取りを行う。やり取りを通して、話す内容や表現を学ばせていく。次に、実際に生徒同士でやり取りを行う。やり取りの際、教師は生徒の発話内容や表現に注目する。やり取り後、発話の共有と改善（以下、中間指導）を図るため、2つの視点で行う。1つ目は内容面である。目的・場面・状況に合った発話内容などを全体で共有する。2つ目は、言語面である。言いたかったけど言えなかった表現や、生徒の発話の誤りや一語二語の発話を文に直すなどの指導を行う。また、教科書の扱いは、内容面を深めるために発問の工夫をし、やり取りで使えそうな表現を学び取らせたい。最後は、ライティング活動へとつなげていく。内容面、言語面から汎用性のあるものを取り上げ、ICT機器などを活用しながら共有を図り、内容を深めたり広げたり、正確性の向上に努めたい。なお、中間指導など全体で共有した汎用性の高い内容については板書し、生徒が話したり書いたりするための手立てとする。

評価のポイント

　本単元では、教科書を通して話したり書いたりする内容や書き方を学んでいく。第1時〜5時までは記録に残す評価は行わないが、ねらいに即して生徒の評価の状況を確実に見届けて指導に生かすことは毎時間行う。具体的には、第2時で、内容を自分事として捉える。第3時では、内容面を深めたり広げたりする質問の仕方を学ぶ。第4時では、話題の整理の仕方を学ぶ。第5時では、自分の考えを述べるために引用の仕方を学ぶ。そして、第6時にこれら学んだことを生かしながら、自分の考えを述べられているかどうかを見取る。また、毎時間に学んだことを生かしながら次の活動に向かえているか等、学習後の振り返りシート等も活用して記録に残す評価としたい。

第5時（展開②）	第6時・後日（終末）
5．世界や地域の問題に関する英文を読み、引用しながら自分の考えを伝え合い、書こう 　教科書の国際協力・交流イベントに関する英文を聞き、聞いた内容を踏まえて、ペアで考えを述べ合う。 　その後、教師の考えを聞き、理由の述べ方（引用の仕方）を学ぶ。再度、ペアで考えを伝え合った後、発表内容について自分の考えを発表の内容を引用しながら書く。 **（例）** 　We need to study hard（考え）because in some villages in Kenya, children cannot go to school. They don't have time because they need to go to the river and collect water.（引用・事実）I think it is very hard. I can't do it. So, I want to study hard.（考え）	**6．食品ロスに関するポスターを読んで、自分の考えを書こう** 　ALTが知ってもらいたい食品ロスに関するポスターを読み、その英文の内容について理解した上で、ペアで考えを伝え合う。発話内容の共有と改善を図りながら必要に応じて繰り返し、自分の考えを書く。 　**記録に残す評価【書】**　知　思　態 ※ペーパーテストによる評価（後日） 　ALTの関心のある世界や地域の問題に関する記事を読み、その内容について引用するなどしながら自分の考えを書く。 **Let's Talk ③**：1時間 **Let's Listen ②**：1時間

※ Unit 9の全ての授業終了後に、Let's Talk ③（1時間）、Let's Listen ②（1時間）を行う。

Starting Out

世界や地域の問題について知り、自分の考えを伝え合い、書こう

本時の目標

　単元の目標「世界や地域の問題について、事実や自分の考え、気持ちなどを整理し、簡単な語句や文を用いて書く」を理解し、単元のゴールのイメージをもつことができる。

準備する物

・振り返りシート
・Small Talk に使う写真
・ワークシート🔽

【指導に生かす評価】

◎本時では、記録に残す評価は行わないが、目標に向けて指導を行う。生徒の学習状況を記録に残さない活動や時間においても、教師が生徒の学習状況を確認する。

本時の展開 ▷▷▷

1 世界の諸問題に関して知る

　導入として、「世界には、どんな問題があるだろう？」と投げかける。その中で、食品ロス問題など身近なことについても生徒から意見を引き出し、全ての問題は、遠い国だけの問題ではなく、私たち自身の問題という当事者意識をもたせる。

2 Small Talk をする

　ALT が関心のある問題の写真を見せ、"What do you think about this picture?" と教師にたずね、やり取りをする。生徒はやり取りの様子を見て、どんな内容なのか、どんな表現を使っているのかを注視する。やり取りの後、ALT は生徒とやり取りを行う。

2 Small Talk をする

> **活動のポイント**：場面設定をしてやり取りをする。

A：Do you usually collect water?

T：No, I don't.

A：We don't have to collect water. We can use and drink water easily every day, but they can't. Why not?

T：They are poor.

A：In some countries, they can't get water easily. They need to collect water every day. I think it's very hard. But in Japan, we can drink clean water every day. I think we are very lucky. What do you think about this, S?

S：I think we are lucky too. We can drink clean water every day.

世界の問題でも自分の身近なこととして捉えられるように、教師の考えの中で触れていく。

A：ALT、T：教師、S：生徒

Do you usually collect water?

3 ペアでやり取りし、発話の共有・改善をする

It's hard.
We are lucky.

　ペアでやり取りをし、発話の共有・改善を図る。内容面では、目的・場面・状況に合ったやり取りができていたペアを発表させ、どんな内容を話せばよいのかを板書などを活用しながら、共有する。言語面では、言いたかったけど言えなかった表現などを共有する。

4 自分の考えを書く

　話したことをもとに、自分の考えをワークシートに書く。机間指導をしながら、目的・場面・状況に合った内容や、汎用性のある表現を使っている生徒を発表させる。ICT機器などを活用し、共有する。また、板書に書かれている内容や表現を参考にするよう促す。

Unit 0
Unit 1
Unit 2
Unit 3
Unit 4
Unit 5
Stage Activity 1
Unit 6
Unit 7
Unit 8
Unit 9
Stage Activity 2
Unit 10
Unit 11
Stage Activity 3

Preview, Story ①

世界や地域の問題について知り、教科書の内容について、自分の考えを伝え合い、書こう

本時の目標

メグが目標とする人物のスピーチを聞いたり読んだりし、その人物についてどう思うか自分の考えを書くことができる。

準備する物

・振り返りシート
・ピクチャーカードまたは内容に関する写真
・ワークシート⬇
・ICT端末（必要に応じて）

【指導に生かす評価】

◎本時では、記録に残す評価は行わないが、目標に向けて指導を行う。生徒の学習状況を記録に残さない活動や時間においても、教師が生徒の学習状況を確認する。

本時の言語活動のポイント

本時の活動のポイントは、3つある。

1つ目は、聞くことの指導である。まず、英文を聞かせ、どんな状況かを想像させる。2回目に、目的・場面・状況の設定を行い、聞いた後、何を話せばよいのかをしっかりと把握させた上で聞かせる。

2つ目は、読むことの指導である。聞くことでおおまかな内容を理解したことを踏まえ、読むことでは詳細を理解させる。一文一文の理解にとどめるのではなく、前後関係からどんなことが考えられるのかなど、行間を読ませる指導を行う。具体的には、教師側の発問により、書かれている内容以外に考えられることを想像させ、内容面を深めていきたい。

3つ目は、書くことの指導である。読むことの指導後、内容面を深めるだけでなく、自分の考えを述べたり書いたりするときに使えそうな表現を抜き出し、活用させる指導を行う。

本時の展開 ▷▷▷

1 教科書の英文を聞く

まず、英文を聞かせ、どんな内容かを想像させる。その後、「目的・場面・状況の設定」を行い、リスニングポイントを明確に示す。聞き取った内容を板書し、理解を図る。生徒の実態に応じて、新出語彙などを導入する。

2 教師と生徒でやり取りをする

1 で聞き取った内容をもとに、教師と生徒でやり取りを行う。その際、教師は、教科書の内容を踏まえながら、自分の考えを述べる。生徒は、教師の考えを聞きながら、自分の考えの述べ方を学ぶ。その後、生徒同士で考えを述べ合う。

3 教科書本文の内容を広げたり深めたりする

活動のポイント：教科書の内容を深めるための発問を行う。

T ：Why does Meg say, "It is sometimes difficult"?
S1：Not many doctors.
T ：Yes. In some villages, many sick people can't go to the hospitals because they don't have big hospitals. They need doctors.
S1：I see. But, Lily is working hard in a small village. I think she is great.
T ：I think so too. How about you, S2?
S ：They don't have medicine.
T ：Oh, I see. They don't have enough medicine. They need a lot of medicine for sick people. So, I think "it is sometimes difficult," but Lily is working hard. I think she is very brave.

教科書に書かれていない内容について、教師側が発問を行い、ケニアの現状について考えさせ、背景知識を与えていく。

3 教科書本文の内容を深めたり広げたりする

教科書を開き、教科書本文の詳細を確認するとともに、教科書の内容を深めたり広げたりする質問をする。また、自分の考えを述べる際に、使えそうな内容や表現を探し、共有する。再度、やり取りを行う。

4 自分の考えを書く

話したことをもとに自分の考えをワークシートに書く。机間指導をしながら、目的・場面・状況に合った内容や、汎用性のある表現を使っている生徒を取り上げる。ICT 機器などを活用し、共有する。また、板書に書かれている内容を参考にするようにも促す。

Story ②

食べてみたい外国の料理について、理由を交えながら書こう

本時の目標

　食べてみたい外国の料理について、その理由が伝わるように書くことができる。

準備する物

- ・振り返りシート
- ・エスニック料理に関する絵カード（掲示用）
- ・Small Talk に使う写真
- ・ワークシート⬇

【指導に生かす評価】

◎本時では、記録に残す評価は行わないが、目標に向けて指導を行う。生徒の学習状況を記録に残さない活動や時間においても、教師が生徒の学習状況を確認する。

Unit 9
Think Globally, Act Locally

本時の目標	質問の仕方

| 目的 場面 状況 |

What do you want to ～？
Why do you ～？
Where can we ～？
How do you eat ～？

本時の展開 ▷▷▷

1 教科書の対話文を聞き、聞いた内容についてやり取りをする

What do you want to eat?

　ALT から「どんな料理を食べてみたいか」という質問を投げかける。まず、教師から自分の考えを述べ、その後、生徒とやり取りをし、話す内容や表現を学ばせる。留意点として、一問一答とならないように教師が様々な質問をし、内容を広げたり深めさせたりする。

2 ペアでやり取りをする

　聞いた内容について、ペアで自分の考えを伝え合う。教師は、生徒のやり取りの状況を机間指導し、把握する。また、やり取りが止まっている生徒への支援を行う。やり取りの後、発話の共有と改善をする。このとき、内容面と言語面を板書で共有する。

内容面

  Yokohama

Why do you want to eat Chinese food?

言語面

言いたかったけど
言えなかった表現

want (try) to ～

発話の誤り

I want to curry
→I want to eat
curry.

一語二語の発話

delicious
→I think it's
delicious.

3 教科書を読み、質問の仕方を学ぶ

教科書の対話文を読み、やり取りをする際の質問の仕方やそれに対する受け答えの仕方を対話文中から学ぶ。また、教科書本文からもやり取りで使えそうな表現などを抜き出し、言語面コーナーで共有し、次のやり取りへとつなげさせる。

4 自分の考えを書く

聞き手や読み手にとって、食べたい理由が伝わるように、食べてみたいエスニック料理のメニューだけでなく、理由を交えながら書くように促す。また、さらに情報を加えている生徒のライティングを発表させ、ICT 機器や板書を活用して全体で共有する。

Unit 0
Unit 1
Unit 2
Unit 3
Unit 4
Unit 5
Stage Activity 1
Unit 6
Unit 7
Unit 8
Unit 9
Stage Activity 2
Unit 10
Unit 11
Stage Activity 3

| Mini-Activity |

行きたい国について、理由を交えながら書こう

本時の目標

行きたい国について、理由を交えながら相手に分かりやすく書くことができる。

準備する物

・振り返りシート
・国に関する絵カード（掲示用）
・ワークシート⬇
・Small Talk に使う写真

【指導に生かす評価】

◎本時では、記録に残す評価は行わないが、目標に向けて指導を行う。生徒の学習状況を記録に残さない活動や時間においても、教師が生徒の学習状況を確認する。

Unit 9
Think Globally, Act Locally

質問の仕方

| What |
| When |
| Why |
| Where |
| Who |
| How |

本時の展開 ▷▷▷

1 ALT の考えを聞き、聞いた内容についてやり取りをする

> Where do you want to go?

導入として、ALT が生徒に行きたい国についてたずねる。まず、教師から考えを述べ、やり取りの仕方や話す内容を考えさせる。その後、教師と生徒で実際にやり取りを行う。この際、教師は事実や考えを引き出す質問をし、本時の話題を整理する視点につなげる。

2 ペアでやり取りをする

聞いた内容について、ペアで自分の考えを伝え合う。教師は、生徒のやり取りの状況を机間指導し、把握する。また、やり取りが止まっている生徒への支援を行う。やり取りの後、発話の共有と改善をする。このとき、内容面と言語面を板書で共有する。

内容面

| 行きたい国 | | 考え | | 事実 |
| India | | see the Taj-Mahal | | World Heritage Site |

I want to go to India because I want to see the Taj-Mahal. It is a World Heritage Site.

言語面

言いたかったけど言えなかった表現

発話の誤り

一語二語の発話

Unit 0
Unit 1
Unit 2
Unit 3
Unit 4
Unit 5
Stage Activity 1
Unit 6
Unit 7
Unit 8
Unit 9
Stage Activity 2
Unit 10
Unit 11
Stage Activity 3

3 教科書の音声を聞き、視点を学ぶ

　再度、ALT の行きたい国についての話を聞き、どんな視点で行きたい場所について述べているかを考えさせ、「考え」「事実（情報）」という言葉を引き出し、板書にカードを貼る。必要に応じて、どんな視点を入れながら述べるとよいかを考えさせる。

4 本時の振り返りをする

　板書の視点をもとに自分の行きたい国について書く。書く際は、視点を意識していくとともに、どのような順番で伝えれば、より相手に伝わりやすいかということも考えさせる。ICT 端末などを活用し、生徒のライティング内容を全体で共有させてもよい。

Story ③
世界や地域の問題に関する英文を読み、引用しながら自分の考えを伝え合い、書こう

本時の目標

　世界や地域の問題について、自分の考えを根拠を示しながら述べ合い、書くことができる。

準備する物

・振り返りシート
・ワークシート⬇
・Small Talk に使う写真

【指導に生かす評価】

◎本時では、記録に残す評価は行わないが、目標に向けて指導を行う。生徒の学習状況を記録に残さない活動や時間においても、教師が生徒の学習状況を確認する。

本時の言語活動のポイント

　本時の活動のポイントは、3つある。

　1つ目は、聞くことの指導である。まず、英文を聞かせ、どんな状況かを想像させる。2回目に、英文を聞かせる前に、目的・場面・状況の設定を行い、聞いた後、何を話せばよいのかをしっかりと把握させた上で聞かせる。

　2つ目は、読むことの指導である。第2時同様に、行間を読ませるために、生徒とのやり取りを通して、深めていく。

　3つ目は、教師が考えを述べる際、教科書の英文を引用しながら述べ、生徒に引用する視点をもたせる。そして、生徒同士のやり取りで引用しながら考えを述べている生徒を取り上げ、全体で共有し、「引用の仕方」を指導する。引用した箇所にデジタル教科書などで線を引き、共有できるとよい。

本時の展開 ▷▷▷

1 聞いた教科書の内容について、教師と生徒でやり取りをする

　まず、英文を聞かせ、どんな内容かを想像させる。その後、「目的・場面・状況の設定」を行い、リスニングポイントを明確に示す。聞き取った内容を板書し、理解を図る。やり取りを行う際、教師自身が自分事として捉えているという考えを伝える。

2 聞いた内容についてペアで自分の考えを伝え合う

　聞いた内容について、ペアで自分の考えを伝え合う。教師は、生徒のやり取りの状況を机間指導し、把握する。また、やり取りが止まっている生徒への支援を行う。やり取りの後、発話の共有と改善をする。このとき、内容面と言語面を板書で共有する。

3 教科書から引用の仕方を学ぶ

> **活動のポイント** ：教科書から引用の仕方を学ばせる。

T：What do you think about this?

S：I think it is very hard.

T：Why do you think it is very hard?

S：Go to the river and collect water.

T：I see. You think it is very hard because they go to the river and collect water. Can they go to school?

S：No.

T：Yes. They can't go to school. So, I think we are very lucky. We need to study hard.

生徒の発話から、引用している箇所を導き出す。また、生徒の話す内容に対して教師の考えを加えて話すことで自分事の視点も与える。やり取りが終わった後に、フィードバックとして、生徒が引用していたところを取り上げ、理由を述べるときの根拠になるということを伝える。

（デジタル）教科書をテレビ画面に映し出し、引用箇所にアンダーラインを引くなどし、どの英文を根拠としているのかを共有する。

3 教科書から引用の仕方を学ぶ

　教科書本文を読ませ、内容を深めたり広げたりする質問をし、話す内容を膨らませる。また、自分の考えを述べる根拠となる事柄について、教科書のどの英文を根拠としているのかを全体で共有する。引用箇所を示すために、ICT機器や板書の活用も考えられる。

4 自分の考えを書く

Q: Do they go to school?
Q: What do you think about this?

　話したことをもとに自分の考えをワークシートに書く。机間指導をしながら、言語面では、引用をしながら自分の考えを述べている生徒、内容面では、自分事として捉えられている生徒を取り上げ、全体で共有する。必要に応じて、ICT機器や板書を活用する。

Unit 0
Unit 1
Unit 2
Unit 3
Unit 4
Unit 5
Stage Activity 1
Unit 6
Unit 7
Unit 8
Unit 9
Stage Activity 2
Unit 10
Unit 11
Stage Activity 3

Story ③

食品ロスに関するポスターを読んで、自分の考えを書こう

本時の目標

食品ロスに関するポスターを読んで考えを述べ合い、適切に自分の考えを書くことができる。

準備する物

- ・振り返りシート
- ・ワークシート⊥
- ・内容に関する写真

【書くことの記録に残す評価】

◎本時では、知識・技能は、当該言語材料を実際のコミュニケーションの場面で正確に使用できているかを、思考・判断・表現及び主体的に学習に取り組む態度は、書き手の意向を踏まえた上で、適切な内容で書いているかを評価する。

Unit 9	Think Globally, Act Locally
	～世界の諸問題について考えよう！～

第6時　Class(　　) No.(　　) Name _____

Mottainai!

Do you know about "food loss" problems?
A lot of people in the world are hungry. They cannot eat enough food every day. Many countries and Japan are helping them. However, people in Japan waste more than 6,000,000t of food every year. It means that one person wastes two rice balls every day. We waste food in many places – at home, restaurants, convenience stores, supermarkets, schools, and some other places. That is really mottainai! We need to stop this problem now. What can we do about this problem?

[90 words]

*enough 十分な、waste 無駄にする、However しかしながら、more than ～以上、It means that…～ということを意味します。person 人

話したことをもとに自分の考えを書こう！

We need to stop wasting a lot of food

because many people cannot eat enough food in the world.

We need to eat everything at school lunch time.

本時の展開 ▷▷▷

1 書き手がもっとも知りたいことを捉える

まず、「目的・場面・状況の設定」を行う。ポスターを読んで概要を捉え、書き手が知りたいことについて、線を引かせ、引いた箇所について共有し、検討する。英文の内容理解を通して、要点を捉えさせる。

2 書き手の意向を踏まえた上で、ペアでやり取りをする

要点を捉えた後、自分の考えをペアで述べ合う。机間指導を行う際、書き手の意向を踏まえた上で、自分の考えが述べられているか、また、単元で学んだ事実・考えの視点や、引用をしながら述べられているかを確認する。

3 ポスターから要点を捉え、自分の考えを書く

活動のポイント：要点を捉える活動。

(1)おおまかな内容を読んで捉える。
・教師と Q&A 形式でやり取りを行い、おおまか
　な内容を捉える。
(2)要点を捉える。
①書き手がもっとも知りたいところに線を引か
　せる。
②引いた箇所をペアやグループで共有・検討す
　る。
※机間指導で生徒がどこに線を引いているか確
　認し、③の共有の際、意図的に違う箇所を共
　有させる。
③引いた箇所を全体で共有し、板書する。
④再度、板書内容を踏まえ、ペアやグループで
　共有・検討する。
⑤教師で内容を整理し、要点を確認する。
(3)要点を踏まえ、考えを述べ合う。
※やり取りと中間指導を繰り返す。
(4)自分の考えを書く。

A lot of people in the world are hungry.
We waste food in many places.
We need to stop this problem now.

3 やり取りした内容を共有する

　内容面は、書き手の意見を踏まえた内容でや
り取りをしているペアを取り上げ、全体で共有
する。言語面は、言いたいけど、言えない表現
の共有や誤った語順などを修正していく。必要
に応じて、内容面・言語面ともに板書していく。

4 自分の考えを書く

　自分の考えをワークシートに書く。机間指導
をしながら、言語面では、引用をしながら自分
の考えを述べている生徒、内容面では、目的・
場面・状況に合った内容を共有する。必要に応
じて、ICT 機器を活用し、共有する。

Unit 0
Unit 1
Unit 2
Unit 3
Unit 4
Unit 5
Stage Activity 1
Unit 6
Unit 7
Unit 8
Unit 9
Stage Activity 2
Unit 10
Unit 11
Stage Activity 3

第6時 食品ロスに関するポスターを読んで、自分の考えを書こう

活動の概要

第6時において、本単元の最終活動として、食品ロスに関するポスターを読んで、自分の考えを伝え合い、書く。生徒は、ALT が書いた食品ロス問題に関するポスターを読み、英文中に考えを求められる質問があり、それに対して自分の考えを書く。本単元では、行間を読み取って内容を深めること、話題の整理、引用の仕方について単元を通して学んできた。それらを活用しながら自分の考えを書けるようにしたい。

活動をスムーズに進めるための3つの手立て

①目的・場面・状況の設定
ALT から食品ロス問題についてどう考えているか意見を求められていることを知る。

②内容理解について
書かれた内容に対して、自分の考えを示すことができるよう、話の内容や書き手の意見を捉えさせる。

③中間指導
生徒の発話内容や英語で言えなかったことなどをペアやグループで共有し、考えさせる。

目的・場面・状況の設定例

ALT：In this unit, you are learning about the global and local problems in the world, right? At first, we shared our ideas about many problems in the world, for example, water problems, war, poverty and so on. This unit is about Kenya. Kenya doesn't have enough hospitals and doctors, but Lily's cousin is working hard in Kenya. I think she is great. Kenya also has water problems. Many children can't go to school because they collect water every day. I think we are very lucky because we can drink safe water easily. So, our life is very rich. We can drink, eat and buy anything that we want. But, we have some different problems. Do you know about "food loss" problems? I think everyone sees this problem every day in our daily life. So, I wrote about this on the poster. Can you read and tell me your idea?

内容理解について

英文を読ませたペアでやり取りを行い、内容の確認を行う。そして、書き手がどんな意見を求めているかを確認し、下線を引かせる。書かれている内容については、全体で Q&A 方式で確認を行う。スローラーナーへの手立てとして、板書に写真を貼り、情報を書き加えながら説明をする。

　　身近で起きている問題についての英文を読むことで、自分の日常生活を見直すとともに「自分事」として関心をもってもらいたい。また、身近な食品ロス問題について考えることで、自分たちにできることを考え、共有し、行動しようとする態度を育てたい。ALT がいる場合は ALT に考えを伝えて意見交換を行い、また、書いた内容に対してコメントしてもらうことで、実際の場面を意識させたい。

読ませるポスター

> ### Mottainai!
> Do you know about "food loss" problems?
> A lot of people in the world are hungry. They cannot eat enough food every day. Many countries and Japan are helping them.
> However, people in Japan waste more than 6,000,000t of food every year. It means that one person wastes two rice balls every day. We waste food in many places – at home, restaurants, convenience stores, supermarkets, schools, and some other places. That is really mottainai! We need to stop this problem now. What can we do about this problem? [90 words]
> *enough 十分な、waste 無駄にする、However しかしながら、more than〜以上、It means that...〜ということを意味します。person 人

生徒のライティングのポイント

予想される生徒のライティング

We need to stop buying a lot of food. 【考え】Because <u>many people cannot eat enough food in the world.</u>【引用】We need to eat everything at school lunch time.

単元を通して学んだ視点（事実・考え）や、引用の仕方を生かしているかどうかを見取る。

中間指導のポイント

【内容面】：書き手の意見を踏まえた内容でやり取りをしているペアを取り上げ、全体で共有する。また、この英文の内容に対して感想を述べているだけの発話も予想される。このような発話も共有し、全体でどんな内容が適切かを考えさせ、再度、英文に戻る指導も必要である。
【言語面】：言いたいけど言えない表現の共有や、誤った語順などを修正していく。

Let's Talk ③

来日して間もない外国人のために、自分の住んでいる町を案内しよう

本時の目標

　初めて日本に来る外国人のために、自分の住んでいる町を分かりやすく案内することができる。

準備する物

　・振り返りシート
　・自分の住んでいる町の地図

【指導に生かす評価】

◎本時では、記録に残す評価は行わないが、目標に向けて指導を行う。生徒の学習状況を記録に残さない活動や時間においても、教師が生徒の学習状況を確認する。

Unit 9
Think Globally, Act Locally

目的
場面
状況

本時の展開 ▷▷▷

1 ALT の話を聞き、目的・場面・状況を把握する

I want to know more about your town.

　導入として、日本に来て間もない ALT が学校周辺にある様々な施設への行き方を知りたがっているという場面設定を行う。その後、ALT から道案内してほしい場所について聞かれるので、それに対して、今まで学んできたことを踏まえながら、課題に取り組む。

2 ペアでやり取りをする

　ALT から質問のあった場所について、生徒と ALT 役に分かれて、ロールプレイ形式でやり取りを行う。やり取りを行う際の留意点として、事前にやり取りをするための表現を教えたりしないようにする。まず、小学校からの学びも含めて、即興的に言語活動に取り組ませる。

Unit 0
Unit 1
Unit 2
Unit 3
Unit 4
Unit 5
Stage Activity 1
Unit 6
Unit 7
Unit 8
Unit 9
Stage Activity 2
Unit 10
Unit 11
Stage Activity 3

小学校	中学校	言語面

小学校

・Where is the hospital？

・Go straight
・Turn left.

中学校

・I'm looking for the hospital.
・How can I get to ～？
・Go along this street.
・Turn left at the second traffic light.

言語面

言いたかったけど言えなかった表現

It's in front of the police station.

発話の誤り

It's the station near.
→It's near the station.

一語二語の発話

→right
You can see it on your right.

Where is the hospital?

---

3 発話の共有と教科書を読む

小学校　中学校

　実際に、ペアでのやり取りを全体で共有し、板書する。その後、教科書を開き、道案内をするときにどのような表現が使われていたかを共有し、板書する。留意点として、小学校と中学校での学ぶ表現を分け、違いの気付きを促す。そして、再度、やり取りをする。

4 ALT と実際にやり取りをする

小学校　中学校

　繰り返しやり取りを行った後、ALT と実際にやり取りを行い、学んだ表現を生かしているかを見取る。また、道案内の表現だけでなく、対話を継続させるための表現を用いている場合は、取り上げ、フィードバックする。最後に、本時の学びを振り返る。

友達に伝えるべき情報を聞き取ろう

本時の目標

欠席した友達に連絡を伝えるために、必要な情報を聞き取ることができる。

準備する物

・振り返りシート
・ワークシート

【指導に生かす評価】

◎本時では、記録に残す評価は行わないが、目標に向けて指導を行う。子供の学習状況を記録に残さない活動や時間においても、教師が子供の学習状況を確認する。

Unit 9 欠席した友達への電話連絡 Let's Listen②
〜友達にあとで伝えるべき情報を聞き取ろう！〜

Class(　) No.(　) Name

明日は歴史博物館への遠足です。今日欠席しているジョシュに必要な情報を連絡できるように、戸田先生の説明を聞きましょう。

STEP 1 先生の話を聞こう！
戸田先生の話を聞いて、持ってくる必要があるものを5つ選びましょう。

STEP 2 電話連絡を聞いて必要な情報をメモしよう！
朝美は欠席していたジョシュに電話連絡をします。対話を聞いて、自分がSTEP 1で選んだものが正しいかを確認しましょう。さらに、それ以外に分かったことをジョシュになったつもりでメモしましょう。情報は3つあります。

情報	詳細
camera	camera ◯　a smart phone ✕
snacks	300 yen
time	school yard, 7:45 a.m.

STEP 3 もう一度対話を聞こう！
必要な情報の聞き取り方や、読まれる英文の強勢について確認する。

本時の展開 ▷▷▷

1 目的・場面・状況を把握する

教科書の音声を聞かせる。1回目は、どんな状況かを想像しながら聞かせる。聞いた後、ペアでどんな内容だったかを共有する。2回目は、聞かせる前に「目的・場面・状況」の設定を行い、ワークシートを配付する。

2 必要な情報を聞き取り、メモをする

ワークシートをもとに、友達に後で伝える必要な情報を聞き取る。聞き取った内容についてペアで共有する。その後、全体でどんな内容を伝えればよいかを考えさせ、共有する。

聞く指導のポイントからワークシートの活用について

Unit 0
Unit 1
Unit 2
Unit 3
Unit 4
Unit 5
Stage Activity 1
Unit 6
Unit 7
Unit 8
Unit 9
Stage Activity 2
Unit 10
Unit 11
Stage Activity 3

活動のポイント ：聞かせる指導のポイント

　1回目は、目的・場面・状況の設定を行わせない状況で、英文を聞く。英文を聞いた後、生徒同士で聞いた内容についてやり取りし、どんな内容、状況だったかを予想させる。

　2回目は、目的・場面・状況を伝え、ワークシートを配付する。ワークシートには、聞き取るポイントがSTEP1、2に書かれているので、生徒は必要な情報を聞き取る。

　3回目は、STEP1の答えが合っているかどうかの確認を行う。また、合わせてSTEP2の課題にも取り組む。STEP1、2ともに必要な情報を聞き取ることがねらいであるが、STEP2に関しては、どんな内容をメモしておけば、伝えるべき必要な情報を伝えられるかメモする活動も含む。英文を聞かせる前に、再度、英文を聞く「目的」を確認することも大切である。メモの仕方ついては、キーワードでメモするように促す。また、メモの取り方がよい生徒のワークシートを取り上げ、画面で共有する。STEP1、2ともに生徒の実態に応じて、英文を聞く回数を考える。

　最後に、英文を聞き取る際に、文の強勢などにも着目し、英文を聞かせたり、スクリプトを読ませたりし、内容面や音声面の振り返りを行う。

　また、話す活動にもつなげる場合は、取ったメモをもとに相手に伝える活動も考えられる。

3 メモの取り方を確認する

　メモを取りながら英文を聞き取らせる際に、再度、聞き取る「目的」を再確認し、聞き取る視点（メモの取り方）を確認する。聞き取った英文は、キーワードで書くように促す。よいメモの取り方をしている生徒のワークシートをモニターに写し、共有する。

4 聞いた英文を読む

　最後に聞いた英文のスクリプトを配付する。書かれている英文で、文の強勢などに注意して聞くように伝える。英文の一部を板書し、どこに強勢が置かれているかを考えさえる。また、欠席した友達と伝える役に分かれ、メモをもとに伝えるなどの活動も考えられる。

2

My Hero

（3時間）　【中心領域】話すこと［やり取り］、書くこと

＋Let's Read ①　（3時間）

単元の目標

My Hero（自分の好きな有名人や身近な人）について友達や先生に知ってもらうために、その人について質問したり答えたりしながら、その人の特徴やよさ、自分の気持ちを伝え合うとともに、来年度の中学1年生にも参考になるよう、話したことを整理し、まとまりのある文章を書くことができる。

単元の評価規準

知識・技能	思考・判断・表現	主体的に学習に取り組む態度
・Unit 9までの学習事項を用いた文の形・意味・用法を理解している。 ・Unit 9までの学習事項を用いて、My Heroについて、どんな人かを理解したり、その人についてたずねたり説明したりする技能を身に付けている。	・My Heroについて友達や先生に知ってもらうために、その人について質問したり答えたりしながら、その人の特徴やよさ、自分の気持ちを伝え合っている。 ・来年度同じ単元を学ぶ中学1年生のために、話したことを整理し、まとまりのある文章を書いている。	・My Heroについて友達や先生に知ってもらうために、その人について質問したり答えたりしながら、その人の特徴やよさ、自分の気持ちを伝え合おうとしている。 ・来年度同じ単元を学ぶ中学1年生のために、話したことを整理し、まとまりのある文章を書こうとしている。

単元計画

第1時（導入）	第2時（展開）
1．My Heroについての質問や内容を考えよう 「世界で活躍する日本人100」について、JTEとALTがやり取りする様子を見て、「Who is my hero? クイズ」のイメージをつかむ。単元末には、ALTが現在作成途中のMy Hero World Mapをクラスで完成することを知る。 　その後、自分のMy Heroについての情報をマッピングに書き出し、隣のペアと一度やり取りをする。 ■「Who is my hero? クイズ」の質問の仕方を確認し、ペアでやり取りを行う 　ペアのやり取りで上手く言えなかった質問の仕方などを、教科書P.96のTool Boxや教科書P.63、69、73、89の既習表現、授業冒頭のJTEとALTのやり取りの動画で再度確認する。 　確認したことをもとに、前後のペアでやり取りをする。やり取りで話したことを、振り返りシートの英文書き溜め欄に書く。	**2．"Who is my hero?" クイズで、友達とやり取りをしよう** 　前時で学習したことをもとに、前時と違うペアで「Who is my hero? クイズ」について、やり取りを行う。たとえまだ上手く言えなくても、言えなかったことを次のやり取りで改善して言えるようにする。 ■言いたかったけど言えなかったことをクラス全体で考える 　言えなかった語句や表現を出し合い、クラス全体で考える。その際、「あいづち、つなぎ言葉、聞き返す、感想を言う、言い換える」を行っていたペアのやり取りを聞き、次のやり取りに生かす。複数回行って、やり取りが徐々に続くようになったら、内容を膨らますために、自分のセリフに1文以上加えて再度、やり取りを行う。最後に、今日のやり取りで話したことや、次時に話してみたいことなどを振り返りシート（英文書き溜め欄）に書く。

 「この表現を使って話しなさい」と指示したり、「ペアの一方はこのように質問し、もう一方はこのように答えなさい」といったやり取りのパターンを示したりするのではなく、既習事項の「何を話す／聞くとよいか」を全体で共有しながら、生徒自身で考えることが大切である。やり取りの途中では生徒の発話内容でよかったことを取り上げたり、質問したりすることで相手の My Hero の内容が深まったり広がったりすることを生徒に伝える。また、生徒の発話内容を受け止めつつも、単語だけの発話を文にしたり、日本語での発話を英語にしたりするなど言語面での指導も行う。さらに、「あいづち」「つなぎ言葉」「聞き返す」「感想を言う」こと等を指導することで、一問一答のやり取りではなく、実際のコミュニケーションへとつなげたい。「書くこと」では、毎時間英文を書き溜め、それをもとに考えを整理し、まとまりのある文章を書くよう指導する。最後に「My Hero World Map」を完成することで、My Hero が世界中にもいることを視覚的に示し、生徒の国際的視野を広げたい。

評価のポイント

 第1時は、My Hero について、既習表現を使った質問や答え方を考えているかどうかを見取る。

 第2時は、「あいづち」「つなぎ言葉」「聞き返す」「感想を言う」ことを意識して活動できているか、内容を膨らますためにプラス1文以上付け加えてやり取りできているかを見取る。また、やり取りの合間に内容面、言語面においての中間指導を行う。

 第3時は、最後の「Who is my hero? クイズ」を行い、生徒同士でその様子を動画に撮影し、生徒自身で分析するよう伝える。その後、再度やり取りを動画に撮影したものを見て、記録に残す評価を行う。書くことの評価は、後日ペーパーテストで記録に残す評価を行う。

第3時（終末）	Unit 外の授業（3時間）
3．My Hero について英文を書こう これまでと違うペアで、「Who is my hero?」クイズのやり取りを行い、その様子を ICT 端末で動画撮影する。相手を意識したやり取りになっているかなどを分析し、再度やり取りを動画に撮る。教師は授業後にこの動画を見て、記録に残す評価を行う。 **記録に残す評価【話（や）】** 知 思 態 **■ My Hero World Map について英文を書く** これまで書き溜めてきた英文等を整理し、まとまりのある英文を My Hero シートに書く。その後グループで My Hero の素晴らしさが伝わるように書いているか、正確に書いているかという視点で推敲し、加筆・修正を行う。 **記録に残す評価【書】** 知 思 ※後日ペーパーテストで記録に残す。 My Hero がどの国にいるかを教師とやり取りし、My Hero World Map に My Hero シートを貼る。最後に、単元の振り返りを行う。	**■ Let's Read ①** **1．ALT におすすめの登山道を紹介しよう** ALT におすすめの登山道を紹介するために、ALT から情報を聞き出し、図や表を読み取り、おすすめの登山道について書く。 **2．ボブと戸田先生のメッセージを読み取ろう** ボブと戸田先生のメッセージを読んで、2人にふさわしい登山道を見付ける。 **3．メッセージを読んで返信を書こう** 3人の有名人のメッセージの中から1つ選び、その人物に合った登山道を考え、返信を書く。 **Let's Read ①：3時間**

※ Stage Activity 2 の全ての授業終了後に、Let's Read ①（3時間）を行う。

My Heroについての質問や内容を考えよう

本時の目標

　My hero について何をたずねるか、何を伝えるかを考え、やり取りを行うことができる。

準備する物

・My Hero World Map（提示用）
・教師が作成した My Hero シート（提示用）
・振り返りシート（英文書き溜め欄付き）

【指導に生かす評価】

◎本時では、記録に残す評価は行わないが、やり取りの合間に、目標に向けて言語面と内容面からの指導を行う。

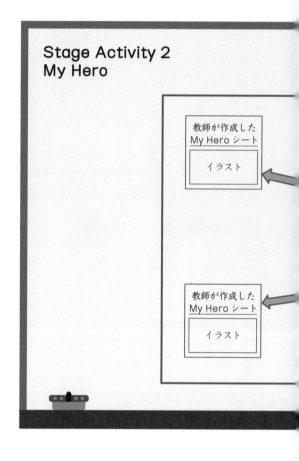

本時の展開 ▷▷▷

1 本単元の見通しをもち、ALT とJTE のやり取りを聞く

　作成途中の「世界で活躍する日本人100」をもとにした「My Hero World Map」を黒板に掲示する。ALT が "Who is my hero?" クイズを、JTE とやり取りをしながら行う。単元末には、各生徒の My Hero シートを My Hero World Map に貼り、完成することを伝える。

2 自分の My Hero を決め、隣のペアとやり取りをする

　自分の My Hero についての情報をマッピングに書き出した後に、やり取りを行う。日本語交じりだったり、上手く質問ができずに沈黙が続いたりするかもしれないが、できるだけ既習表現やジェスチャーなどを駆使してやり取りを行うことが大切である。

：単元ゴールをイメージできるように、My Hero World Map を掲示する。言いたかったけど言えなかった質問等を書き出す。

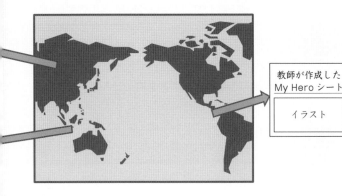

Today's goal

My Hero についての質問や内容を考えよう

My Hero World Map

教師が作成した My Hero シート

イラスト

英語で言えなかった質問

・Do I know him?

・Is she in our school?

・Does he have a family?

英語で言いたかったけど言えなかったこと

・Sorry, I don't know.

・I want to be like her.

・I respect him.

3 教科書 P.96 Step2 Tool Box 質問の仕方等を確認する

1回目のやり取りで、言いたい内容や質問したい内容などをクラス全体で共有し、黒板に書き出す。生徒たちのやり取りの状況を見て、教科書 P.96の Tool Box や P.63、69、73、89で質問の仕方や答え方等を確認する。

4 前後のペアでやり取りを行い、話したことを書く

再度やり取りした後に、振り返りシートの中の「英文書き溜め欄」に、相手からの質問に答えたことを書く。これは、単元末の My Hero シートを作成するときに役立つことを伝える。また、次回までに My Hero の写真を準備してくることを伝える。

"Who is my hero?" クイズで、友達とやり取りをしよう

本時の目標

聞き手に My Hero についてもっと知ってもらうために、情報を加えてやり取りができる。

準備する物

- ・振り返りシート（英文書き溜め欄付き）
- ・My Hero の写真

【指導に生かす評価】

◎本時では、記録に残す評価は行わないが、やり取りの合間に、目標に向けて言語面と内容面からの指導を行う。

本時の言語活動のポイント

"Who is my hero?" クイズのやり取りにおいて、内容面と言語面からの指導を行う。内容面の指導として、生徒の発話内容を取り上げ、何を伝えるとよりよくなるかをクラス全員で考えたり、他者に配慮した生徒の発話でよかったところ（あいづち、つなぎ言葉、聞き返す、感想を言う、言い換えをする）を広めたりする。

言語面の指導として、単語だけによる発話を文にしたり、語順の誤りを修正したり、日本語での発話を英語にしたりできるようにする。

指導の後には、ペアを替えて再度やり取りを行う。1回目のやり取りのときよりも、発話内容がよくなったり、発話量が増えたりすることで、生徒は成長を感じ、今後の意欲につなげることができる。

本時の展開 ▷▷▷

1 "Who is my hero?" クイズのやり取りをする

これまでとは違うペアで、"Who is my hero?" クイズを行う。教師は上手くやり取りができているペアとそうでないペアを観察する。なぜ上手くいっているのか、どこでつまずいているのかを内容面、言語面の両方から分析しながら、やり取りを観察する。

2 言いたかったけど言えなかったことをクラス全体で考える

1 で、英語で言えなかった語句や表現等をクラス全体で考えたり、「あいづち、つなぎ言葉、聞き返す、感想を言う、言い換える」ができていたペアを紹介したりする。全体で確認が終わったら、再度ペアを替えてやり取りを行う。

🔢①②③ やり取り→中間指導→ペアを替えて、再度やり取り

> **活動のポイント**：1回目のやり取りの後に、伝える内容や言いたかったけど言えなかったこと等をクラス全体で考える。

■やり取り1回目後の中間指導の例

T) Do you have any questions?

S1) How do you say "世界一" in English?

T) Do you have any ideas, everyone?

S2) World…number 1?

T) Thank you, S2. We can say, "He is number 1 in the world."（黒板に書く）Let's practice. Repeat after me. "He is number 1 in the world.

SS) He is number 1 in the world.

T) Good job!

教科書 P.97の「あいづち、つなぎ言葉、聞き返す、感想を言う、言い換えをする」ができたかを生徒自身が振り返り、2回目のやり取りに取り組むとよい。

中間指導

Do you have any questions?

How do you say. "世界一" in English?

He is No.1 in the wold.

Wold…No.1…?

やり取り2回目

次は言えるぞ！

He is No.1 in the wold.

あいづちを使ってみよう！

Oh, really?

---

3 情報を付け足してプラス1文加えるところはないかを考える

My Hero をもっと知ってもらうために1文加えてみよう

She is a musician. の後に、She is famous.を付け加えようかな？

　徐々にやり取りが続くようになったら、今度は内容を膨らますために、「My Hero をもっと知ってもらうために、1文加えてみよう」と伝える。その後、再度ペアを替えてやり取りを行う。

4 やり取りで話したことを書く

1文加えた She is famous を書こう

前より内容が増えたぞ

　やり取りと中間指導を複数回繰り返す中で、生徒はより多くの語句や表現を身に付ける。その上で、書く活動を取り入れれば、内容がより豊かになったり、正確な英文を書けるようになったりする。

Unit 0
Unit 1
Unit 2
Unit 3
Unit 4
Unit 5
Stage Activity 1
Unit 6
Unit 7
Unit 8
Unit 9
Stage Activity 2
Unit 10
Unit 11
Stage Activity 3

My Heroについて英文を書こう

本時の目標

My Hero についてペアでやり取りをし、それをもとに My Hero の素晴らしさが伝わるように書くことができる。

準備する物

・振り返りシート（英文書き溜め欄付き）
・My Hero シート⬇　・ICT 端末
・My Hero World Map（掲示用）

【話すこと（や）、書くことの記録に残す評価】

◎後日、教師は生徒が撮ったやり取りの動画を見て、話すこと［やり取り］の記録に残す評価を行う（知・思・態）。書くことは、後日ペーパーテストで記録に残す評価を行う。（知・思）

ワークシート活用のポイント

何を書いてよいか分からない生徒には、これまで英文を書き溜めてきた振り返りシートや教科書 P.97のモデル文、教科書 P.96 Tool Box、教科書 P.63、69、73、89を参考にするとよいことを伝える。また、まとまりのある文章にするために、どんな順番で書くとよいかを考えることが重要である。

その手立てとして、ワークシートのメモ欄に箇条書きでキーワードを書かせておくと、内容が整理され、スムーズにまとまりのある英文を書くことができる。生徒は下書き後に付箋紙にコメントを書き、それをもとに加筆・修正を行う。どの部分を加筆・修正したかが分かるように、下書きを消さずに違う色のペンで加筆・修正するように伝えておくとよい。

本時の展開 ▷▷▷

1 やり取りを動画に撮る

これまでとは違うペアで、やり取りを行う。その様子を他のペアが ICT 端末で動画に撮る。動画を撮っているペアはただ撮影するのではなく、よかった点や改善点を見付けながら撮影する。

2 ペアで動画を分析し、再度やり取りを動画に撮る

ペアで撮った動画を見て、お互いに伝えたいことを伝えられているか、相手を意識したやり取りになっているかなどを分析し、再度やり取りを動画に撮る。教師は、授業後にこの動画を見て、記録に残す評価を行う。

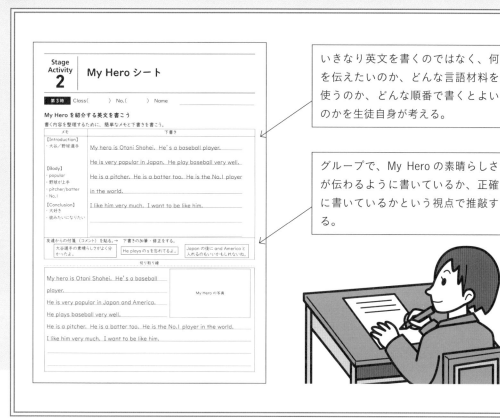

3 My Hero について英文を書き、グループ内で推敲する

　生徒はこれまで書き溜めてきた英文等を参考にしながら英文を書く。次にグループになり、My Hero の素晴らしさが伝わるように書いているか、正確に書いているかという視点で推敲し、付箋紙にコメントを書く。各自でコメントを読み、加筆・修正を行う。

4 My Hero World Map を完成する

　教師が "Who is your hero?　Where is he/she from?" と 1 人の生徒にたずねる。カナダの My Hero ならば、My Hero World Map のカナダの場所にその生徒の My Hero シートを貼る。同じようなやり取りを生徒としながら、My Hero World Map を完成する。

Unit 0
Unit 1
Unit 2
Unit 3
Unit 4
Unit 5
Stage Activity 1
Unit 6
Unit 7
Unit 8
Unit 9
Stage Activity 2
Unit 10
Unit 11
Stage Activity 3

Let's Read ①

ALTにおすすめの登山道を紹介しよう（第1時）

本時の目標

ALT におすすめの登山道を紹介するために、ALT から情報を聞き出し、図や表を読み取り、おすすめの登山道について書くことができる。

準備する物

- ワークシート（活動 3 ）⬇　　・付箋紙
- 教 P.98の登山道の表（掲示用）
- 教 P.99の登山道の図（提示用）

【指導に生かす評価】

◎本時では、記録に残す評価は行わないが、目標に向けて指導を行う。生徒の学習状況を記録に残さない活動や時間においても、教師が生徒の学習状況を確認する。

本時の展開 ▷▷▷

1 ○×クイズをする

教師が教科書 P.98の登山道の表を指しながら、生徒に単語の意味を確認したり、表や図に関する○×クイズを出したりする。生徒は表や図の読み取りに慣れていないので、楽しみながら繰り返し、表や図を読み取れるようなクイズを出題するとよい。

2 ALT と教師の Small Talk を聞く

ALT が何をしたいと思っているかを聞き取る。Small Talk の最後に、教師が "What trail do you recommend?" と生徒に質問を投げかける。そうすることで、「ALT のためにおすすめの登山道を紹介したい」という生徒の意欲を引き出したい。

3 おすすめの登山道を紹介するために、ALT に質問する

> **活動のポイント**：ALT に質問する前に、ペアで ALT に何を聞くとよいのかを考える。また、ALT に質問をする際は、ワークシートに聞いて分かったことを○や×、簡単な語句を書いて、情報を整理する。

T : Please think about some questions in pairs.

（質問を考える時間を与えた後）

ALT : Do you have any questions?

S1 : Do you like walking in crowds?

ALT : Yes, I do. It's OK to walk in crowds.

生徒はワークシートに、「walk in crowds ○」と書く。

S2 ：Do you get tired easily?

ALT : Yes, I do. I need some short breaks.

生徒はワークシートに「get tired easily ○」と書く。

このように、質問とワークシートの記入を繰り返し、最終的にどの登山道がよいかを絞ることができる。

Unit 0
Unit 1
Unit 2
Unit 3
Unit 4
Unit 5
Stage Activity 1
Unit 6
Unit 7
Unit 8
Unit 9
Stage Activity 2
Unit 10
Unit 11
Stage Activity 3

3 おすすめの登山道を紹介するために、ALT に質問する

まずはペアで ALT に何を聞くとよいのかを考える。質問の内容として、ALT は歩くのが好きなのか、人込みの中を歩くのは大丈夫か、休憩がたくさん必要かなどが挙げられる。質問を重ねていくと、どの登山道がよいか絞られ、４ の活動につながる。

4 おすすめの登山道とその理由を書く

３ の活動で聞いたことをもとに、表や図と照らし合わせながら、最終的にどの登山道がよいかを理由とともに書く。書き終わったら、グループ内で推敲し、加筆・修正を行う。最後に、どの登山道にしたかをクラス全体で共有する。

Let's Read ①

ボブと戸田先生のメッセージを読み取ろう（第2時）

本時の目標

　ボブと戸田先生のメッセージを読んで、2人にふさわしい登山道を見付けることができる。

準備する物

・教科書 P.98の表（提示用）
・教科書 P.99の図（提示用）

【指導に生かす評価】

◎本時では、記録に残す評価は行わないが、目標に向けて指導を行う。「読むこと」の記録に残す評価は、後日ペーパーテストで行う。

本時の言語活動のポイント

　一文ずつ丁寧に解説しながら本文全体の理解につなげる読み方ではなく、全体の大まかな内容を捉え、大切な部分を捉える読み方を指導する。全体の大まかな内容を捉えさせた後、空欄に入る語句を考えるが、教師は正解へ誘導せずに生徒自身が判断する。次に、空欄に入れた語句についてグループやクラス全体で共有するが、なぜその語句にしたか理由を述べる。空欄に入れた語句と理由について、クラス全体で共有したものをもとに、読むときのポイント（例えば、「最初と最後のパラグラフに大切なことが書いてある」「メッセージに書いてあることと、表の中に書いてあることが同じところを見付ける」等）を生徒自身が気付けるように指導する。最後に、生徒の気付きをもとに教師からの説明とまとめを行う。

本時の展開 ▷▷▷

1 Small Talk をする

　教科書 P.98の表と P.99の図を見ながら、まずは、ALT と教師が "Which trail do you want to take?" について、Small Talk を行う。次に、生徒同士がペアになり、同じ話題で Small Talk を行う。

2 教科書の語句の確認、本文の聞き取りと音読をする

　New Words を日本語に訳すのではなく、教科書 P.98の表に書いてある New Words を簡単な絵に描いてインプットしたり、教科書 P.99の図に New Words を書き込んだりすることで、本文読み取りのときにイメージしながら読み取ることができるようにする。

3 教科書 P.99 の空欄に入る語句を個人→グループ→クラスで考える

【活動のポイント】：「どんなことに気を付けて読めばよいか」について、生徒の気付きを引き出す。

【活動の流れ】
1. 個人で黙読
   - 全体の大まかな内容を捉えるために読む。
   - 空欄に入る語句を捉えるために読む。
   - 空欄に当てはまる語句を書く。
2. グループで共有→クラス全体で共有
   - 空欄に入れた語句を共有する。
   - なぜ、その語句にしたのかを理由を言う。
     教師は生徒の発言を、黒板に書く。
3. グループで検討→クラス全体で検討
   - 読むときにどんなことに気を付けて読めばよいか
     を、黒板に書かれた友達の意見を参考にして考える。
4. クラス全体で整理
   - 教師からの説明、まとめを行う。

教科書の本文、図、表を照らし合わせながら、どこに
着目して読めば書き手の思いが読み取れるかを考える
ことが大切である。

> どんなことに気を付けて読めばいいかな？

> 3つ目と4つ目のメッセージをよく読むといいと思います

> 後半のメッセージをよく読んで表と照らし合わせるといいと思います

---

3 教科書の空欄に入る語句を個人→グループ→クラスで考える

> 戸田先生が「山小屋がたくさんある」って書いてるよ

> 最後のメッセージをよく読むと、答えが分かりそう！

> 教科書の表で確かめよう

教科書 P.99の空欄に入る語句の答え合わせ
で終わるのではなく、なぜその語句にしたの
か、どんなことに気を付けると読み取ることが
できるのかという読み取りのポイントを生徒が
考えることが大切である。教師は生徒の気付き
を引き出し、指導していく。

4 自分だったらどの登山道がよいかを、ペアでやり取りする

> Which Trail do you want to take?

> I want to take the Fujinomiya Trail, because I like the short trail.

読んで終わりではなく、導入と同じやり取り
("Which trail do you want to take?") を再度行
う。ボブと戸田先生のメッセージを読むことに
よって、今回のやり取りのほうがより一層自分
の考えを明確に伝えることができたと生徒が実
感できる場面としたい。

3時間（第2時）

Unit 0
Unit 1
Unit 2
Unit 3
Unit 4
Unit 5
Stage Activity 1
Unit 6
Unit 7
Unit 8
Unit 9
Stage Activity 2
Unit 10
Unit 11
Stage Activity 3

Let's Read ①

メッセージを読んで返信を書こう（第３時）

本時の目標

　３人の有名人のメッセージの中から１つ選び、その人物に合った登山道を考え、返信を書くことができる。

準備する物

・ワークシート（３人のメッセージ文）⬇
・ワークシート（返信用）⬇
・付箋紙
・振り返りシート

【指導に生かす評価】

◎本時では、記録に残す評価は行わないが、目標に向けて指導を行う。「読んだことに対して書くこと」については、後日ペーパーテストで記録に残す評価を行う。

ワークシート活用のポイント

　ワークシートの上段に記載しているパフォーマンス課題を生徒に示し、どんな目的、場面、状況なのかを生徒と共有することが大切である。目的、場面、状況が理解できたら、メッセージをただ読むだけではなく、メッセージと教科書 P.98の表や P.99の図を照らし合わせて、その人物に合った適切な登山道を選ぶ。また、ワークシートの下段にメモ欄を設けているが、第１時に使用したワークシートで、○×や簡単な語句を使ってメモをしたことを思い出し、今回は自分の力でメモを取るようにしたい。メッセージを書くときに大切にしたいポイントは、「相手からのメッセージに返信を書く」という設定なので、メッセージのお礼から書き始めるなど、相手意識をもって書くことが重要である。

本時の展開 ▷▷▷

1 メッセージを読む

　３人の有名人のメッセージの中から１つ選び、前時で学習した読み取るときのポイントに気を付けながら読む。メッセージの概要を捉えたら、教科書の図や表と照らし合わせ、その人物に合った最適な登山道を１つ選ぶ。

2 メッセージの返信を書く

　自分が選んだ登山道について紹介する英文を、選んだ理由とともに書く。なぜ、その登山道にしたのかの理由が分かるように書く。教師は、どんな言語材料を使うか、どんな内容にするかを指定せず、生徒が主体的に自分の考えを書く時間としたい。

1 メッセージを読む

Unit 0
Unit 1
Unit 2
Unit 3
Unit 4
Unit 5
Stage Activity 1
Unit 6
Unit 7
Unit 8
Unit 9
Stage Activity 2
Unit 10
Unit 11
Stage Activity 3

Stage Activity 2 メッセージを1つ選び、返信を書こう　　Let's Read①

第3時　Class( )　No.( )　Name

【パフォーマンス課題】
あなたはオーストラリアのテレビ番組のプロデューサーです。
日本の有名人が富士山を登山するロケを企画しています。
ロケの依頼をしているのは、イモトアヤコさん、タモリさん、出川哲郎さんの3人です。
本日、この3人の方からメッセージが届きました。3人のメッセージのうち、1つを選んで、その人に合った最適な登山道を見つけ、返信を書きましょう。

Imoto Ayako
Nice to meet you. I'm Ayako. I like climbing mountains very much. I'm on a Japanese TV show "Itte Q!" every Sunday. I often climb mountains in "Itte Q!". So, I want to climb Mt. Fuji, stay in a mountain hut, and see the sunrise with you. I like long trails. I don't get tired easily. I don't like popular trails. So, I don't want to walk in crowds. Anyway, I'm looking forward to your visit!

Tamori
Hello, this is Tamori. I'm on a Japanese TV show "Buratamori" every Saturday. I like to visit many places in Japan. I sometimes climb Mt. Fuji, but I want to climb Mt. Fuji with you. I like walking, but I'm 76 years old. So, I get tired easily. I need to take short breaks. Also, I don't want to stay in a mountain hut. I want to go home on that day. Anyway, I'm looking forward to your visit!

Degawa Tetsuro
Hello, I'm Tetsuro. Nice to meet you. I'm on a Japanese TV show "Can you charge my battery?" every Sunday. I visit many places in Japan on an *electric motorcycle. I like to climb mountains. So, I want to climb Mt. Fuji with you. I like popular trails. I like to walk in crowds, but I get tired easily. I need to take many short breaks. My friend, Ms. *Dewi wants to climb Mt. Fuji with me. Is it OK?
　　　*Dewi デヴィ（女性の名前）　　*electric motorcycle 電動バイク

読んで分かったことをメモしよう。私が選んだのは、（いもとあやこ）さんのメッセージです。
・登山が大好き。
・イッテQで、よく山に登る。
・富士山の山小屋に滞在して、朝日を見たい。
・長い登山道が好き。
・簡単には疲れない。
・人気のある登山道は好きではない。
・人込みを歩きたくない。

Stage Activity 2 自分が選んだメッセージに返信を書こう　　Let's Read①

第3時　Class( )　No.( )　Name

メモをもとに、その人物に合った登山道を紹介する文を書こう。
【下書き】
Thanks for your message. You like climbing the mountains. How about the Gotemba Trail? It is not popular. It has 4 mountain huts. You can stay in a mountain hut, and see the sunrise. You enjoy walking long trails. Anyway, I'm looking forward to seeing you!

【友達からの付箋コメントを貼る。】

| 往復距離を書いてみたらどうかな？ | 相手の気持ちを確認するために、Are you interested? と書いてみてはどうですか。 | It is not popular. と You enjoy walking long trails. を but を使って1文にするといいと思います。 | sunrise の前に beautiful を入れてみてはどうですか。 |

【清書】
Thanks for your message. You like climbing the mountains. How about the Gotemba Trail? It is 19 km long. It is not popular, but you enjoy walking long trails. It has 4 mountain huts. You can stay in a mountain hut, and see the beautiful sunrise. Are you interested? Anyway, I'm looking forward to seeing you!

3 書いた英文について中間指導を行い、グループで推敲する

書いていて困ったこと等についてクラス全体で考えたり、同じメッセージを読んだ者同士でグループを作り、推敲したりする。推敲するときは、その人物に合った最適なルートになっているか、言語面での間違いはないかの内容面と言語面において推敲する。

4 他のグループの返信メッセージを読む

推敲後、加筆・修正が終わったら、書いたものをクラス全体で回し読みしたり、ICT 端末上で回し読みをしたりして、他の生徒の返信内容を読む。最後に、この単元を通してどんな力が身に付いたか、何ができるようになったかを振り返る。

3時間（第3時）

10 Winter Vacation 6時間

＋Let's Write ② 1時間

単元の目標

自分の冬休みの思い出を伝えたり、仲間の冬休みの思い出について詳しく聞き出したりする活動を通して、過去形や過去の出来事をたずねる疑問文の使い方を理解し、目的・場面・状況を踏まえて自分や相手がしたことについて分かりやすくやり取りをすることができる。

単元の評価規準

知識・技能	思考・判断・表現	主体的に学習に取り組む態度
・過去形を用いた文の形・意味・用法を理解している。 ・過去の出来事をたずねる疑問文の理解とともに、自分の気持ちや考えを伝え合う技能を身に付けている。	・学級の仲間に冬休みの思い出の楽しさを伝えるために、冬休みの出来事を振り返って自分の経験や気持ちを伝えたり、相手の思い出をより詳しく聞き出すために、質問をしたりしている。	・学級の仲間に冬休みの思い出の楽しさを伝えるために、冬休みの出来事を振り返って自分の経験や気持ちを伝えようとしたり、相手の思い出をより詳しく聞き出すために、質問をしようとしたりしている。

単元計画

第1時（導入）	第2・3時（展開①）
1. 単元の見通しをもち、冬休みにしたことを聞き取ろう 　教師と ALT の「冬休みの思い出」のモデル対話を聞いて単元を貫く課題のイメージをもつ。また、ペアで昨日したことについて簡単な対話を行う。小学校で夏休みを話題として思い出を伝え合う内容は学習済みであるため、やり取りを通して思い出させながら活動を行う。 　Preview の海斗とクック先生の対話を聞き取って、対話の内容を理解し、聞き取ったことを相手に伝える。また、過去形の用法を理解する。	**2. クック先生の冬休みの思い出を詳しく聞き取り、正確に伝えよう** 　クック先生の年末年始の前半の予定を聞き取って、表にまとめる。また、まとめたものをクック先生になりきって伝える。正確に相手に伝えるために、相手意識をもって話すスピード、発音、イントネーション等に気を付ける。また、相手が理解できているか確認しながらやり取りを行う。 　**記録に残す評価【聞】** 思 **3. クック先生の年末年始の後半の思い出を表にまとめて詳しく伝えよう** 　クック先生の年末年始の後半の予定を聞き取って表にまとめる。まとめたものをクック先生になりきって伝える。正確に相手に伝えるために、相手意識をもって話すスピード、発音、イントネーション等に気を付ける。また、相手が理解できているか確認しながらやり取りを行う。

　単元の導入では、小学校で学習した過去形について触れる。第 1 時から第 4 時は、知識・技能の定着を図る。第 2 時から第 3 時は、聞いたことを表にまとめるという活動を行う。単元の導入であることを考え、「聞くこと」の活動から授業に入ることを重視する。Mini Activity では、昨日したことなどをたずね合う活動をし、後半で教師と即興的な対話を行い、知識・技能の定着を確認する。

　Story 3 では、本文内容の理解に加え、教科書本文の最後の場面から対話を継続させるために、メグのお正月の予定を詳しく聞き出す質問を考える。メグになりきりながらも、自分だったらという視点をもって質問を考えさせる。

　Unit Activity では、冬休みの思い出を伝え合うだけでなく、より詳しく聞き出すために、「いつ」「どこで」「誰と」「どれくらい」などの視点をもってやり取りを行う。

　Let's write ②では、「読んだ相手が自分に興味をもってくれる」という視点を大切にして書かせる。

評価のポイント

　第 1 時から第 4 時までは、過去形を用いた活動を多く仕組むことで知識・技能が定着しているかを見取る。また、本文内容についても問題に答えるだけでなく、本文を聞いて、その内容を表にまとめ、課題を設定したり、概要をつかんでいたり、時系列を意識しているなどの点を評価したい。

　第 5 時からは、本文内容の理解に加えて目的・場面・状況を的確に捉えて質問をしたり、相手が魅力的に感じる絵ハガキを作成したりするなど相手意識を強くもたせ、思考力・判断力・表現力等の育成も図る。単元を通して、振り返りシートを活用し、毎時間の振り返りを行い、主体的に学習に取り組む態度を評価する。

第 4・5 時（展開②）	第 6 時（終末）
4．仲間が先週したことについてたずね合おう 　教師や ALT とのやり取りを通して、過去形の疑問文の作り方を理解し、先週に自分がしたことについて表現するミニパフォーマンステストを行う。最後に単元前半を振り返り、話したことを書きまとめ、後半の学習につなげる。 　**記録に残す評価【話（や）】 知** **5．朝美になりきってメグに質問してみよう** 　お正月の思い出について朝美とメグが話しているという場面を考え、メグがどのようなことをしたのかという情報を本文内容に続いて詳しく聞き出す。詳しく聞き出すために対話の流れを理解し、メグのお正月の予定を深く聞くことができる質問をする。	**6．冬休みの思い出を相手に伝えたり、仲間の思い出について詳しく聞き出したりしよう** 　学校に来たばかりの ALT と仲よくなるためにという目的・場面・状況を理解し、お互いの冬休みについて伝え合う活動を行う。自分のことを伝えつつ、ALT のことを知るために自分が知りたいことをたずねながら互いの冬休みの思い出について伝え合う。 　**記録に残す評価【話（や）】 思** 　**Let's Write ②：1 時間**

※ Unit 10 の全ての授業終了後に、Let's Write ②（1 時間）を行う。

単元の見通しをもち、冬休みにしたことを聞き取ろう

本時の目標

　教師と ALT の冬休みの思い出に関するやり取りを理解することを通して、単元終末の活動をイメージすることができる。

準備する物

・聞き取りの視点プリント（評価用）
・振り返りシート
・テレビ
・プロジェクター、スクリーン

【指導に生かす評価】

◎本時では、記録に残す評価は行わないが、目標に向けて指導を行う。生徒の学習状況を記録に残さない活動や時間においても、教師が生徒の学習状況を確認する。

Unit 10 Winter Vacation

先生とALTとの対話の内容を理解して単元終末の活動をイメージできるようにしよう

Small Talk
A) What did you do during winter vacation?

B) I _____.
A) Oh! You _____.
A) I _____.
B) Oh! You _____.
　　It sounds interesting!

ここには中間交流で出た疑問点や単語等を位置付け、後半の Small Talk につなげる（右側下線部分を生徒にたずねながら見本を示す）

本時の展開 ▷▷▷

1 ALT と教師の「冬休みの思い出」に関するモデル対話を聞く

　「冬休みの思い出」に関する ALT と教師のやり取りを聞く。教師は、生徒に質問するなどして、場面や状況を理解させる。この際、小学校で学習した過去形に触れて、既習事項を想起させながら言語活動を行う。

2 「冬休みの思い出」について2往復程度の言語活動をする

What did you do during winter vacation?

　モデル対話を示した後に生徒同士で言語活動を行う。What did you do during winter vacation? という質問に対して、実際の自分の経験を答えさせる。その際、聞き手はただ聞くだけではなく、繰り返し等をすることで理解しているかどうかの意思表示を示すことを指導する。

Task：単元の見通しをもち、冬休みにしたことを聞き取ろう

Situation：Kaito and Ms.Cook are talking about their winter vacation.
〈Listening point〉
①どちらが質問をしている？

　　　A．海斗

②　①の人はいくつ質問をしている？

　　　A．2つ

③　①の人はどんな質問をしている？

　　A. 1. 冬休みによい時間をすごしたか。　2. 冬休みにどこへ行ったか。

④2人の冬休みの思い出は？
　　Kaito：話していない。

　　Ms.Cook：ロンドンを旅行し、美術館やミュージカル、ビッグベンに行った。

3 Preveiw のクック先生と海斗の対話を聞き取る

　一度説明なしで聞かせた後で、Listening point を確認する。Listening point で、誰が、どこで、誰と、どんな話をしているのかを明確にする。次に、聞き取りながらプリントに質問の答えを記入し、最後に全体で答えを共有をする。

4 聞き取ったクック先生と海斗の対話を伝える

　伝え合う活動を行う際は時系列や話の流れを意識し、やり取りを行う。その際、聞き手はただ聞くだけでなく、繰り返しをしたり反応したりすることで、理解しているかどうかの意思表示をできるようにする。教師は必要に応じて、デモンストレーションを行う。

Unit 0
Unit 1
Unit 2
Unit 3
Unit 4
Unit 5
Stage Activity 1
Unit 6
Unit 7
Unit 8
Unit 9
Stage Activity 2
Unit 10
Unit 11
Stage Activity 3

Story ①

クック先生の冬休みの思い出を詳しく聞き取り、正確に伝えよう

本時の目標

クック先生の年末年始の前半の予定を聞き取って、表にまとめ、まとめた表の内容をペアに正確に伝えることができる。

準備する物

・ワークシート⏬　・振り返りシート
・テレビ、プロジェクター、スクリーン

【聞くことの記録に残す評価】

◎Preview の内容について「聞くこと」の思考・判断・表現について評価を行う。3つの質問を提示し、必要な情報を「A：3つの質問で捉えている」「B：2つの質問で捉えている」「C：B以下である」の基準で評価を行う。

ワークシート活用のポイント

活動 **2** では、目的・場面・状況を確実に把握した上でリスニングを行い、「聞くこと」の記録に残す評価を行う。その後、聞き取ったことをワークシートにまとめる。

活動 **2** の後半では、学級全体で聞き取ったことをまとめる。板書に位置付けて全員が理解できるように配慮し、活動 **3** につなげていく。

活動 **3** では、聞き取ってまとめたワークシートを活用しながら、ペアで聞き取ったことを伝え合う。ただし、ワークシートを見ながらではなく、補助的な資料（困ったときに立ち返るもの）として考える。ペアに伝えるときは、何も見ないで行う。

本時の展開 ▷▷▷

1 Small Talk をする

Small Talk を What did you do yesterday? で始める。ペアとの対話の中で必然的に過去形を使う場面を設定し、相手が昨日したことに対して詳しく聞き出す。また、対話を継続させつつ、5W1Hを意識させ、定型だけではない深まりのあるやり取りにさせる。

2 クック先生の年末年始の前半の思い出を聞き取り、表にまとめる

目的・場面・状況を意識しながら、クック先生の冬休みの思い出の前半を聞き取る。ワークシートにまとめたものを「聞くこと」の記録に残す評価に使用する。聞き取ったことを全体で共有する。まとめたことを英語で表現できるように、時系列を意識させる。

Unit 10	Winter Vacation Story①

第2時 Class(　) No.(　) Name _____

（目的・場面・状況）

　クック先生の冬休みの思い出のスピーチを聞きます。スピーチを聞きながら以下の3つの質問に日本語で答えましょう。

（1）How many places did Ms. Cook visit?
　　3ヶ所

（2）Why did she want to watch the musical?
　　好きな俳優が主役を演じているから。

（3）How was her winter vacation?
　　楽しみだ。

／3

〈Ms. Cook's winter vacation memories〉

December 31ˢᵗ	したこと	＋αの情報
On the afternoon	・大英博物館を訪れた。	・3時間見て回った。 ・おもしろいことがたくさんあった。
In the evening	・劇場でミュージカルを見た。 ・素晴らしい歌を聴き、演技を大いに楽しんだ。	好きな俳優が主役を演じていた。

〈学習の振り返り〉

---

③ 表にまとめたものをペアで正しく伝え合う

　活動前に教師はモデルを示し、生徒にイメージをもたせる。その際に、教科書の表現だけでなく、自分の言葉で伝えることを大切にさせる。また、聞き手には、聞くだけでなく繰り返したり、反応したりすることで理解しているかどうかの意思表示ができるようにさせる。

④ 本時の振り返りをする

　ペア活動を行った後、自分が話したことをノートにまとめる。その際に、綴りが分からない単語等については、カタカナ表記でもいいので書かせ、後で家庭学習等で調べさせる。音のつながりや意味のまとまりなど、自分が伝えたいことが表現できたかを大事にする。

Unit 0
Unit 1
Unit 2
Unit 3
Unit 4
Unit 5
Stage Activity 1
Unit 6
Unit 7
Unit 8
Unit 9
Stage Activity 2
Unit 10
Unit 11
Stage Activity 3

Story ②

クック先生の年末年始の後半の思い出を表にまとめて詳しく伝えよう

本時の目標

クック先生の年末年始の後半の予定を聞き取って、表にまとめ、まとめた表の内容をペアに詳しく伝えることができる。

準備する物

・ワークシート⏬
・テレビ
・プロジェクター
・スクリーン

【指導に生かす評価】

◎本時では、記録に残す評価は行わないが、目標に向けて指導を行う。生徒の学習状況を記録に残さない活動や時間においても、教師が生徒の学習状況を確認する。

ワークシート活用のポイント

活動 **2** では、目的・場面・状況を確実に把握した上で行う。聞き取ったことをワークシートにまとめる際は、日本語で記入する。

活動 **2** の後半では、学級全体で聞き取ったことをまとめる。板書に位置付けて全員が理解できるように配慮し、活動 **3** につなげていく。

活動 **3** では、聞き取ってまとめたワークシートを活用しながら行う。ただし、ワークシートを見ながらではなく、補助的な資料（困ったときに立ち返るもの）として考える。ペアに伝えるときは、自分の言葉で伝えるようにする。

本時の展開 ▷▷▷

1 Small Talk を行う

Small Talk を What did you do last weekend? で始める。ペアとの対話の中で必然的に過去形を使う場面を設定し、相手が週末にしたことに対して詳しく聞き出す。また、対話を継続させつつ、５W１Hを意識させ、定型だけではない深まりのあるやり取りにさせる。

2 クック先生の年末年始の後半の思い出を聞き取り、表にまとめる

目的・場面・状況を意識しながら、クック先生の思い出の後半を聞き取る。聞きながらワークシートに聞き取ったことをまとめる。その後、小グループや全体で聞き取ったことをまとめ、共有する。最後に、まとめたことを英語にできるようにイメージをもたせる。

2 クック先生の冬休みの後半の思い出をまとめる

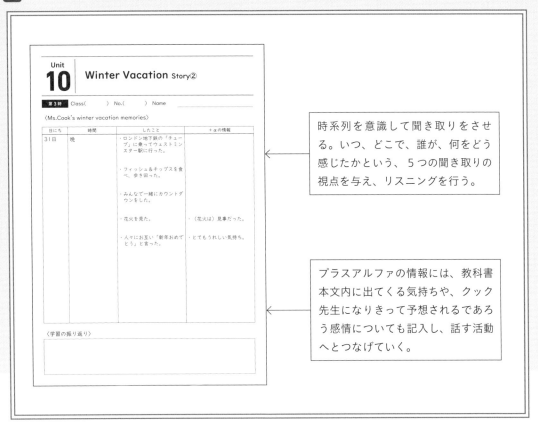

<table>
<thead>
<tr><th>Unit
10</th><th colspan="3">Winter Vacation Story②</th></tr>
</thead>
</table>

Unit **10** Winter Vacation Story②

第3時　Class(　　) No.(　　) Name

〈Ms.Cook's winter vacation memories〉

日にち	時間	したこと	+αの情報
31日	晩	・ロンドン地下鉄の「チューブ」に乗ってウェストミンスター駅に行った。	
		・フィッシュ&チップスを食べ、歩き回った。	
		・みんなで一緒にカウントダウンをした。	
		・花火を見た。	・(花火は)見事だった。
		・人々にお互い「新年おめでとう」と言った。	・とてもうれしい気持ち。

〈学習の振り返り〉

時系列を意識して聞き取りをさせる。いつ、どこで、誰が、何をどう感じたかという、5つの聞き取りの視点を与え、リスニングを行う。

プラスアルファの情報には、教科書本文内に出てくる気持ちや、クック先生になりきって予想されるであろう感情についても記入し、話す活動へとつなげていく。

3 表にまとめたものをペアで詳しく伝え合う

　活動前に教師はモデルを示し、生徒にイメージをもたせる。その際に、教科書の表現だけでなく、自分の言葉で伝えることを大切にさせる。また、聞き手には、聞くだけでなく繰り返したり、反応したりすることで理解しているかどうかの意思表示ができるようにさせる。

4 本時の振り返りをする

　ペア活動を行った後に、自分が話したことをノートにまとめる。その際に、綴りが分からない単語等については、カタカナ表記でもよいので書かせ、後で宿題にして調べさせる。音のつながりや意味のまとまりなど、自分が伝えたいことが表現できたかを大事にする。

Unit 0
Unit 1
Unit 2
Unit 3
Unit 4
Unit 5
Stage Activity 1
Unit 6
Unit 7
Unit 8
Unit 9
Stage Activity 2
Unit 10
Unit 11
Stage Activity 3

Mini Activity

仲間が先週したことについてたずね合おう

本時の目標

イラストが描いてある表を見ながら、仲間に質問をしたり、先週したことを伝えたりすることができる。

準備する物

・ワークシート、テレビ
・プロジェクター、スクリーン

【話すこと［やり取り］の記録に残す評価】
◎本時では、「知識・技能」の観点を評価する。「A：イラストの絵について自分がしたことを正しく伝えたり、相手に質問したりできる」「B：過去形など細かいミスはあるが、伝えたり、イラストの内容について質問できる。単語で答えることができる」「C：B以下」の基準で評価する。

本時の言語活動のポイント

本時は、話すこと［やり取り］の記録に残す評価を行う。活動 3 で１人ずつミニパフォーマンステストを実施する。

教師の問いかけに対して状況に合わせて即興的にやり取りができるかを、「知識・技能」「主体的に学習に取り組む態度」の二観点で評価を行う。ミニパフォーマンステストの際は、ヒント集は提示しない。原則、英語のみで行う。また、テスト時間は１分程度として、１分経過したら終了とする。「主体的に学習に取り組む態度」は、１分間の中での様子を総合的に見取って、評価を行う。

本時の展開 ▷▷▷

1 Listen の問題に取り組む

目的・場面・状況を明確にして、聞き取りの視点を明確にさせる。6枚の絵について What is Asami doing? とたずねて既習事項を取り入れながら、6つそれぞれの状況を理解する。聞き取った後は、小グループ→全体という流れで確認を行う。

2 Speak & Write に取り組む

イラストの絵についてペアで確認をする。その後、教師がモデルを示し、How about you? などを使い複数の生徒にたずねる。その後、3ペア（A：横　B：前後　C：斜め）でやり取りを行う。生徒の様子を見て中間指導を行う。

3 教科書のイラストを見ながら、自分の先週の行動を伝える

> **活動のポイント**：ミニパフォーマンステストではやり取りをしながら、生徒が **3** の行動を話せるように反応や繰り返しをし、確認しながら進めていく。

　教師は最初に自分自身が先週したことを伝え、How about you? と生徒に問いかける。そして生徒が先週したことをイラストをヒントにやり取りを行う。また、Next your turn. を使い、生徒がやり取りの中心になるようにもさせたい。生徒の状況を見ながら、2～3回程度やり取りを行い、知識・技能面の評価を行う。今回のテストでは、英語使用の正確さを見取る。

3 ミニパフォーマンステストをする

　1人ずつしかるべき場所でミニパフォーマンステストを行う。教師がイラストの表を生徒に示し、What did you do last week? 等と質問をする。1人当たりのテスト時間を1分程度とって即興的に対応できるか、評価規準に照らし合わせて見取る。

4 単元前半の振り返りをする

　テストが終わった生徒から、ミニパフォーマンステストで話したことをノートに書きまとめる。話せなかったことやもっと話したかったことも含めて辞書で調べるなどして、英語で書いてみる。

Unit 0
Unit 1
Unit 2
Unit 3
Unit 4
Unit 5
Stage Activity 1
Unit 6
Unit 7
Unit 8
Unit 9
Stage Activity 2
Unit 10
Unit 11
Stage Activity 3

Story ③

朝美になりきってメグに質問してみよう

本時の言語活動のポイント

活動 3 では、教科書本文のその後のやり取りを朝美の立場になって考え、実践する。そのため、活動 2 での本文内容の読み取りが非常に重要となる。単なる読み取りではなく、活動 3 のやり取りにつなげるために、メグの気持ちや性格行動の様子等の見えない部分についても理解を深める必要がある。

活動 3 は自由に行い、中間交流等で多くの生徒の意見や考えを共有する時間を設定し、多様な表現を生み出させるようにする。

また、活動 3 は教科書本文の最後から 1 分程度で 3 往復程度のやり取りを付け加えることを目標として行う。さらに、中間指導を取り入れて、仲間の意見を共有するなどして対話の内容の充実を図る。

本時の目標

朝美とメグの対話を読み取り、朝美になりきってメグのお正月の思い出について詳しく聞くことができる。

準備する物

- ・ワークシート
- ・テレビ
- ・プロジェクター、スクリーン
- ・ICT 端末

【指導に生かす評価】

◎本時では、記録に残す評価は行わないが、目標に向けて指導を行う。生徒の学習状況を記録に残さない活動や時間においても、教師が生徒の学習状況を確認する。

本時の展開 ▷▷▷

1 Small Talk をする

Small Talk を What did you do last night? で始める。ペアとの対話の中で必然的に過去形を使う場面を設定し、相手が昨晩したことに対して詳しく聞き出す。また、対話を継続させつつ、5W1Hを意識させ、定型だけではない深まりのあるやり取りにさせる。

2 朝美とメグの対話を聞き取ってノートに聞き取ったことを書く

目的・場面・状況を意識しながら、朝美とメグの対話を聞き取る。聞き取ったことをノートにメモする。その後、小グループや全体で聞き取ったことをまとめ、共有する。教師は、2人の気持ちにも目を向けさせ、それぞれの思いも理解させる。

3 朝美とメグの対話を継続させるための活動

活動のポイント：本文のその後の対話を考えて、継続させるために教科書の本文内容の対話の理解はもちろんのこと、登場人物の気持ちや考えをくみ取って対話を継続させることができる。

活動 **3** で教科書本文の対話のその後を考えて行う目的は、単に質問をするのではなく、目的・場面・状況を的確に捉えているかということを重視することにある。そのため、活動 **2** のときから目的（お正月の思い出を詳しく聞き出す）、場面（休み時間に楽しそうに朝美とメグが対話をしている）、状況（様々な日本の文化に触れているメグがさらにどんなことを経験したのか興味をもって聞き出す朝美）を確実に押さえておく。

3 朝美とメグになって対話をし、話の流れを考え、対話を継続する

　朝美とメグになりきって、教科書の最後の話に続く話の流れを考え、対話する。その際、より深くメグのお正月の行動を聞き出すという目的を意識する。本文の最後から1分程度のやり取りを行う。活動はペアを替え、何度か繰り返す。

4 継続させた対話を全体で共有する

　教師は **3** の活動の中で内容の深まりがあったペアの対話を録画し、全体で共有する。その際に、表現の適切さだけでなく、内容の深まりについて共有し、次時の Unit Activity へとつなげていく。

第5時
241

Unit 0
Unit 1
Unit 2
Unit 3
Unit 4
Unit 5
Stage Activity 1
Unit 6
Unit 7
Unit 8
Unit 9
Stage Activity 2
Unit 10
Unit 11
Stage Activity 3

Unit Activity

冬休みの思い出を相手に伝えたり、仲間の思い出について詳しく聞き出したりしよう

本時の目標

冬休みの思い出を相手によく分かるように伝えたり、質問をしたりして思い出について詳しく伝え合うことができる。

準備する物

・ワークシート①②（**1 2**）（振り返り）
・テレビ、ICT 端末
・プロジェクター、スクリーン

【話すこと［やり取り］の記録に残す評価】

◎本時では、「思考・判断・表現」を評価する。評価の観点は、「A：条件を2つとも満たしている」「B：条件のどちらかを1つを満たしている」「C：B以下である」の3つの基準で行う。

本時の言語活動のポイント

本時は、単元のまとめとして「話すこと［やり取り］」についてのパフォーマンステストを行う。次の2つを条件とする。

〈条件1〉
　自分の冬休みの思い出について、相手によく分かるように話している。
〈条件2〉
　相手が話した思い出についてより詳しく聞き出すための質問をして話題を広げたり、深めたりして対話を継続している。

特に条件2については、即興的な対応になるため、相手が話したことを瞬時に理解し、その上で、詳しく聞き出すためにはどんな質問をすべきかを考える必要がある。

本時の展開 ▷▷▷

1 自分の冬休みの予定を簡単にまとめる

本時の課題を確認した後、プリントに自分の冬休みの思い出をメモする。その際にキーワードとなる語や表現を意識させる。その後、生徒に問いかけて自然なやり取りの中でモデル提示をする。

2 ペアで冬休みの思い出について対話を行う

ペアで冬休みの思い出を伝え合う。やり取りの時間を1分間として、その中で話し手は冬休みの思い出を伝え、聞き手は相手の話題を広げたり、深めたりするための質問をする。やり取り後、中間指導を行い、全体で疑問点があれば交流する。

3 冬休みの思い出についてのパフォーマンステスト

> **活動のポイント**：教師はパフォーマンステストの中で、生徒が自分の思い出を話したり、教師が話したことについて質問したりできるように配慮する。

〈やり取り（例）〉

S1）　What did you do during winter vacation?

ALT）　I went to Tokyo with my family.

S1）　Great! How long did you stay there?

ALT）　We stayed there for 3 days.　How about you?

S1）　I went to Kyoto with my friends.

ALT）　What did you do in Kyoto?

〈目的・場面・状況〉
あなたは、1週間前に私たちの学校に来たALTと冬休みの思い出について話すことになりました。ALTはこの授業をきっかけに早くみんなと仲よくなりたいと思っています。また、私たちも英語の授業がさらに楽しくなるようにALTのことをもっと知りたいと思っています

そのため、自分の冬休みの思い出を伝えつつ、ALTの冬休みの思い出について質問をして詳しく聞き出してみよう

---

3 冬休みの思い出について「話すこと［やり取り］」のパフォーマンステストを行う

I went to Tokyo with my family.

What did you do during winter vacation?

　1人ずつテストを行う。テスト時はしかるべき場所へ移動し、最初に目的・場面・状況を理解する時間を設け、その後にテストを行う。最初は生徒から話し始めることを想定しているが、様子を見て、ALTから質問をしてスタートしてもよい。

4 継続させた対話を全体で共有する

　教師は 3 の活動の中で内容の深まりがあったペアの対話を録画し、全体で共有する。その際に、表現の適切さだけでなく、内容の深まりについて共有し、仲間のよさを自分の学びへとつなげていく。

Unit 0
Unit 1
Unit 2
Unit 3
Unit 4
Unit 5
Stage Activity 1
Unit 6
Unit 7
Unit 8
Unit 9
Stage Activity 2
Unit 10
Unit 11
Stage Activity 3

第6時 冬休みの思い出を伝えたり、仲間の思い出について詳しく聞き出したりしよう

活動の概要

第6時において、本単元の終末の活動として、冬休みの思い出を相手に伝えたり、仲間やALTの冬休みの思い出について詳しく聞き出したりするやり取りを行う。単元を通して身に付けた言語材料である過去形の用法を使い、目的・場面・状況に合わせて質問をして対話を継続させることができるようにしたい。また、パフォーマンステストを通して即興的に対応できる力を身に付けさせたい。

活動をスムーズに進めるための3つの手立て

①ワークシート
メモ程度の情報を各自で持っておいて、苦手な生徒がやり取り中に見直しができる場をつくる。

②教師とのモデル対話
自分の経験や考えをアウトプットできるよう、意図的に抽出した生徒とのやり取りのモデルを示し、イメージをもたせる。

③ペア活動
パフォーマンステスト（PT）前に仲間との言語活動の場を設け、スムーズにPTに進んでいくことができるようにする。

活動前のやり取り例

T ： From now on, let's talk about our winter vacation.
I went to Tokyo with my family. How about Mr. ◯◯ ?
S ： I went to Kyoto with my family.
T ： Oh! You went to Kyoto with your family. That's nice. When did you go there?
S ： I went there on January 1st, 2nd, 3rd.
T ： I see. What did you do there?
S ： I visited Kiyomizu temple. Do you know it?（続く）

活動前のやり取りのポイント

教師が生徒とやり取りの一部を見せることで、活動へのハードルを少しでも下げたい。その中で、対話を継続させるための問いかけ等について気付かせられるようにする。モデル対話の中に今までの Small Talk や様々な活動の中で行ってきたことを取り入れ、活動の具体的なイメージを想起させつつ、ペア活動やパフォーマンステストへとつなげていきたい。

本時は、単元のまとめとして「話すこと［やり取り］」についてのパフォーマンステストを行う。次の2つを条件とする。

〈条件1〉
　自分の冬休みの思い出について、相手によく分かるように話している。
〈条件2〉
　相手が話した思い出についてより詳しく聞き出すための質問をして話題を広げたり、深めたりして対話を継続している。

条件2については、即興的な対応になるため、相手が話したことを瞬時に理解し、その上で、詳しく聞き出すためにはどんな質問をすべきかを考える必要がある。

メイン活動

〈目的・場面・状況〉
あなたは、1週間前に私たちの学校に来たALTと冬休みの思い出について話すことになりました。ALTはこの授業をきっかけに早くみんなと仲よくなりたいと思っています。また、私たちも英語の授業がさらに楽しくなるようにALTのことをもっと知りたいと思っています

そのため、自分の冬休みの思い出を伝えつつ、ALTの冬休みの思い出について質問をして詳しく聞き出してみよう

活動のやり取り例

S2）What did you do during winter vacation?
S3）I went to Tokyo with my family.
S2）Great! How long did you stay there?
S3）We stayed there for 3 days. How about you?
S2）I went to Kyoto with my friends.
S3）What did you do in Kyoto?　　S2）I visited Kinkakuji temple.
S3）That's nice!（続く）

活動後のやり取りのポイント

活動 **3**、またはパフォーマンステストの中で内容の深まりや条件1、2を理解し、実践できている生徒の対話を録画し、全体で共有する。その際に、言語使用の正確さに加え、表現内容の適切さについても共有する。

Let's Write ②

読み手に魅力が伝わる絵はがきを書こう

活動 **2** では、事実を書くだけでなく、事実に対する感想や気持ちを書くことで内容の深まりや、「読み手を惹きつける」ということを意識できるようにする。

活動 **3** では、「読み手を惹きつける」ためにという視点をもって書くことができるようにする。絵はがきの魅力的なポイントを書いておき、活動 **4** で読み手にそれらが伝わったかどうかの判断基準とする。

活動 **4** では、実際に書いたものを読み合うことによって自分の伝えたいことが読み手に伝わっているかということを確認する。絵はがきを読むときに、読み手には書き手の魅力的なポイントは分からないようにワークシートを折り曲げておく。

本時の目標

思い出に残っている旅の魅力が読み手に伝わるような絵はがきを書くことができる。

準備する物

・ワークシート（ **1 2** で使用）⬇
・振り返りシート
・テレビ、ICT 端末
・プロジェクター、スクリーン

【書くことの記録に残す評価】

◎本時では、「書くこと」（思）の評価を行う。評価の基準を「A：読み手の4人全員が書き手の伝えたいことを理解している」「B：読み手の2人が書き手の伝えたいことを理解している」「C：B以下である」の3つとする。

本時の展開 ▷▷▷

1 メグの絵はがきを読む

STEP 1のメグの絵はがきを読み、少人数グループで内容を理解するとともに「魅力的な内容」を確認する。絵はがきの内容部分に着目させることで「魅力的な」という視点に気付かせることができる。具体的には事実だけでなく、考えや気持ちを付け加えることが重要である。

2 STEP 2 に取り組む

導入、内容、まとめ（結び）の3つのパートに分けてメモを書く。内容については、事実→考え・気持ち、事実→状況をまとまりとしてメモを書くことで、絵はがきの内容に深まりをもたせる。話題についてはあえて2つまでとし、内容の深まりを重視する。

Unit 0
Unit 1
Unit 2
Unit 3
Unit 4
Unit 5
Stage Activity 1
Unit 6
Unit 7
Unit 8
Unit 9
Stage Activity 2
Unit 10
Unit 11
Stage Activity 3

② 絵はがきを書く

Unit 10　Winter Vacation　Let's write②

Class(　　) No.(　　) Name _____

〈Let's write a memo of your post card〉

項目	伝えたいこと（メモ）
日付	January 11ᵗʰ 2022
はじめのあいさつ	Dear Grandma
導入	How are you?　I am in Hokkaido.
内容①	First day, I skated for the first time. I enjoyed it.　But, it was very difficult.
内容②	Next day, I went to a sushi restaurant. It was very fresh and delicious. I like it very much.　I want to eat it everyday.
まとめ	I miss you.　I hope to hear from you.
終わりのあいさつ	Best wishes,
名前	Takayui

〈魅力的なポイント〉

仲間の絵はがきを読んで感じ取った魅力的なことを書こう

（　　　　　　　　）さん

北海道旅行に行ってスケートをして、寿司を食べた。
スケートは楽しかったが、とても難しかった。
寿司はとても新鮮でおいしく、毎日食べたいくらい。

（　　　　　　　　）さん

（　　　　　　　　）さん

（　　　　　　　　）さん

〈学習の振り返り〉

---

③ STEP 3 に取り組む

新鮮なお寿司について書こう…

　STEP 2 のメモをもとに絵はがきを書く。書く視点として読み手が魅力を感じるために、事実→考え・気持ち、事実→状況をまとまりとして書くなど、読み手をイメージして書かせる。また、魅力的なポイントを日本語で書いておく。絵はがきを読む際は見えないよう折り曲げる。

④ 書いた絵はがきを読む

　小グループになり、書いた絵はがきを読む。読み手は読んだものに対して魅力的だったことをプリントに記入する。そのプリントを回収し、書き手の「伝えたいこと」と読み手の「魅力に感じたもの」が一致しているかを記録に残す評価の基準の１つとする。

【中心領域】読むこと、話すこと［やり取り］、書くこと

This Year's Memories （6 時間）

＋Let's Talk ④ （1 時間） ／ **Let's Listen ③** （1 時間） ／
Grammar for Communication ⑦ （2 時間）

単元の目標

中学校生活を振り返り、相手の思い出を知ったり、自分の思い出を知ってもらったりするために、思い出に残った学校行事やその理由を伝え合うとともに、短い文章を聞いたり読んだりしてその概要を捉えたり、十分に慣れ親しんだ語句や表現を用いて日記を書いたりすることができる。

単元の評価規準

知識・技能	思考・判断・表現	主体的に学習に取り組む態度
・be 動詞の過去形や There is [are] …、過去進行形を用いた文の意味を理解している。 ・be 動詞の過去形や There is [are] …、過去進行形を用いた文の理解をもとに、1 年の思い出や自分の町の施設などについて書いたり、書かれた文章を読み取ったりする技能を身に付けている。	・相手の 1 年の思い出や町の施設などについて知るために、過去の状態や気持ちについて書かれた文章の概要を捉えている。 ・思い出を残すために、体験したことや感じたこと、町の施設などについて、簡単な語句や文を用いて即興で伝え合ったり書いたりしている。	・相手の 1 年の思い出や町の施設などについて知るために、過去の状態や気持ちについて書かれた文章の概要を捉えようとしている。 ・思い出を残すために、体験したことや感じたこと、町の施設などについて、簡単な語句や文を用いて即興で伝え合い、書こうとしている。

単元計画 ....

第 1・2 時（導入）	第 3・4 時（展開①）
1．1 年間の学校行事を思い出そう 　Small Talk により本単元の題材を知る。Starting Out でこの 1 年で体験した学校行事と月の言い方を確認する。Preview でこの 1 年の思い出を語る対話を聞き、いつ何をしたかを聞き取るとともに、過去の状態や気持ちを伝える言い方に出合う。教師が実際の写真を見せながら What event? クイズを行い、思い出の学校行事を振り返り、そのときの状態や気持ちを伝え合いながら、単元のゴールを示す。	**3．ある場所に何があるかを聞き取ったり、たずねたり答えたりしよう** 　Small Talk により、場所を表す既習表現の復習をしてから、There is を用いたものの位置を伝える新しい表現に出合わせたい。宿泊学習を思い出し、その敷地内にあった施設について ALT の先生に説明する活動を通して、ものの位置についてたずねたり答えたりする表現に慣れ親しむ。Story ②を読んで短い対話の概要を捉え、日本語や英語の問題に解答する。
2．思い出に残る学校行事を選ぼう 　Small Talk で週末の出来事について話し、そのときの状態や気持ちをたずねたり答えたりする表現に出合う。Starting Out の Warm-up を再利用して、思い出に残った学校行事を選び、その学校行事と選んだ理由を聞くペア活動を通して、過去の状態や気持ちをたずねたり答えたりする表現に慣れ親しむ。Story ①を読んで短い対話の概要を捉え、日本語や英語の問題に解答する。 　　　　　　　　　記録に残す評価【話（や）】 態	**4．自分の町にある施設を紹介しよう** 　Small Talk で幼い頃の思い出について話し、そのときの状態や気持ちをたずねたり答えたりする表現に慣れ親しむ。Listen では、対話文や説明文を聞き取り、内容を捉える。Speak & Write では、その施設が自宅の近くにあるかをたずねたり答えたりする表現に十分に慣れ親しむ。ALT の先生のために、自分が住んでいる場所やその周辺にある施設を、幼い頃の思い出を添えて、紹介する文を書く。 　　　　　　　　　　　記録に残す評価【書】 知 思

　本単元は、自分自身に関する事柄が題材となっているため、生徒の主体的な取組が促されると考えられる。１年間の学校行事を思い出し、既習表現を使って思い出に残った学校行事を説明したり、新出表現を使ってそのときの状態や気持ちを伝え合ったりするので、単元を通して主体的に学習に取り組む態度について丁寧に見取っていきたい。特に、自分が住んでいる場所やその周辺にある施設を説明する文を書く活動では、幼い頃によく遊んだ場所やよくしたことを伝える文を加えることで、前時までの既習表現を活用したり、自分たちの住んでいる地域のよさを再発見し、それらを大切に思う気持ちを育んだりする好機としたい。Unit11終了後に、ある小学校６年生に対して中学校生活を紹介する活動を想定し、日常の出来事や学校行事の思い出などを目的意識をもって日記に残す活動に当たらせたい。

評価のポイント

　第１・２時の活動で、Unit10までに学習した語句や表現について定着しているかどうかを見取りながら、過去にしたことを説明するだけではなく、そのときの状態や気持ちなどを伝え合うことができているか、その様子を見取る。そして第３・４時では、ものの位置を伝える表現を活用することができているか、自分が住んでいる場所を紹介する文を書く活動から、記録に残す評価を行う。第５時では、過去のある時点にしていたことについて伝え合うことができているか、その様子を見取る。第６時では、思い出を日記に残す活動から記録に残す評価を行うが、生徒の主体的な活動の様子を丁寧に見取ることができるように、学習後の振り返りシート等を活用して記録に残す評価としたい。

第５時（展開②）	第６時（終末）
５．過去のある時点にしていたことについて説明しよう 　Small Talk で前日の夜に何をしていたかについて話し、過去のある時点にしていたことについて説明する表現に出合う。Criss Cross Game を通して、過去のある時点にしていたことについて説明する表現に慣れ親しむ。Story ③を読んで短い対話の概要を捉える。日本語や英語の問題に解答させたり、生徒にも同じ場面を想起させて答えさせたりして、理解を深めさせたい。 **記録に残す評価【読】** 知 思	**６．日記で思い出を残そう** 　Who am I? クイズで、ある先生の日記を紹介する。教科書の例文から日記の書き方を知り、日記ではどのようなことを記録するとよいのかをペアで話し合い、全体で確認する。最近の出来事についてチャットを行い、思い出に残った出来事を想起させてから書く活動に移る。ペアやグループで日記を読み合い、感想や意見を交流したり、アドバイスをし合ったりしてから、日記を完成させる。 **記録に残す評価【書】** 知 思 態 **Let's Talk ④** ： １時間 **Let's Listen ③** ： １時間 **Grammar for Communication ⑦** ： ２時間

※ Unit11の全ての授業終了後に、Let's Talk ④（１時間）、Let's Listen ③（１時間）、Grammar for Communication ⑦（２時間）を行う。

Starting Out / Preview
1年間の学校行事を思い出そう

　次時への導入となる What event? クイズでは、生徒がこれまでに経験してきた様々な学校行事の実際の写真を掲示することで、学級全体で思い出を想起しながら、自然な流れでそのときの状態や気持ちを伝え合えるようにしたい。

　クイズの2問目からは、学級全体で、①学校行事、②その日の天気を確認した後に、ペアで、③何をしたか、④その感想を伝え合うように話す。中間指導では、生徒が使用した表情をクラス内で共有したり、前単元までに既習した動詞の過去形が正しく使用できているかなども確認しておきたい。1年間の思い出を振り返りながら、最終単元も頑張っていこうという意欲を高めさせたい。

本時の目標

　1年間の学校行事を思い出し、そのときの状態や気持ちなどを伝え合うことができる。

準備する物

・Small Talk に使う写真（掲示用）
・月と学校行事の絵カード（掲示用）
・What event? クイズに使用する学校行事の写真（掲示用）

【指導に生かす評価】

◎本時では、記録に残す評価は行わないが、目標に向けて指導を行う。前時までに既習した過去形の学習状況も確認しながら、必要に応じて個別に支援する。

本時の展開 ▷▷▷

1 Small Talk
思い出の学校行事について話す

　教師が写真を見せながら思い出の学校行事について話し、生徒にもこの行事は好きか、このときに何をしたかなどをたずねる。このときの天気はどうだったか、この行事は楽しかったかなどを話しながら、新出表現に出合わせるとともに、本単元のゴールを示す。

2 Starting Out
1年の学校行事を思い出す

　月と学校行事の言い方を確認する。黒板には月と行事のカードを掲示し、それぞれの行事で何をしたかを話しながら、これまでに既習した表現の定着を確認したい。2人の登場人物の1年の思い出を聞き取り、そのときの状態や気持ちに気付かせ、新出表現を導入する。

4 What event? クイズ

活動のポイント：これまでの学校行事の写真を掲示し、生徒の興味・関心を高める。

T：Now, let's try "What event? Quiz".
　　I'll show you some pictures.
　　Please guess. What school event is this?
（体育祭の写真を部分的に掲示する）
S：School trip? Hint, please.
T：OK. I will give you a hint. You ran hard.
S：Sports Day!
T：Yes, that's right. Do you like Sports Day?
S：Yes, I do.
T：Was it a hot day?
S：Yes! It was hot.
T：Did you run hard?
S：Yes! I ran hard.
T：Were you tired?
S：Yes! I was tired, but it was fun!
T：That's nice!

---

3 Preview
1年の思い出を聞き取る

　リスニング活動を通して、2人の登場人物の1年の思い出を聞き取らせたい。生徒からキーワードを引き出し、それを教師が文にリキャストすることで、新しい表現に気付かせ、その後のリーディング活動を通して音と文字の一致を図り、その意味を理解させたい。

4 What event? クイズをする

　What event? クイズを通して、新出表現に慣れ親しませたい。全体で同じ学校行事を思い出しながら、そのときにしたことや感じたことなどについて伝え合う活動を、クイズに合わせて複数回行う。その都度ペアを替えることで、たくさんの意見を交流させたい。

Unit 0
Unit 1
Unit 2
Unit 3
Unit 4
Unit 5
Stage Activity 1
Unit 6
Unit 7
Unit 8
Unit 9
Stage Activity 2
Unit 10
Unit 11
Stage Activity 3

Story ①
思い出に残る学校行事を選ぼう

本時の言語活動のポイント

前時で使用した月と学校行事のカードを再び黒板に掲示することで、前時からのつながりを意識させたい。生徒に思い出に残る学校行事を1つ選ばせ、その学校行事のカードにシールを貼らせて、どの学校行事が人気なのかを調べ、学級の好きな行事ランキングを作成する。選んだ学校行事とそれを選んだ理由を伝え合う活動は、ペアを替えながら複数回行いたい。この活動を通して、より多くの人の意見を聞いたり、過去の状態や気持ちをたずねたり答えたりする表現に慣れ親しませたい。また、この活動をすることで、のちの Stage Activity 3 で思い出に残った学校行事をスムーズに選んで書き出せるような好機にしたい。

本時の目標

思い出に残る学校行事とその理由について伝え合い、クラスの好きな行事ランキングを作ることができる。

準備する物

・Small Talk に使う写真
・月と学校行事の絵カード（掲示用）
・振り返りシート

【話すこと［やり取り］の記録に残す評価】

◎本時では、「話すこと［やり取り］」の記録に残す評価を行う。思い出に残る学校行事について、具体的にしたことやそのときの気持ちなど既習の過去形を用いて伝え合おうとしているかを見取る。（態）

本時の展開 ▷▷▷

1 Small Talk 週末の出来事について話す

教師が ALT と週末の出来事について話し、そのときの状態や気持ちを伝え合う。生徒同士でも話をさせて、既習表現の確認を行いたい。中間指導の際には、生徒の対話を振り返り、そのときの状態や気持ちをたずねたり答えたりする表現にも出合わせる。

2 思い出に残る学校行事の学級ランキングを作る

前時で使用した月と学校行事のカードを黒板に掲示し、思い出の行事を1つ選び、その行事のカードにシールを貼って、学級のランキングを知る。行事と選んだ理由を聞くペア活動を通して、過去の状態や気持ちをたずねたり答えたりする表現に慣れ親しませたい。

Unit 0

Unit 1

Unit 2

Unit 3

Unit 4

Unit 5

Stage Activity 1

Unit 6

Unit 7

Unit 8

Unit 9

Stage Activity 2

Unit 10

Unit 11

Stage Activity 3

2 思い出に残る学校行事を選ぼう

活動のポイント：これまでの学校行事の写真を掲示し、生徒の興味・関心を高める。

T ： What is your best memory?
S1 ： Best memory?
T ： Yes. Choose one event and put a sticker on its card.
S1 ： I like Sports Day.
T ： OK. Your best memory is Sports Day. So, put a sticker on Sports Day card.
S1 ： OK.
T ： What is your best memory?
S2 ： School Trip.
T ： I see. Your best memory is School Trip. Then, put a sticker on School Trip card.
S2 ： All right.
T ： Everyone, what is your best memory? Please choose one event and put a sticker on its card.

---

3 Story ①を読む

　Key Sentence を確認し、確認問題を解いて表現の理解を深める。新出語句の発音練習をした後に、閉本のまま本文と質問を聞く。その質問の答えを確認してから、開本して本文を読み、概要を捉えさせる。英問英答にもチャレンジさせ、より深い内容理解へと導きたい。

4 本時の振り返りをする

　振り返りシートは、めあてに沿った自己評価をし、気付きや感想を自由に書くことが多いが、本時では、単元の目標（GOAL）に対して、現段階での自己評価を文章で書かせ、その振り返りをペアで読み合わせるなどして、目標達成に向けての工夫を学び合わせたい。

Story ②

ある場所に何があるか を聞き取ったり、たず ねたり答えたりしよう

本時の目標

行ったことのない人にも分かるように、宿泊学習で訪れた場所の施設マップを再現することができる。

準備する物

- ・Small Talk で使うもの（タイマーなど授業で使用頻度の高いもの）
- ・宿泊学習の施設や活動の写真（掲示用）
- ・振り返りシート

【指導に生かす評価】

◎本時では、記録に残す評価は行わないが、目標に向けて指導を行う。既習の場所を表す前置詞句や新出の There is〜. を用いた表現の学習状況を確認しながら、個別に支援する。

Unit 11 This Year's Memories

Our Field Trip

1 There is a big gym <u>near</u> the main building.
2 There is a campground <u>in front of</u> the gym.
3 There are two outside kitchens <u>by</u> the campground.

Questions

- Is there a gym in this place? Yes, there is.
- Is there a lake near this place? No, there is not.

本時の展開 ▷▷▷

1 宝物探しをする

教師は事前に、授業で使用頻度の高いものを教室の様々な場所に隠しておく。それを見付けた生徒に、どこにあったかをたずねながら、in,on,at などの場所を表す前置詞句を確認する。その上で、There is〜. を用いた新出表現に出合わせたい。

2 Small Talk　宿泊学習について 話しながら、施設を紹介する

教師は宿泊学習の思い出について生徒と話をする。ALT がそこに何があるかをたずねながら、Is there〜? を用いた新しい表現に出合わせる。生徒はその質問に答えながら、施設の写真を黒板に掲示していき、宿泊学習で訪れた場所の施設マップを再現する。

Unit 0
Unit 1
Unit 2
Unit 3
Unit 4
Unit 5
Stage Activity 1
Unit 6
Unit 7
Unit 8
Unit 9
Stage Activity 2
Unit 10
Unit 11
Stage Activity 3

板書のポイント：施設の写真だけでなく、生徒の活動の様子をおさめた写真を掲示してもよい。

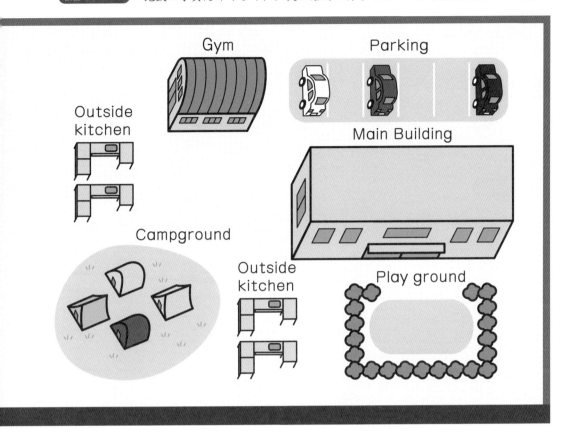

3 Story ②を読む

Are there showers at the campground?

新出語句の発音練習をし、閉本のまま本文と質問を聞く。その質問の答えを確認してから、開本して本文を読み、概要を捉えさせる。Key Sentence を確認した後に、確認問題を解く。学級全体で答え合わせをする前に、ペアで話合わせ、生徒自身の気付きを促したい。

4 本時のまとめをする

There is a big gym near the main building.

黒板に残っている施設マップを使いながら、本時のまとめを行う。次時の活動のために、どこに何があるかを紹介する文を、ペアで言い合うなどして、理解を確認したい。その際に、そこで何をしたか、どうだったかを付け加えられるとさらによいだろう。

自分の町にある施設を紹介しよう

ワークシート活用のポイント

　教科書の例文を真似て書くだけでなく、生徒にはもっと自分のことと関連付けさせて文章を書かせたい。単なる施設の紹介だけで終わらないように、生徒の幼い頃のエピソードを書き添えることで、自分たちの住んでいる地域のよさを再発見したり、それらを大切に思う気持ちを育んだりする好機としたい。また、学級内で発表する時間を確保できない場合は、ワークシートを学級に掲示するなどして、自分たちが書いたものを共有したり、ALT からコメントをもらい、スクラップファイルに保管したりして、今後の活動に向けて生徒の意欲を高めたい。

本時の目標

　初めて来る人に自分の町を紹介するために、町にある施設の分かりやすい紹介文を書くことができる。

準備する物

・Small Talk で使う写真
・施設の絵カード（掲示用）
・ワークシート🔽　・振り返りシート

【書くことの記録に残す評価】

◎本時では、「書くこと」の記録に残す評価を行う。自分が住んでいる場所やその周辺にある施設について、過去形や There is 〜. などの表現を用いて、幼い頃の思い出も含めて書いている。(知・思)

本時の展開 ▷▷▷

1 Small Talk ALT の幼い頃の思い出を聞く

　ALT が写真を見せながら幼い頃によく行った場所やよくした遊びなどについて話し、生徒とやり取りをする。生徒同士でも同じやり取りをさせるが、①どこで、②何をして、③どうだったか、という流れを意識した対話をさせて、既習表現の定着を図りたい。

2 Listen 対話文や説明文を聞き、内容を捉える

　1 では、英文を聞く前に、まずそれぞれの絵から連想する語句を生徒から引き出す。その後に英文を聞いて、問題に解答させる。2 では、それぞれ何の施設かを英語で確認してから、英文を聞いて問題に解答させる。予測してから聞き取ることの重要性を感じさせたい。

4 オリジナル紹介文を書く

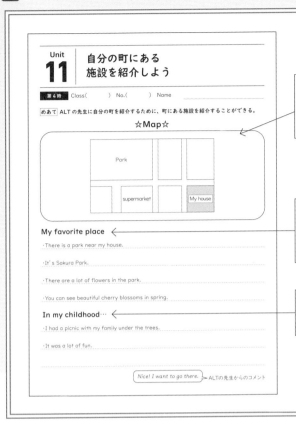

Unit 11 自分の町にある施設を紹介しよう

第4時　Class(　)　No.(　)　Name

めあて ALTの先生に自分の町を紹介するために、町にある施設を紹介することができる。

☆Map☆

Park

supermarket　　My house

My favorite place

・There is a park near my house.

・It's Sakura Park.

・There are a lot of flowers in the park.

・You can see beautiful cherry blossoms in spring.

In my childhood…

・I had a picnic with my family under the trees.

・It was a lot of fun.

Nice! I want to go there. ←ALTの先生からのコメント

自宅とその場所が離れていて地図が書きにくい場合は、目印になるものを書くようにアドバイスする。

お気に入りの場所はどこなのか、何があるのか、何ができるのかという3つの視点で文章を書かせたい。

どんな思い出があるのか、幼い頃のエピソードを書かせたい。

Unit 0

Unit 1

Unit 2

Unit 3

Unit 4

Unit 5

Stage Activity 1

Unit 6

Unit 7

Unit 8

Unit 9

Stage Activity 2

Unit 10

Unit 11

Stage Activity 3

3 Speak & Write (1) 短いチャットを行う

Is there a restaurant near your house?

Yes, there is.

　教科書のイラストにある施設が家の近くにあるかどうかをたずね合う活動をする。その際Aになった生徒は、Bの答えの後に、How far is it? とたずね、Bには、Tool Box にある… is a 5-minute walk from my house. を使って答えさせ、表現の幅を広げたい。

4 Speak & Write (2) 紹介文を書く

My favorite place

My favorite p

　ALTのために、自分が住んでいる場所やその周辺にある施設の分かりやすい紹介文を書く。テーマは "My Favorite Place" とし、紹介文の後に、その場所での幼い頃の思い出を書き添える。書いた文章は、ペアで読み合い、気付いたことや感想を伝え合う。

Story ③
過去のある時点にしていたことについて説明しよう

本時の目標

そのとき自分がしていたことについて、即興的に説明することができる。

準備する物

・Small Talk に使う動画（掲示用）
・振り返りシート

【読むことの記録に残す評価】

◎本時では、「読むこと」の記録に残す評価を行う。教科書本文を読んで、問いに答えることができたかを、ワークシートと活動の様子から見取る。（知・思）

本時の学習活動のポイント

クリスクロスゲームは、全員が立った状態でスタートする。例えば教師が "What were you doing at eight last night?" と質問し、答えが分かった生徒 A が挙手して解答する。その解答に間違いがなかった場合、教師は "Cross or Straight?" とたずねる。その生徒が "Straight." と言えば、縦の列の全員が着席することができ、"Cross." と言えば、横の列の全員が着席することができる。次に教師が "What were you doing at ten last night?" と同じような質問をしたり、"What was A さん doing at eight last night?" などと質問したりすると、自分の解答を考えるだけでなく、他者の発言にも耳を傾けるようになるので、学級全体を巻き込む即興性に富んだ活動ができる。一問一答に慣れてきたら、感想も添えて答えるように促すとよいだろう。

本時の展開 ▷▷▷

1 Small Talk 前日の夜に何をしていたか話す

> What was Mr.○○ doing?

教師がある動画を見せながら、前日の夜について話す。動画の中では "Mr. ○○、What are you doing？" だが、生徒にたずねる際には "What was Mr. ○○ doing？" となる。その違いを生徒から引き出し、過去進行形という新しい表現に出合わせたい。

2 Criss Cross Game 前日の夜に何をしていたか話す

> Straight.

学級全体でクリスクロスゲームを行う。集中して教師の質問を聞き取って答えを考えたり、質問に解答した友達の発言に真剣に耳を傾けたりしなければならない。集中力や積極性が必要となるゲームだが、生徒に楽しく活動させ、新しい表現に慣れ親しませたい。

Unit

0

Unit

1

Unit

2

Unit

3

Unit

4

Unit

5

Stage
Activity

1

2 Criss Cross Game をする

活動のポイント ：1問1答のため、テンポよく楽しい雰囲気の中で活動する。

T ： What were you doing at eight last night?

S1 ： Yes! I studying.

T ： Close. Try again.

S2 ： Yes! I was watching TV.

T ： You were watching TV. Nice!
Cross or straight?

S2 ： Cross.

T ： What were you doing at ten last night?

S3 ： Yes! I was studying.

T ： Good! You were studying.
Cross or straight?

S3 ： Cross.

T ： What was S2さん doing at eight last
night?

S4 ： Yes! She was watching TV.

T ： Great! She was watching TV.

S4 ： Straight.

I was watching TV.

Unit

6

Unit

7

Unit

8

Unit

9

Stage
Activity

2

Unit

10

Unit

11

Stage
Activity

3

3 Story ③を読む①

What was Kaito doing during lunch break?

He was playing soccer.

Key Sentence を確認し、確認問題を解いて表現の理解を深める。新出語句の発音練習をし、閉本のまま本文と質問を聞く。その質問の答えを確認してから、開本して本文を読み、概要を捉えさせる。日本語の問いに答えさせながら、自分自身の場面も想起させたい。

4 Story ③を読む②

本文の内容理解を深めるために、英語の問いにも答えさせたい。英問英答にはまだ慣れていない生徒もいるため、答えられない場合は、教科書から文を抜き出すだけでもよいとし、解答させる。ペアで考え話し合う時間も確保し、積極的に取り組む態度を育てたい。

Unit Activity

日記で思い出を残そう

本時の目標

思い出を残すために、体験したことや感じたことがよく分かるように英語で日記を書くことができる。

準備する物

- Who am I? クイズで使う写真
- 日記の見本（掲示用）
- 振り返りシート　・ワークシート

【書くことの記録に残す評価】

◎本時では、体験したことや感じたことがよく分かるように英語で日記を書くことができたか、また書こうとしていたかを、ワークシートと活動の様子から見取る。(知・思・態)

本時の展開 ▷▷▷

1 Who am I? クイズをする

生徒がよく知る教師の、ある日の日記を紹介する。まずは ALT がその日記を読んで、生徒に聞かせる。聞こうとする姿勢を促すためにクイズ形式にし、「これは誰か」と想像を働かせながら楽しく活動させたい。最後にその日記を見せて、本時のゴールを示す。

2 日記の書き方を知る

教科書の例にある日記を個々で黙読した後、ペアでその内容を確認し合う。そして、日記ではどのようなことを記録するとよいのか、そのポイントを生徒から引き出し、確認する。時系列に沿った書き方や1つの事柄に絞った書き方などの違いに気付かせたい。

Unit Activity 日記で思い出を残そう

めあて 体験したことや感じたことを英語で日記に書くことができる。

Day / Date

Saturday, January 16

weather	It was sunny and warm.
happenings	I went to a park with my friend Hana. We played tennis for two hours. After that, we enjoyed talking.
feelings	We had a good time.

〈時系列に沿った書き方の例〉

Sunday, January 17

It was cold and snowy.

I got up late.

There was a lot of snow in the yard.
My sister was making a snowman, so I helped her.

It was a lot of fun.

〈1つの事柄に絞った書き方の例〉

3 日記に書くことについて話す

日記を書き始める前に、1分間その内容について日本語もしくは英語でマッピングをする。その後、ペアでその内容についてやり取りをする。中間指導の後にペアを替えて再度やり取りをし、そのときの状態や気持ち、していたことについて説明できるようにする。

4 日記を書く

3 で話したことについて、日記に書き出す。制限時間を設けて活動する合間に、中間指導やペアでアドバイスをし合う時間などを確保する。書き終えたらグループ内で読み合い、よい点や工夫すべき点などを話し合う。そのアドバイスを活かして、日記を完成させる。

第6時 日記で思い出を残そう

活動の概要

第6時において、本単元の主活動として、日常の出来事や行事での思い出など、体験したことや感じたことを英語で日記に書き残す。生徒は前の日曜日に何をしていたかをたずね合う活動をしてから、日記の書き方を知り、最近の出来事について日記を書く。既習語句や表現を使って型通りの文章を書くだけで終わるのではなく、書いた日記をグループ内で読み合い、よい点や工夫すべき点などを話し合った上で、自由な発想を加えてその日記を完成させたい。

活動をスムーズに進めるための3つの手立て

①掲示物
文章の構成が分かりやすいように見出しをつくって掲示する。

②例文
時系列に沿った書き方と1つの事柄に絞った書き方の両方を黒板に示しておく。

③中間指導
生徒が日記を書いている途中に、よく書けている表現や工夫が必要な表現などを学級全体で共有する。

How do you say 緊張した in English?

活動前のやり取り例

ALT：Now, ○○ sensei. What do you want to write about? Please tell me.
JTE：Hmm... I want to write about our chorus contest.
ALT：Oh, you want to write about your chorus contest. How was it?
JTE：It was amazing! Each class sang well. The songs were very beautiful.
ALT：Great! Ms. ○○. Did you practice singing hard?
S1 ：Yes, I did.　ALT：How was it? Fun?　S1 ：Yes, it was a lot of fun!
ALT：Wonderful!　Mr. ○○ What do you want to write about?　Please tell me.
S2 ：I want to write about last weekend.
ALT：Last weekend... How was the weather?　S2 ：It was snowy.

活動前のやり取りのポイント

How was the weather? や How was it? など、過去の状態や感想の言い方に慣れさせる。また、何をしたかについてたずねて、生徒に答えさせながら、次の生徒同士でのやり取りがスムーズに行えるようにモデルを示す。

　1年間の英語学習の集大成として、自分が体験したことやその感想などについて、つながりのある文章を書くことができるようになったことを、まずは生徒自身に認知させたい。そして、日記に残した思い出を友人と共有することで、これまでの出来事を温かい雰囲気の中で一緒に振り返らせたい。そして、最後となるStage Activity 3での発表に向けて、意欲的に取り組ませる好機としたい。

活動のやり取り例

JTE : Please tell us about your diary. Any volunteers?　　S1 : Yes!

JTE : What did you write about?　　S1 : Sports Day.

JTE : Nice! Please read your diary.

S1 　: OK! It was sunny and hot. Class relay was fun. I ran hard. I had a good time.

JTE : Oh, wonderful!　Did your class win the class relay?

S1 　: No, 負けた！

JTE : What is 負けた in English? Do you know?

S2 　: Lose? Lost?

JTE : That's right! We lost the relay. Good job!

活動後のやり取りのポイント

中間指導では、何人かの生徒に発表させたり、教師が机間指導の際に気付いたことを全体に伝えたりして、英語で言えなかったこと等を共有する。①天気、②出来事、③感想について十分な分量を書くことができたり、発表に対して質問することができたりした場合には、褒めて達成感を味わわせたい。もっと書きたいという意欲をもたせて、残りの活動に当たらせたい。

Let's Talk ④

レストランで注文しよう

本時の目標

　レストランなどで、丁寧に注文をしたり質問に答えたりすることができる。

準備する物

・リスニングで使用するイラストカード
・レストランのメニュー表
・振り返りシート

【指導に生かす評価】

◎本時では、記録に残す評価は行わないが、既習表現がどれだけ定着しているかを、生徒の様子を観察しながら丁寧に見取りたい。

**Unit 11 This Year's Memories
Let's Talk ④
レストラン　〜注文する〜**

What would you like?

What would you like to drink?

本時の展開 ▷▷▷

1 Small Talk
週末にしたことについて話す

　これまでも週末の出来事については話しているが、様々な友達と繰り返し話すことで、自然な形で既習表現を活用させたい。既習表現が定着しているかを確認するために、生徒の様子を丁寧に見取る。また教師の外食した話から、生徒に外食は好きかとたずね、話題を転換する。

2 Step ①
対話とイラストを線で結ぶ

　外食をする場合、どこに行き何を食べるかなどをペアで伝え合う。次に3つのイラストを掲示し、生徒は閉本の状態でどのイラストについて話しているかを聞き取る。その後、開本して本文を読み、Would you like 〜? という小学校でも触れた表現を確認する。

めあて レストランなどで、丁寧に注文をしたり質問に答えたりしよう。

Would you like some dessert?

It was delicious.

答え方

I'd like a steak.

Yes, please.

No, thank you.

---

3 Step ②
モデル対話を練習する

　対話の場面を想像しながら、その役になりきって音読練習を行う。役割を交代して、再度練習する。次に、下線部を自分の好きなものに変えて注文し、さらに対話練習を行う。4人グループとなり、ペア同士で活動を見せ合い、アドバイスし合えるとさらによいだろう。

4 Step ③
スキットを作成する

　4人グループとなり、1人が店員、3人が客を演じ、即興でスキットを作る。実際にメニューを使って注文することで、より現実に近い状況の下で活動させたい。積極的に活動しているグループには全体の前で発表してもらうなどして、生徒に活発な取組を促したい。

Unit 0
Unit 1
Unit 2
Unit 3
Unit 4
Unit 5
Stage Activity 1
Unit 6
Unit 7
Unit 8
Unit 9
Stage Activity 2
Unit 10
Unit 11
Stage Activity 3

ラジオを聞こう

Unit 11 This Year's Memories
Let's Listen ③
ラジオDJのトーク

本時の目標

　休暇の思い出など日常的な話を聞いて、必要な内容を聞き取ることができる。

準備する物

・Small Talk に使う写真
・リスニングで使用するイラストカード
・振り返りシート

【指導に生かす評価】

◎本時では、記録に残す評価は行わないが、既習表現がどれだけ定着しているかを、生徒の様子を観察しながら丁寧に見取りたい。

本時の展開　▷▷▷

1　Small Talk 長期休暇の思い出について話す

　教師が写真を見せながら、長期休暇の思い出を語る。生徒同士で、夏休みや冬休みの思い出について、どこで何をしたか、どうだったかなど、気持ちを伝え合う。既習表現が定着しているかを確認するため、ペアを替えて複数回行い、丁寧に中間指導を行う。

2　Step ① ラジオの DJ トークを聞こう

　沖縄旅行について話しているトミーのトークを聞き、内容に合うものに☑を付ける。答え合わせの後には、①②③の英文を口頭でリプロダクトさせる。このとき、正しい英語が使われていることを確認し、必要に応じてクラス全体で確認も行う。

めあて 休暇の思い出など日常的な話を聞いて、必要な内容を聞き取ろう。

①行った季節 → Tommy went to Okinawa in winter.
②滞在した日数 → He stayed there for 5 days.
③したこと

He ate a lot of fruit.

He watched a dolphin show.

He enjoyed scuba diving.

3 Step ②
リスナーとの対話を聞こう

bananas?

Yes!

No!

Kiwi fruits?

電話でリスナーからの質問に答えているトミーの対話を聞いて、①〜③の内容が正しいかどうかに答える。対話をもう一度聞いて、内容が正しくない文は、どこが間違っているかを確認し、その答えを生徒から引き出す。その他にも聞き取れたことがあれば発表させる。

4 Step ③
質問に答えよう

トミーが出題したクイズについて、リスナーになったつもりで解答する。また、トミーに質問してみたいことを書いてみる。最後に、STEP ①で聞いたトークの原稿を生徒に配付し、再度トークを聞いてシャドウィングの練習等をして、つながる音の確認も行う。

Unit 0
Unit 1
Unit 2
Unit 3
Unit 4
Unit 5
Stage Activity 1
Unit 6
Unit 7
Unit 8
Unit 9
Stage Activity 2
Unit 10
Unit 11
Stage Activity 3

Grammar for Communication ⑦

過去の出来事や状態について伝えよう①（第1時）

本時の目標

習慣的に行うことや経験した特定の出来事などを表す動詞の形を理解し、正しい英語で書くことができる。

準備する物

- ・ワークシート ⬇
- ・振り返りシート

【指導に生かす評価】

◎本時では、記録に残す評価は行わないが、これまでの活動の中で目標に達していなかった生徒の改善状況について丁寧に見取り、必要に応じて指導や支援を行う。

本時の展開 ▷▷▷

1 Small Talk をする
週末の過ごし方について話す

教師が ALT と週末の過ごし方についてやり取りをする。その後、生徒同士でも同じ話をさせる。習慣的にしていることについて、現在形で話すことができているかを確認したい。ここで話したことは、簡単な英語でワークシートに書かせる。

2 ショートスピーチをする
思い出に残っている特定の出来事について話す

ALT が思い出に残っている特定の出来事について話し、教師が質問をする。その後、生徒同士でも同じ活動をする。聞き手は、スピーチの後に必ず2つの質問をする。ショートスピーチで話したことを、簡単な英語でワークシートに書かせる。

3 書いたことを読み比べる

> **活動のポイント**：話したことを文字で見直すことによって、動詞の使い方に誤りがないか考えさせる。

　本時は、これまでに学習した英語表現を再度確認し、自分自身の学びの振り返りにつなげるようにする。自分が書いた文章を友達に読んでもらうなどの相手意識をもち、丁寧に書くように指導する。また、動詞に下線を引くことで、動詞の時制を視覚的に捉えさせたり、友達の文章を読むことで気付きを促したりして、動詞の時制について考える好機にしたい。

Unit 0
Unit 1
Unit 2
Unit 3
Unit 4
Unit 5
Stage Activity 1
Unit 6
Unit 7
Unit 8
Unit 9
Stage Activity 2
Unit 10
Unit 11
Stage Activity 3

3 書いたことを読み比べる　時制の確認を行う

　ペアでワークシートを交換し、書いたことをお互いに読み合い、感想や意見を交流する。自分の英文を再度読んで、動詞に下線を引かせ、気付いたことを全体で共有する。書き直す時間を与え、再びワークシートを交換して読み合い、間違いがないことを確認し合う。

4 現在形と過去形のまとめを行う

　教科書を開き、現在形と過去形の使い方について復習する。違いについてはできるだけ生徒から引き出したい。振り返りシートは、本時の活動を通して分かったことを文章で記述させ、ペアでその共有を図る。また、よく使われる動詞の過去形についても復習する。

Grammar for Communication ⑦

過去の出来事や状態について伝えよう②（第2時）

本時の目標

　経験した特定の出来事やある時点で行っていた動作を表す英語の動詞の形を理解し、正確に使うことができる。

準備する物

・時刻カード（掲示用）
・ワークシート⬇
・振り返りシート

【指導に生かす評価】

◎本時では、記録に残す評価は行わないが、これまでの活動の中で目標に達していなかった生徒の改善状況について丁寧に見取り、必要に応じて指導や支援を行う。

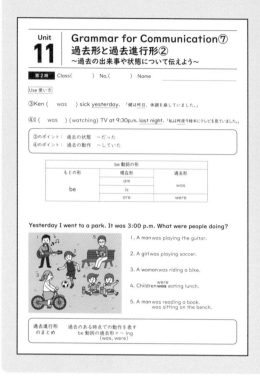

本時の展開 ▷▷▷

1 Small Talk をする
前日の夜に何をしていたか話す

　教師は前日の放課後に職員室の先生方の様子を撮った写真を生徒に見せる。先生が何をしていたかを生徒にたずねながら、同時刻に生徒自身が何をしていたかをたずねていく。その後、黒板に時刻カードを掲示し、その時刻に何をしていたか、生徒同士で話をさせる。

2 Criss Cross Game をする
前日の夜にしていたことを質問する

　学級全体でクリスクロスゲームを行う。生徒が前日の夜に教師がしていたことをたずね、教師の答えが Yes だったら着席することができる。Small Talk では過去進行形の肯定文に、Criss Cross Game では過去進行形の疑問文に即興的に答え、十分に慣れ親しませたい。

2 Criss Cross Game をする

活動のポイント：1問1答のため、テンポよく楽しい雰囲気の中で活動する。

S1 : Were you working at 6:00?

T : Yes, I was. I was working in the staffroom.
　　What were you doing at that time?

S1 : I was watching TV.

T : Nice! Cross or straight?

S1 : Straight.

S2 : Were you eating dinner at 7:00?

T : No, I was not. Try again!

S3 : Were you working at 7:00?

T : Yes, I was. I was still working.
　　What were you doing at that time?

S3 : I was playing a video game.

T : Good! Cross or straight?

S3 : Cross.

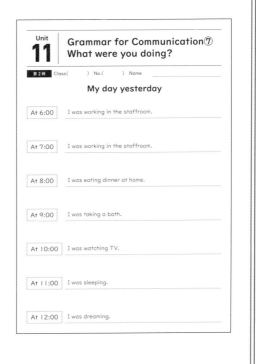

---

3 Let's Try! 使ってみよう　問題を解く

　教科書を開き、be動詞の過去形と過去進行形について復習する。問題を解き、ペアで答えを話し合った後に、全体で答え合わせを行う。なぜその答えになるかは、生徒から引き出したい。また、最後にPicture Describeをさせて、過去進行形の知識と技能を確認したい。

4 本時の振り返りをする

　これまでの学習を通して、できるようになったことは何か、またその理由は何かを書くように話し、自分自身の変容に気付かせたい。それをグループ内で共有し、互いにアドバイスし合ったのちに、全体でも共有する。教師はこれまでの生徒の取組を称賛する。

3 My Favorite Event This Year

（2時間）　【中心領域】話すこと［発表］・書くこと

➕ Learning LITERATURE in English（2時間）／Let's Read ②（3時間）

単元の目標

小学生に中学校生活の楽しさを伝えるために、内容や表現を工夫し、「発表のポイント（内容・英語・提示物・声・スピード・視線・表情・身振り）」を意識して話すことができるとともに、話した内容をもとに、小学生が中学校で本単元を学習する際に役立つ「モデル文」を書くことができる。

単元の評価規準

知識・技能	思考・判断・表現	主体的に学習に取り組む態度
・Unit11までの学習事項を用いた文の形・意味・用法を理解している。 ・「中学校生活の楽しさ（思い出に残った学校行事）」について、Unit11までの学習事項を用いて発表する技能を身に付けている。	・小学生に紹介したい「中学校生活の楽しさ（思い出に残った学校行事）」について、自分で決めた「発表のポイント（内容・英語・提示物・声・スピード・視線・表情・身振り）」を意識して話している。 ・話した内容をもとに、情報を整理したり感想を考えたりしながら、小学生が中学校で本単元を学習する際に役立つ「モデル文」を書いている。	・小学生に紹介したい「中学校生活の楽しさ（思い出に残った学校行事）」について、自分で決めた「発表のポイント（内容・英語・提示物・声・スピード・視線・表情・身振り）」を意識して話そうとしている。 ・話した内容をもとに、情報を整理したり感想を考えたりしながら、小学生が中学校で本単元を学習する際に役立つ「モデル文」を書こうとしている。

単元計画

第1時までに （本単元を見通した Small Talk の工夫）	第1時 （展開①）
※学校行事の思い出について語ろう 　授業での帯活動として、Small Talk 2 に関連させて、「学校行事」を話題とした Small Talk を行う。その際、「いつ・どこで・何をしたか」と「感想」を盛り込んで話すことに慣れておく。会話後は、教科書本文を生かし、振り返りシートに話したことを英語でまとめて書く。 　第1時の前時に、「この1年で一番思い出に残った学校行事」をテーマとして、次時の授業で言語活動を行うことを予告し、第1時への興味・関心を高める。	1．小学生が中学校生活の楽しさを感じることができる紹介の仕方を考えよう 　小学生とのオンライン交流（第2時）に向けて、教科書本文と Small Talk の「振り返りシート」を活用し、「この1年で一番思い出に残った学校行事」を中心とした「中学校生活の楽しさ」について紹介し、会話を続けるための「発表メモ」を作成する。 　「発表のポイント」のうち、自分が特に意識したい項目を明確にし、発表を行う際の自己目標を設定する。

　単元の導入の段階で、中学校入学前の自分の気持ちを想起することで、小学生（6年生）に中学校生活の楽しさを伝えることへの動機付けを高め、表現・交流への目的意識をもつことが重要である。その上で、学習の見通しを立て、過去の出来事（Unit10）や過去の状態や気持ちを説明する表現（Unit11）、Small Talk 2での会話の展開の仕方等を応用・活用すると効果的であることに気付かせたい。

　第1時では、30秒程度で即興的にまとまりのある内容を話すことができるようにするために、教科書やSmall Talkの「振り返りシート」等を活用して「発表メモ」を作成する。その際に、「発表のポイント」を生かして、小学生に伝える際に意識したいことの自己目標を設定する。第2時では、小学生とオンラインで交流した上で、一人ひとりが学校行事の紹介動画を撮影する。単元の終末では、話した内容や情報を整理して再構築し、小学生が来年度、中学校で本単元を学習する際に役立つ「モデル文」を作成することで、生徒自身が書くことにも目的意識をもって取り組めるようにしたい。

評価のポイント

　単元開始前のSmall Talkでは、振り返りシートを活用し、「いつ・どこで・何をしたか」と「感想」を整理して書くことを奨励するとともに、実際の会話場面で使用した表現へのフィードバックを与える（指導に生かす評価）。第2時の交流に向けて、自己目標の達成に向けた自主学習の取組を記録させ、第2時の言語活動の振り返りの記述と合わせて「主体的に学習に取り組む態度」の見取りに生かす。紹介動画を提出させることで、「話すこと［発表］」の評価を確実に行うことができる（記録に残す評価）。第2時以降に、小学生が来年度、中学校で本単元を学習する際に役立つ「モデル文」を作るライティングテストを設定し、「書くこと」の評価を行う（記録に残す評価）。

第2時までに （発表に向けた準備）	第2時 （展開②）
※**小学生に伝わるように発表の準備をしよう** 　第1時を終えたら、準備期間を一定の期間とり、各自で発表に向けて準備を行う。 ・「発表メモ」をもとに30秒で発表できるよう練習を行う。 ・ICT端末等で発表練習の様子を録画して分析し、話す英語の正確さを高める。 ・同じ行事を選んだ生徒とペアで練習を行い、紹介内容を参考にして、よりよい内容に練り上げる（オンラインコラボレーションツールを活用するとよい）。 ・提示物を準備する。 ・声やスピード、視線、表情、身振りなどを意識して、表現方法を工夫する。 ・第1時に設定した自己目標を達成するために努力を続けた結果、できるようになったことを振り返り、ワークシートに記入する。	**2．小学生に中学校生活の楽しさを伝えよう** 【小学生とオンライン交流と動画撮影】 　小学校と連携を図り、オンライン交流を行う。1人30秒以内で、行事ごとの代表者を選出し、オンライン交流では、代表者が発表する。授業の後半では、各自のICT端末を使用して、小学生に向けて中学校生活の楽しさを紹介する動画を撮影する。後日、動画を小学校に届ける。 　**記録に残す評価【話（発）】** 知 思 態 【「モデル文」の作成】 　小学生が中学校で本単元を学習する際に役立つ「モデル文」を書くライティングテストを行う。テスト返却後は、修正を加えて書き直したものを作品化する。次年度に向けて、紹介動画とともに、「モデル文」のデータを保存しておく。 　**記録に残す評価【書】** 知 思 態 **Learning LITERATURE in English**：**2 時間** **Let's Read ②**：**3 時間**

※ Stage Activity 3の全ての授業終了後に、Learning LITERATURE in English（2 時間）、Let's Read ②（3 時間)を行う。

小学生が中学校生活の楽しさを感じることができる紹介の仕方を考えよう

本時の目標

　小学生が中学校生活の楽しさを感じることができるよう、紹介する内容と表現を考えて、「発表メモ」を作成することができる。

準備する物

　・教科書
　・英和・和英辞典
　・Small Talk の振り返りシート（左図）⬇
　・本時のワークシート（右図）⬇

【指導に生かす評価】

◎本時では、記録に残す評価は行わないが、目標に向けて指導を行う。生徒の学習状況を記録に残さない活動や時間においても、教師が生徒の学習状況を確認する。

ワークシート活用のポイント

　活動 **2** では、小学生に紹介したい「内容」を考えるために「振り返りシート」（左図）を利用する。その際には、学校行事に関する個人的なエピソードに終始せず、小学生が興味をもてるよう内容を工夫するよう促す。

　「発表メモ」（Presentation Notes：右図）を作成する際は、教科書や英和・和英辞典を活用し、よりよい表現を見付けることができるようにする。伝える相手は小学生であることを念頭に置いて語句を選ぶ。必要に応じて、提示物を用意したり身振りを付けたりするなどして、表現方法を工夫することも考える。

　本時のワークシートは、A3サイズに印刷し、半分に折り曲げて使用する。発表の練習を行う際は、「発表メモ」をもとに、Read and Look up で話すことを知らせる。自己目標（My Goal）や具体的な取組（Things to Do）も記入し、常に確認できるようにする。

本時の展開 ▷▷▷

1 中学校入学前の自分の気持ちを想起し、本単元の学習を見通す

　1年間の思い出を振り返りながら、中学校入学前の自分の気持ちを想起させる。「期待」とともに、「不安」があったことにも着目させ、「自分の経験をもとに、中学校生活の楽しさを伝えたい！」という思いを引き出す。

2 教科書や振り返りシートを活用して「発表メモ」を作成する

　「中学校生活の楽しさ」を伝えるために、学校行事の思い出を紹介することを確認し、思い出に残った学校行事についてメモを作成する時間を取る。伝える相手が小学生であるため、用いる英語表現を検討し、必要に応じて、提示物や身振りを考えることを知らせる。

Unit 0
Unit 1
Unit 2
Unit 3
Unit 4
Unit 5
Stage Activity 1
Unit 6
Unit 7
Unit 8
Unit 9
Stage Activity 2
Unit 10
Unit 11
Stage Activity 3

2 即興で話す準備としての「発表メモ」(Presentation Notes) の作成

■ Small Talk の振り返りシート

| Stage Activity **3** | Small Talk My Favorite Event |

第1時　Class(　　) No.(　　) Name

What's your favorite event this year?

Topic	School Festival (Chorus Contest)
When (いつ)	October 30
Where (どこで)	At school
What (何をしたか)	Chorus
How (感想)	a lot of fun
Reflection (振り返り)	コロナ禍でも合唱できたことを伝えたい。

Topic	Sports Day
When (いつ)	September 18
Where (どこで)	At school
What (何をしたか)	Dance
How (感想)	enjoyed a lot
Reflection (振り返り)	ダンスの内容をみんなで考えてつくったことを紹介したい。

Topic	
When (いつ)	
Where (どこで)	
What (何をしたか)	
How (感想)	
Reflection (振り返り)	

■本時のワークシート

| Stage Activity **3** | My Favorite Event This Year |

第1時　Class(　　) No.(　　) Name

Presentation Notes　※キーワードで書き出そう

Topic	School Festival
When	October 30
Where	At school
What	Chorus
How	a lot of fun

My Goal　※「発表のポイント」(内容・英語・提示物・声・スピード・視線・表情・身振り) の中で, 特に意識したいことを具体的に書こう。

小学生が興味をもてる「内容」を伝える。

Things to Do　※小学生とのオンライン交流と紹介動画の撮影までに自分がやるべきことを書き出そう。できるようになったら□に✓を入れてにしよう。

☑ 写真の用意
☑ メモを見て話す練習
□
□
□

What I can do now　※「My Goal」を達成するために努力を続けた結果, できるようになったことを書こう。

自分が小学生だったら何を知りたいかを考えたり, 小学生の妹に聞いたりして, 分かりやすく興味をもてる内容を紹介できるようになった。

3 「発表のポイント」の自己目標を設定する

写真を使って小学生に分かりやすく紹介したいな

　「発表のポイント」の中で、特に意識したい項目を選んで、自己目標を設定させる。設定する際は、小学生に伝える上で大切だと思うこと、そのために、今の自分の表現力と比較し、これから取り組んでいく必要があることを明確にするよう促す。

4 本時の振り返りを行い、第2時までの課題を明らかにする

Chorus Contest の楽しさを伝えたい！

同じように Sports day を選んだ人とペアで練習してみたいな

　オンラインコラボレーションツールを活用すると、発表練習を進める段階で同じ行事を選んだ仲間と練習し、内容を共有することができる。ペア練習で気付いたことについてもコメントをやり取りする等、生徒相互で高め合うことも期待できる。

小学生に中学校生活の楽しさを伝えよう

本時の目標

小学生が中学校生活の楽しさを感じることができるよう、伝える内容と表現、話し方や態度等を工夫して発表することができる。

準備する物

・「発表メモ」（第1時のワークシート）
・Small Talk の振り返りシート
・提示物（必要に応じて）　・ICT 端末
・本時のワークシート（振り返りの記録用）

【話すこと（発）、書くことの記録に残す評価】

◎自分で決定した「発表のポイント（内容・英語・提示物・声・スピード・視線・表情・身振り）」を意識して話している。（知・思・態）（撮影動画、振り返りシートの記述）

本時の展開 ▷▷▷

本時の言語活動のポイント

全員がオンラインで小学生と交流することができればよいが、接続環境等の関係で、実施が難しい場合も考えられる。

そこで、まず、学級内で行事ごとの代表者を選出し、オンラインで紹介するのは代表者のみとする。交流の様子は、大型ディスプレイ等に投影して、学級全員で視聴・共有する。小学生から感想を聞く時間も設けたい。

各行事の代表生徒のよさや他の生徒の発表で参考になった点等を踏まえて、自分自身の発表を見直し、一人ひとりで動画撮影を行うことを事前に知らせておくと、仲間の発表の際も視点を明確にして聞くことができる。

1 行事ごとのグループで発表して、代表者を選出する

「自分が小学生だったら、中学校生活の楽しさを感じることができるか」という観点で仲間の発表を聞き、代表者を選出する。選出した理由を述べる際には、「発表のポイント」の項目を踏まえるようにする。

2 行事ごとの代表者がオンラインで小学生に向けて紹介する

選出された代表者は、オンラインで小学生に向けて発表を行う。いきなり発表するのではなく、簡単な自己紹介をしてから始めることで、小学生が楽しい気分になれるようにする。視聴する生徒は、自分の参考にできる点を把握し、「発表メモ」に修正点を書き加える。

2 小学生に向けて中学校生活の楽しさを紹介するオンライン交流

活動のポイント：行事ごとの代表者が、オンラインで小学生に向けて中学校生活の楽しさを発表する様子を見て、他の生徒が動画撮影への意欲を高めることができるようにする。

　代表者がオンラインで小学生と交流する様子は、大型ディスプレイ等を使って学級全体で共有し、他の生徒が代表者のよさを学ぶことができるようにする。

> タブレットの持ち方が代表の子はうまかったな。
> 笑顔で話したい！

　代表者の発表に関するよさの気付きや小学生の感想をもとに、自分の「発表メモ」を練り直して、紹介動画の撮影に臨むことができるようにする。

3 修正した「発表メモ」をもとに、一人ひとりが紹介動画を撮影する

> Our sports day was in June. It was fun !!

　ペアになり、修正した「発表メモ」をもとに紹介動画を撮影する。内容を伝え終えたところで、小学生へのメッセージを英語で添える等、先輩としての思いやりや優しさが伝わるように工夫したい。撮影した動画は、一人ひとりが教師にデータで提出する。

4 本時の学習の振り返りを行う

> 中学校の楽しさが伝わるといいな

　オンラインでの交流や動画撮影を通して、「小学生に中学校生活の楽しさを伝えることができたか」の観点で振り返りを記述する。ライティングテストは、後日実施する。テスト返却後は、修正を加えてリライトしたものを作品化し、次年度に活用する。

Unit 0
Unit 1
Unit 2
Unit 3
Unit 4
Unit 5
Stage Activity 1
Unit 6
Unit 7
Unit 8
Unit 9
Stage Activity 2
Unit 10
Unit 11
Stage Activity 3

Learning LITERATURE in English

物語のあらすじをつかもう（第１時）

　本時では「ジグソーリーディング」の手法で物語のあらすじをつかむ活動に取り組む。

　最初のリスニング活動を行った後で、物語と異なる内容の結末を考えるよう投げかけることで、第２時の「クロストーク活動」に向けて、あらすじを捉える活動に主体的に取り組むことができるようにしたい。

　「エキスパート活動」では、「パッセージカード」を使用する。英問英答を正解でき、場面絵を説明できる場合は、日本語訳で各文の意味の確認は行わない。表現に必要な語句は辞書で意味や使い方を調べる。「エキスパート班」で表現を学び合うことで、活動❸の「ジグソー活動」に自信をもって臨めるようにする。

　「ジグソー活動」では、日本語は用いずに、場面絵を使って担当した文章の内容を他のメンバーに説明する。その後、センテンスカードの並べ替えを行い、理解度を確認する。

本時の目標

　物語の文章構成を理解し、あらすじ（概要）を捉えることができる。

準備する物

・教科書、ノート、英和・和英辞典
・パッセージカード（活動❷：各班に１枚）
・センテンスカード（活動❸：各個人）
・場面絵カード（活動❷❸）
・振り返りシート

【指導に生かす評価】

◎本時では、記録に残す評価は行わないが、目標に向けて指導を行う。生徒の学習状況を記録に残さない活動や時間においても、教師が生徒の学習状況を確認する。

本時の展開 ▷▷▷

1 物語のあらすじを聞き取った後、「プレ活動」を行う

　物語のあらすじを聞き取る際には、①物語に登場する人物や動物、②物語の主な舞台、③物語の結末に注意する。特に③は、物語と異なる内容の結末を考えるよう投げかける。聞き取りを行った後、「プレ活動」として、４人グループで役割分担をする。

2 「エキスパート活動」を行い、担当する文章の内容を理解する

　「エキスパート活動」では、同じ文章を担当する生徒が集まって、「パッセージカード」を読み取り、英問英答に取り組む。その後、文章中の英文を応用・活用して、場面絵を説明できることを目標とする。必要に応じて、活動❸の説明で使いたい語句をメモしておく。

2 あらすじを説明できるようにするための「エキスパート活動」

活動のポイント：「パッセージカード」をもとに、英問英答に取り組み、場面絵を説明できる
ようにする。

1つの文章を理解するために、英問英答に取り組み、場面絵と合わせて内容を理解する。必要に応じて、英和・和英辞典も使用し、語句の意味を押さえる。

場面絵カードを使って、担当する文章の内容を英語で説明できるようにする。同じ班の仲間が使った表現を共有するとよい。

3 「ジグソー活動」を行い、得た情報を共有する

「ジグソー活動」では、場面絵を使って、各担当の文章の内容を英語で説明する。正確な文でなくても、語句で説明できればよしとする。その後、各文章を要約した「センテンスカード」（帯）の並べ替えを行い、物語のあらすじをつかむことができたかを確かめる。

4 本時の振り返りを行い、次時の見通しを立てる

ジグソーリーディングの取組及び活動 3 の並べ替えの結果を踏まえて、本時の振り返りを行う。次時は幸せな結末か、悲しい結末かを自分で決めて、物語をより面白くする活動に取り組むことを知る。自分の分担以外の文章も場面絵を使用して説明できるよう家庭学習に取り組む。

Unit 0
Unit 1
Unit 2
Unit 3
Unit 4
Unit 5
Stage Activity 1
Unit 6
Unit 7
Unit 8
Unit 9
Stage Activity 2
Unit 10
Unit 11
Stage Activity 3

物語のClimaxとEndingを変えて、より面白い物語を創作しよう(第2時)

本時の目標

物語の文章構成を生かして、物語と異なる内容の結末を創作することができる。

準備する物

・教科書、振り返りシート
・ノート（第1時に「センテンスカード」を貼付したもの）
・英和・和英辞典、ICT端末

【指導に生かす評価】

◎生徒の学習状況を記録に残さない活動や時間においても教師が生徒の学習状況を確認する。『Let's Read ②』で同様の手法を採用し、当該単元で記録に残す評価を行う。

本時の言語活動のポイント

本時では「ジグソーリーディング」における「クロストーク活動」に取り組む。

「幸せな結末（happy ending）」か「悲しい結末（sad ending）」にするかは、生徒の好みが表れる部分であり、一人ひとりが自分の考えを表現し、個別に交流することが望ましい。

その際、即時的に考えを共有できるオンラインコラボレーションツールの活用がおすすめである。複数枚の画面を共同閲覧できる場合は、1枚目にhappyまたはsadを明示し、大まかに考えを分類できるようにすると効率的である。続く2枚目に考えた結末の英文を書くことで、必要に応じて読むことができる。

仲間の英作文について気付いたことをコメント機能に残す等すれば、本時の終末に振り返りを行う際の参考にできる。

本時の展開 ▷▷▷

1 物語のあらすじを復習し、物語の結末を考える

物語のあらすじを聞きながら、ノートのセンテンスカードを使用して、創作する結末の伏線となる語句に印を付ける。その後、オンラインコラボレーションツールを活用して、①happyまたはsadを明示、②創作する結末の英文を1〜2文で書く。

2 「同一」の結末を創作した仲間の考えを知り、意見交流する

「クロストーク活動(I)」として、活動 1 の①を把握し、②の英文を読む。まず、同一の考えを把握できるようにする。参考になった考えには「いいね」等の反応を返すとよい。意見交流の際は、活用できる場面絵や自作のイラスト、身振り等を用いて、日本語を用いないよう努める。

2 3 「同一」と「相違」の両方の考えを知る「クロストーク活動」

Unit
0

Unit
1

Unit
2

Unit
3

Unit
4

Unit
5

Stage
Activity
1

Unit
6

Unit
7

Unit
8

Unit
9

Stage
Activity
2

Unit
10

Unit
11

Stage
Activity
3

活動のポイント：仲間が考えた結末を「同一」と「相違」の観点で分類し、自分が創作した結末を見直すことができるようにする。

同一の結末を創作した場合には、共感的に意見交流を進めやすい。"Me, too." や "I think so, too." 等の表現を使って交流することを勧めるとよい。

相違する結末を創作した場合には、考えの根拠を聞くようにするとよい。"Why?" や "Why not?" 等の表現を使うと、考えがより具体的になっていく。

3 「相違」する結末を創作した仲間の考えを知り、意見交流する

「クロストーク活動(2)」として、活動 1 の①を把握し、②の英文を読む。異なる考えを知り、自分の考えを再構築することを目指す。活動 2 と同様、参考になった考えには「いいね」等の反応を返すようにする。

4 創作した結末の表現を見直し、本時の学習の振り返りを行う

活動 2 3 の意見交流を経て、創作した結末の表現を見直して、修正する。結末の一覧は印刷して配付することを伝えておく。「物語の Climax と Ending を変えて、より面白い物語を創ることができたか」という観点で振り返りを行い、考えたことを具体的に記入する。

場面の変化や登場人物の心情を読み取ろう（第１時）

本時の目標

物語を読んで、場面の変化や登場人物の心情等を理解することができる。

準備する物

・教科書、英和・和英辞典
・ワークシート（内容理解のための英問英答）（活動 **3**）
・場面絵カード（活動 **3**）
・振り返りシート

【指導に生かす評価】

◎本時では、記録に残す評価は行わないが、目標に向けて指導を行う。生徒の学習状況を記録に残さない活動や時間においても、教師が生徒の学習状況を確認する。

本時の言語活動のポイント

本時では、「ジグソーリーディング」の手法で能動的に読み取る活動に取り組む。

物語の中で「偶然出会った金持ちの男性から1000ドルをもらった」という内容を理解するに当たり、本文中ではその理由が端折られていることから、生徒は想像力を働かせて行間を読む必要がある。そこで、物語を読む前には、その状況を押さえた Small Talk を行い、自由に発想する楽しさを味わうようにするとよい。

「プレ活動」では、場面の変化は教科書のページごと、登場人物の心情は全ページの内容を踏まえる必要があることをあらかじめ伝えることによって、生徒が次時の「エキスパート活動」に向けて、チーム内で分担を決定する際の参考にできるようにするとよい。

本時の展開 ▷▷▷

1 物語の内容に関連した Small Talk を行う

「金持ちの男性がチャーリーに1000ドルを渡した」ことに関連する Small Talk を行う。「もし偶然出会った人から1000ドルをもらったら、どのようにそのお金を使うか」をテーマとし、生徒が理解できる英語（What do you do with one thousand dollars?）で質問を示す。

2 「プレ活動」で各自の分担を決定する

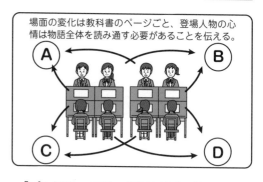

「プレ活動」では、場面の変化（A：チャーリーと少女の出会い、B：チャーリーの逮捕、C：チャーリーと少女の再会）を３人、登場人物の心情（D：チャーリー・少女・金持ちの男）を１人として役割分担を決める。

❸ 場面の変化や登場人物の心情等を読み取る「エキスパート活動」

> **活動のポイント**：分担部分の内容理解に必要な英問英答に取り組み、場面絵を説明できるようにする。

> Charlie got out of jail and saw the girl again.

分担する文章に関する英問英答に取り組み、場面絵と合わせて内容を理解する。必要に応じて、英和・和英辞典も使用し、文脈を踏まえて語句の意味を押さえる。

場面絵カードを使って、担当する文章の内容を英語で説明できることを意識して、イラストにキーワードを書き加える。

---

3 「エキスパート活動」を通して、場面の変化や登場人物の心情を読み取る

「エキスパート活動」では、同じ分担部分の生徒が集まって、物語の読み取りと英問英答に取り組む。一文ずつを日本語訳するのではなく、場面絵に合わせて、場面ごとの概要を理解し、仲間に説明できるよう目指す。次時で説明する際に使いたい語句をメモしておく。

4 「エキスパート活動」の理解度の確認と本時の振り返りを行う

> This is the rich man. He gave one thousand dollars to Charlie.
>
> Oh, I see.

読み取った内容をもとに、場面絵を使ってペアに説明する活動を通して、理解度を確かめ、本時の振り返りを行う。次時に行う「ジグソー活動」に向けて、意味や使い方の復習が必要な語句をリスト化しておき、家庭学習で例文づくりに取り組む。

Unit 0
Unit 1
Unit 2
Unit 3
Unit 4
Unit 5
Stage Activity 1
Unit 6
Unit 7
Unit 8
Unit 9
Stage Activity 2
Unit 10
Unit 11
Stage Activity 3

3時間（第1時）

Let's Read ②

場面の変化や登場人物の心情を仲間に説明し、物語の続きを考えよう(第2時)

本時の目標

　物語の場面の変化や登場人物の心情等を仲間に説明し、物語の続きを考えることができる。

準備する物

- ・教科書、ノート、英和・和英辞典
- ・ICT端末、振り返りシート
- ・ワークシート①②(第1時用・終末用)
- ・場面絵カード(第1時に使用したもの)
- ・センテンスカード(1文ずつの短冊)

【指導に生かす評価】

◎本時の終末の段階で、ワークシートを使用し、場面の変化と登場人物の心情をどの程度理解できているかを確認し、「読むこと」の知識・技能の評価材料とする。

本時の言語活動のポイント

　本時では、「ジグソー活動」を通して、場面の変化や登場人物の心情を仲間に説明する活動に取り組む。「ジグソー活動」で仲間に説明することを意識して「エキスパート活動」で内容理解を深めることが重要であり、「ジグソー活動」を行う前に、実情に応じて、準備・復習の時間を設けるのもよい。

　その後、物語の続きを考える活動に取り組む。生徒によって、続きの展開が異なることから、感情を表す形容詞を用いて、その内容を分類させるとよい。生徒は、分類してみることで自分の考えを整理することができるとともに、他の生徒も次時での「クロストーク活動」の際に効率的に交流することが可能になる。

　前単元と同様にオンラインコラボレーションツールを活用することで、生徒は円滑に活動を進めることができる。

本時の展開 ▷▷▷

1 「ジグソー活動」で場面の変化や登場人物の心情を仲間に説明する

　ここでは、場面絵を使って、各担当の文章の内容を英語で説明する。正確な文でなくても、語句で説明できればよしとする。その後、各文章を要約した「センテンスカード」(短冊)の並べ替えを行い、場面の変化や登場人物の心情をつかむことができたかを確かめる。

2 物語の続きを考え、表現する際に必要な語句を調べる

どんな続きにしようかな?

　物語の結末では、「チャーリーと少女が再会を果たし、その後どうなるのか」を予想する。自分の考えを表現する際に必要となる語句を英和・和英辞典を使って調べる。

3 感情を表す形容詞を用いて、仲間が考えた物語の続きを分類する活動

> 活動のポイント：物語の続きの方向性を、「感情を表す形容詞」で表現し、効率的に「クロストーク活動」を行うことができるようにする。

感情を表す形容詞を用いることで、続きの展開をイメージしやすくなる。

オンラインコラボレーションツールでは、選んだ感情を表す形容詞を最初に表示させることで、一覧した際、効率的に分類することができる。

---

3 感情を表す形容詞を用いて、考えた物語の続きを分類する

感情を表す形容詞（happy, angry, sad, fun）で物語の続きを分類する。その後、オンラインコラボレーションツールを活用して、①感情を表す形容詞を明示、②創作する結末の英文を1〜2文で書く。文でなくても文の書きかけや語句でもよいことを伝える。

4 本時の振り返りを行い、次時の見通しを立てる

ワークシートで場面の変化と登場人物の心情を確認し、考えた物語の続きの理由を振り返りシートに記入し、本時の振り返りを行う。次時は、仲間が考えた多様な物語の続きを読み、最も驚いた続きを考えた「BEST WRITER」を選出することを知る。

Unit 0
Unit 1
Unit 2
Unit 3
Unit 4
Unit 5
Stage Activity 1
Unit 6
Unit 7
Unit 8
Unit 9
Stage Activity 2
Unit 10
Unit 11
Stage Activity 3

Let's Read ②

物語の続きを読み合い、BEST WRITERを選ぼう（第3時）

本時の目標

仲間が考えた物語の続きを読み合い、BEST WRITER を選出し、その理由を説明することができる。

準備する物

・教科書、ノート、英和・和英辞典
・ICT 端末
・振り返りシート

【読むことの記録に残す評価】

◎活動 **1** で提出されたオンラインコラボレーションツールの課題を思考・判断・表現の評価材料とする。単元終末の振り返りの記述をもとに主体的に学習に取り組む態度の評価を行う。

本時の言語活動のポイント

本時では、生徒一人ひとりの考えた物語の続きをオンラインコラボレーションツールの課題として提出させることで、記録に残す評価に生かすことができる。

その後、生徒相互で学び合う「クロストーク活動」に取り組む。交流に向かう前に、仲間の考えた物語の続きを読んだ上で、考えを詳しく聞きたい生徒を複数名選んでおくことで、効率的かつ効果的に交流を図ることができる。また、その際は、日本語で話し合うのではなく、平易な表現を用いることで、読んだ内容をもとに、自分の考えを述べることの楽しさを実感することもできるようになる。

クロストーク活動のまとめとして、「BEST WRITER」を選出する活動を位置付けることで、物語の続きを考える活動のゴールが明確になり、活動への動機付けを高めることができる。

本時の展開 ▷▷▷

1 物語の内容を確認した上で、物語の続きを吟味する

物語を通読することで、場面の変化や登場人物の心情等を確認し、前時に考えた物語の続きの筋が通っているかを吟味する。修正したい場合は、オンラインコラボレーションツールの課題を修正して再提出してもよい。ここでの課題は、記録に残す評価に生かす。

2 仲間が考えた物語の続きを読み、詳しく考えを聞きたい生徒を選ぶ

全員の物語の続きを読み、「BEST WRITER」を選出する上で、考えの詳細を聞きたい生徒を複数名選んでおく。オンラインコラボレーションツールでリアクションを示したり、コメントを書き込んだりしてもよい。

❸ 読みを生かして BEST WRITER を選出する「クロストーク活動」

> **活動のポイント**：物語の続きを読み、考えの詳細を聞きたい生徒を複数名選んでから聞き取り活動（交流）を行うことで、生徒相互の効率的・効果的な関わり合いを生み出す。

自分が考えた物語の続きと照合して、①同一・類似、②相違、③質問、の3つの観点で仲間の考えた物語の続きを読む。

会話時に利用できる定型表現を例示することで、平易な英語表現を利用し、読んだ内容をもとに、自分の考えを述べることができるようにする。

---

3 BEST WRITER を選ぶための聞き取り調査（クロストーク活動）を行う

クロストーク活動は、自分が選んだ理由を説明するところから始める。"I like your story because …." 等、会話で利用できる定型表現を示すとよい。相手の意見を聞く際には、"Tell me more." 等の会話を続ける表現をする。活動 ❷ での候補生徒にできる限り多く聞くようにする。

4 「BEST WRITER」を選出し、本単元の振り返りを行う

オンラインコラボレーションツールのリアクション機能を利用して、「BEST WRITER」を選出し、投票する。投票した理由は、当該生徒のコメント欄を利用して伝えるとよい。「物語の読み取りを生かして、その続きを考える上で工夫したこと」を振り返りシートに記述する。

Unit 0
Unit 1
Unit 2
Unit 3
Unit 4
Unit 5
Stage Activity 1
Unit 6
Unit 7
Unit 8
Unit 9
Stage Activity 2
Unit 10
Unit 11
Stage Activity 3

編著者・執筆者紹介

[編著者]

大城　賢

琉球大学教育学部名誉教授

琉球大学教育学部卒業。琉球大学大学院教育学研究科（教育学修士）修了。教育学部附属中学校・公立中学校・高等学校教諭として15年間勤務した後、沖縄国際大学総合文化学部教授、琉球大学教育学部教授を経て現職。教育学部附属中学校校長、同附属教育実践総合センター長、中教審初等中等教育分科会外国語専門部会委員、文部科学省研究開発学校企画評価会議委員、学習評価 WG 委員、英語教育強化地域拠点事業企画評価会議委員、学習指導要領（外国語活動）作成協力委員、学習指導要領解説（外国語活動編）作成協力委員など歴任。2017年度は、新学習指導要領解説書作成協力委員、小学校新教材開発検討委員、文部科学省「小学校外国語活動・外国語研修ガイドブック」執筆・編集協力委員、研究開発学校企画評価委員、日本児童英語教育学会副会長、小学校英語教育学会常任理事などを務める。

中村典生

長崎大学副学長

筑波大学第一学群人文学類（英語学専攻）卒業。同大学院教育研究科英語教育コース修了。岐阜市立女子短期大学英語英文学科専任講師・准教授、北海道教育大学釧路校准教授・教授、長崎大学教育学部教授を経て、現職。文部科学省関係委員としては、外部専門機関と連携した英語指導力向上事業企画評価会議委員、2016〜2017年12月まで「小学校の新たな外国語教育における補助教材の検証及び新教材の開発に関する作業部会」副主査、「小学校の新たな外国語教育における補助教材の検証及び新教材の開発に関する検討委員会」委員、学習指導要領の改善に係る検討に必要な専門的作業等協力者（小学校外国語活動・外国語科）。2017年度より長崎県英語教育推進協議会副委員長を務める。

[執筆者]　＊執筆順。所属は令和 4 年 2 月現在

		[執筆箇所]
若本　綾子	広島県竹原市立吉名学園指導教諭	Unit 0／Unit 1
中谷　智之	北海道釧路市立幣舞中学校教諭	Unit 2
東　裕紀子	福岡県糸島市立前原東中学校教諭	Unit 3
浅尾　秀樹	山梨県甲府市立上条中学校教諭	Unit 4
森田　佐枝	高知県高知市立春野中学校教諭	Unit 5／Stage Activity 1
	（高知県立大学大学院人間生活学研究科）	
髙田　純子	島根県教育センター指導主事（兼）企画幹	Unit 6
葛西　良子	青森県八戸市立豊崎中学校教諭	Unit 7
肥後　功和	鹿児島県鹿児島市立甲東中学校教頭	Unit 8
加藤　潤也	神奈川県相模原市立相模台中学校教諭	Unit 9
下平　奈美	佐賀県教育庁西部教育事務所指導主事	Stage Activity 2
井戸　隆行	岐阜県可児市立中部中学校教諭	Unit 10
大塚　珠世	茨城県下妻市立下妻中学校教諭	Unit 11
武井　翔	愛知県岡崎市立竜海中学校教諭（研究主任）	Stage Activity 3

『イラストで見る全単元・全時間の授業のすべて　外国語　中学校１年』付録資料について

　本書の付録資料は、東洋館出版社ホームページ内にある「マイページ」からダウンロードすることができます。なお、本書のデータを入手する際には、会員登録および下記に記載しているユーザー名とパスワードが必要になります。入手の方法は以下の手順になります。

【東洋館出版社 HP】

URL https://www.toyokan.co.jp　　東洋館出版社　検索

❶「東洋館出版社」で検索して、「東洋館出版社オンライン」へアクセス

❷会員者はメールアドレスとパスワードを入力後「ログイン」。非会員者は必須項目を入力後「アカウント作成」をクリック

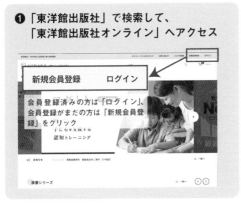

❸マイアカウントページにある「ダウンロードギャラリー」をクリック

❹対象の書籍をクリック。下記記載のユーザー名、パスワードを入力

ユーザー名：gaikokugo01
パスワード：WeduMZb4

【使用上の注意点および著作権について】

・リンク先にはパソコンからアクセスしてください。スマートフォンではファイルが開けないおそれがあります。

・PDFファイルを開くためには、Adobe AcrobatまたはAdobe Readerがインストールされている必要があります。

・PDFファイルを拡大して使用すると、文字やイラスト等が不鮮明になったり、線にゆがみやギザギザが出たりする場合があります。あらかじめご了承ください。

・収録されているファイルは、著作権法によって守られています。

・著作権法での例外規定を除き、無断で複製することは法律で禁じられています。

・収録されているファイルは、営利目的であるか否かにかかわらず、第三者への譲渡、貸与、販売、頒布、インターネット上での公開等を禁じます。

・ただし、購入者が学校での授業において、必要枚数を生徒に配付する場合は、この限りではありません。ご使用の際、クレジットの表示や個別の使用許諾申請、使用料のお支払い等の必要はありません。

【免責事項・お問い合わせについて】

・ファイル使用で生じた損害、障害、被害、その他いかなる事態についても弊社は一切の責任を負いかねます。

・お問い合わせは、次のメールアドレスでのみ受け付けます。tyk@toyokan.co.jp

・パソコンやアプリケーションソフトの操作方法については、各製造元にお問い合わせください。

イラストで見る　全単元・全時間の授業のすべて

外国語 中学校 1 年

~令和 3 年度全面実施学習指導要領対応~

2022（令和 4 ）年 3 月10日　初版第 1 刷発行

編 著 者：大城　賢・中村　典生
発 行 者：錦織　圭之介
発 行 所：株式会社東洋館出版社
　　　　　〒113-0021　東京都文京区本駒込 5 丁目16番 7 号
　　　　　営 業 部　電話 03-3823-9206　FAX 03-3823-9208
　　　　　編 集 部　電話 03-3823-9207　FAX 03-3823-9209
　　　　　振　　替　00180-7-96823
　　　　　U　R　L　https://www.toyokan.co.jp

印刷・製本：藤原印刷株式会社

装丁デザイン：小口翔平＋後藤司（tobufune）
本文デザイン：藤原印刷株式会社
イラスト　：osuzudesign（田中小百合）

ISBN978-4-491-04790-4　　　　　　　　　　Printed in Japan